互联网＋背景下
人力资源管理模式创新研究

靳 伟　符 蔚　凌 茜 著

吉林科学技术出版社

图书在版编目（CIP）数据

互联网＋背景下人力资源管理模式创新研究 / 靳伟，符蔚，凌茜著. — 长春：吉林科学技术出版社，2024.3
ISBN 978-7-5744-1239-2

Ⅰ. ①互… Ⅱ. ①靳… ②符… ③凌… Ⅲ. ①互联网络－应用－人力资源管理－研究 Ⅳ. ① F243-39

中国国家版本馆 CIP 数据核字（2024）第 069126 号

互联网＋背景下人力资源管理模式创新研究

著	靳　伟　　符　蔚　　凌　茜	
出 版 人	宛　霞	
责任编辑	吕东伦	
封面设计	树人教育	
制　　版	树人教育	
幅面尺寸	185mm×260mm	
开　　本	16	
字　　数	330 千字	
印　　张	15	
印　　数	1~1500 册	
版　　次	2024 年 3 月第 1 版	
印　　次	2024 年 12 月第 1 次印刷	

出　　版	吉林科学技术出版社
发　　行	吉林科学技术出版社
地　　址	长春市福祉大路5788 号出版大厦A 座
邮　　编	130118
发行部电话/传真	0431-81629529 81629530 81629531
	81629532 81629533 81629534
储运部电话	0431-86059116
编辑部电话	0431-81629510
印　　刷	廊坊市印艺阁数字科技有限公司

书　　号	ISBN 978-7-5744-1239-2
定　　价	90.00元

前　言

随着互联网技术的日新月异，全球范围内企业的竞争已经从传统的产品和服务竞争逐渐转向了信息和创新的竞争。"互联网+"时代，不仅意味着信息的快速传递和分享，更代表了一种全新的商业模式和组织方式。在这一背景下，人力资源管理迎来了前所未有的机遇和挑战。

传统的人力资源管理模式在面对"互联网+"时代的变革时显得相对落后，面临着招聘、培训、绩效评价等方面的新问题。传统的招聘方式往往过于依赖于传统媒体，信息传递效率低下；传统的培训方式无法满足快速变化的市场需求；传统的绩效评价体系难以有效衡量员工在创新和团队协作方面的贡献。因此，亟须对人力资源管理模式进行创新，以适应"互联网+"时代的需求。

本书旨在通过对"互联网+"背景下人力资源管理模式的深入研究，探讨新时代背景下人才引进、培养、激励和管理的新思路和新方法。本研究力求在理论研究和实证研究之间建立紧密联系，为企业提供可操作性的人力资源管理创新方案，以适应"互联网+"时代的挑战和机遇。同时，也为相关领域的学者提供新的研究视角和方法，以推动人力资源管理理论的不断发展。

目　录

第一章 "互联网 +"时代的人力资源管理概述

第一节 "互联网 +"的概念及特点

一、"互联网 +"概念解析

"互联网 +"是一个中国提出的战略性概念，旨在将传统产业与互联网深度融合，推动经济升级和创新发展。这一理念最早由中国国家互联网信息办公室于 2015 年提出，并被列为国家战略。"互联网 +"的本质是通过合理运用互联网技术和思维，促进各行业之间、企业内外的信息流、资金流、人才流、物流等方面的深度融合，以提升整体效益、推动产业升级。

（一）背景

中国在互联网的普及和发展上取得了显著成就，然而，传统产业与互联网之间依然存在一定的断裂和隔阂。为了解决这一问题，中国提出了"互联网 +"概念，旨在通过互联网技术和模式的创新，使传统产业能更好地融入数字化时代，实现生产、管理、服务等方面的升级和创新。

（二）核心思想

"互联网 +"的核心思想是通过互联网思维和技术手段，推动各行业之间的深度融合，实现信息的高效传递、资源的共享利用、业务的创新发展。具体来说，这包括以下几个方面。

1. 信息流的融合

通过互联网技术，实现信息在各行业、企业之间的即时传递和共享，提高决策效率和精准度。

2. 资金流的创新

利用互联网金融手段，改变传统产业的融资模式，实现资金更加灵活、高效地流动，促进创新型企业的发展。

3. 人才流的畅通

通过互联网平台，实现人才的跨行业、跨地域流动，促进知识和经验的交流，加速人才的优化配置。

4. 物流的智能化

利用互联网技术，提高物流效率，降低成本，实现生产和销售全过程的智能化管理。

（三）实施路径

"互联网＋"的实施路径主要包括以下几个方面。

1. 技术创新

加强对互联网核心技术的研发，推动新一代信息技术的应用，为各行业的升级提供技术支持。

2. 产业协同

建立产业联盟和协同创新平台，促进不同行业之间的合作，推动资源共享和优势互补。

3. 法律法规

完善相关法律法规，保障"互联网＋"时代的数据安全、隐私保护等基本权益，促进产业健康有序发展。

4. 人才培养

加强对互联网专业人才的培养，推动传统行业人才的转型升级，满足"互联网＋"时代的人才需求。

（四）亮点和挑战

1. 亮点

促进产业升级：通过"互联网＋"，传统产业得以数字化、智能化升级，从而提高效率、降低成本。

创新商业模式："互联网＋"提供了创新的商业模式，推动企业从传统的产品销售向服务和体验提供商转变。

激发创新活力："互联网＋"时代，创新成为企业生存和发展的核心竞争力，激发了创新活力。

2. 挑战

数据安全与隐私问题："互联网＋"涉及大量的数据交流和存储，数据安全和隐私问题成为亟待解决的挑战。

产业融合难度：不同行业之间存在差异，产业融合需要克服技术、文化、管理等多方面的困难。

人才短缺:"互联网＋"时代对高素质人才的需求巨大,人才短缺成为一个制约因素。

"互联网＋"战略的实施已经取得了一系列显著的成效,为经济结构升级、创新发展提供了新动力。未来,随着技术的不断进步和政策的支持,"互联网＋"将进一步发挥引领作用,推动中国经济朝着更加数字化、智能化、可持续的方向发展。同时,这也需要持续解决相关的挑战,保障"互联网＋"发展的可持续性和健康性。

二、"互联网＋"特点与关键要素

"互联网＋"作为一种经济和社会发展的新模式,具有许多独特的特点和关键要素。这一概念主要体现在技术、商业模式、产业融合、创新驱动等方面。下面本文将详细探讨"互联网＋"的特点与关键要素。

(一)"互联网＋"的特点

1. 数字化普及

"互联网＋"的最基本特点是数字化的普及。互联网技术的广泛应用使得信息、服务、产品等几乎都能够数字化,实现在线化、智能化,提高效率和便捷性。

2. 跨界融合

"互联网＋"通过打破传统行业的界限,促使不同产业之间融合。这种跨界融合不仅仅是技术上的整合,更是商业模式、管理理念等方面的跨越。

3. 创新驱动

"互联网＋"模式强调创新,通过互联网技术的创新和应用,推动产业的不断发展。创新不仅体现在产品和服务上,其中还包括商业模式、管理方式等多个层面。

4. 共享经济

共享经济是"互联网＋"的重要表现形式之一。通过互联网平台,资源得以共享利用,从而提高资源的利用效率,减少浪费,形成新的经济增长点。

5. 数据驱动

"互联网＋"时代,大数据、人工智能等技术的发展使得数据成为推动产业发展的关键要素。通过对大数据的分析和挖掘,企业能够更好地了解市场需求、用户习惯,以做出更明智的决策。

6. 用户参与

用户参与是"互联网＋"模式的一个显著特点。互联网提供了多个用户参与渠道,用户能够更加直接地参与产品的设计、优化,形成用户与企业共同创造价值的格局。

7. 全球化视野

互联网的无边界性质使得"互联网＋"具有全球化的视野。企业通过互联网技术可以打破地域限制,实现全球范围内的市场拓展、资源整合。

（二）"互联网＋"的关键要素

1. 互联网技术

互联网技术是"互联网＋"的基础和核心，包括云计算、大数据、人工智能、物联网等技术，它们的不断创新和应用推动了各行业的数字化和智能化。

2. 创新机制

创新机制是"互联网＋"成功的重要保障。这包括企业内部的创新文化建设、创新团队的构建，以及与外部合作伙伴的联合创新等方面。

3. 开放平台

开放平台是推动产业融合的关键要素。通过建设开放平台，各类企业和创新者能够实现共享资源、合作创新，形成良性循环。

4. 人才队伍

在"互联网＋"时代，高素质的人才是企业成功的核心。这既包括懂技术、懂业务的复合型人才，也包括具有创新能力和团队协作精神的人才。

5. 法律法规支持

"互联网＋"的发展需要有相应的法律法规支持，保障信息安全、数据隐私，同时为新型业务模式提供法律保障，促使创新在法治框架内进行合理推进。

6. 金融支持

金融支持是"互联网＋"模式发展的关键，包括风险投资、创业基金、银行贷款等多种金融手段，可以帮助企业更好地实施创新和扩张。

7. 社会认知与接受度

"互联网＋"模式需要得到社会的认知与接受。这不仅包括消费者对新模式的认可，也包括政府、企业等各方的理解和支持。

（三）"互联网＋"的应用领域

1. 制造业

通过工业互联网，实现生产过程的数字化、智能化，提高生产效率和产品质量。

2. 医疗健康

通过互联网技术，建立健康信息平台，实现医疗资源的共享和医疗服务的智能化。

3. 教育

利用互联网技术改变传统教育模式，推动教育信息化，实现教育资源的全球共享。

4. 农业

通过互联网技术，实现农业生产的智能化管理，提高农业生产效益，加强农产品的质量和安全管理。

5. 零售和消费

电商平台的发展是"互联网＋"在零售和消费领域的典型应用。通过线上线下融合，提供更加个性化、便捷的购物体验。

6. 金融业

互联网金融是"互联网＋"在金融领域的典型应用。通过互联网技术，实现金融服务的创新，推动金融业务的数字化转型。

7. 文化娱乐

通过互联网平台，实现文化产品的数字化传播，推动文化娱乐产业的发展，形成新型的文化创意业态。

8. 交通运输

智能交通是"互联网＋"在交通运输领域的应用。通过互联网技术，实现交通信息的实时监控和智能调度，提高交通运输系统的效率和安全性。

（四）"互联网＋"的未来趋势

1. 人工智能的融合

未来"互联网＋"将更加深度地融合人工智能技术，实现更智能、个性化的服务和产品。人工智能在语音识别、图像识别、自然语言处理等方面的应用将进一步得到拓展。

2. 物联网的发展

物联网技术的不断进步将推动"互联网＋"模式的发展。通过物联网，各种设备和物品之间能够实现互联互通，形成更加智能化的生态系统。

3. 区块链的应用

区块链技术的应用将提高数据的安全性和透明度，为"互联网＋"提供更可靠的基础。在金融、物流、供应链等领域，区块链技术的应用将更加广泛。

4.5G 技术的普及

5G 技术的普及将加速"互联网＋"的发展。5G 的高速、低时延、大连接性将为各行业提供更强大的网络支持，推动更多创新应用的涌现。

5. 生态系统的建设

未来"互联网＋"将更加注重构建健康的产业生态系统。通过开放、共享、合作，形成互联网产业链上下游的协同发展，实现全产业链的优化。

6. 绿色可持续发展

"互联网＋"在未来将更加注重可持续发展。通过技术创新，推动在绿色能源、智能制造等领域的发展，实现经济增长和环境保护的双赢。

"互联网＋"不仅是一个产业的升级，更是一种经济和社会的变革。通过互联网技术的应用，不同行业得以融合，创新模式不断涌现，为社会带来了巨大的变革和机遇。然而，随着"互联网＋"的不断发展，社会也面临着一系列的挑战，如数据安全、隐私问题、人才短缺等。未来，需要继续加强技术研发、制定健全法规、促进产业协同，以推动"互联网＋"模式的可持续发展，实现数字经济的繁荣。

第二节　人力资源管理的演变与趋势

一、传统人力资源管理模式回顾

传统人力资源管理模式是指在互联网时代之前，组织对人力资源的管理采用的一系列经典方法和理念。这些方法和理念均受到了传统组织结构、文化和技术水平的制约，以及当时工业化时代的特点。通过对传统人力资源管理模式的回顾，我们可以更好地理解其优势、局限性以及在现代社会中的演变进程。

（一）传统人力资源管理模式的基本特征

1.集中式组织结构

传统人力资源管理模式通常基于集中式的组织结构。组织中存在明确的等级和层次，决策通常由高层管理者做出，信息流动相对较为垂直。

2.岗位职责划分明确

在传统模式中，岗位职责划分相对固定和明确。员工通常负责特定的任务和工作职责，这种划分有助于提高工作效率，但也可能导致创新受限。

3.绩效管理强调评估与奖惩

绩效管理侧重于员工的评估和奖惩机制。通常会以年度绩效评估为基础，而评估结果直接影响薪资晋升和奖金分配。

4.面向内部培训和晋升

传统人力资源管理侧重于内部培训和晋升机制。员工通常通过内部培训来提升自己的技能，晋升则更多地基于在公司内部的工作经验。

5.人力资源信息系统有限

在过去，人力资源信息系统相对简单，通常是基于纸质文档和传统电脑系统。信息处理相对滞后，不够灵活和实时。

（二）传统人力资源管理模式的优势

1.稳定性和可控性

传统模式强调层级管理和岗位职责的明确划分，有助于组织的稳定性和可控性。

员工清楚自己的职责，管理层才可以更容易地进行监督和控制。

2. 规范化的绩效评估体系

传统绩效管理体系相对规范，以年度评估为基础，有助于对员工的评价和激励。这种体系为员工提供了明确的晋升和奖励机制。

3. 内部培训的延续性

传统人力资源管理模式注重内部培训，使员工在公司内部不断提升自己的技能。这有助于建立一支稳定的、适应性强的员工队伍。

4. 传统组织文化的传承

在传统模式中，组织文化相对稳定，能够更好地传承。员工更容易融入组织文化，形成共同的价值观和信仰。

5. 信息安全相对较高

由于信息主要基于纸质文档和传统电脑系统，相对于现代互联网时代，信息安全性相对较高，不容易受到网络攻击和数据泄漏的威胁。

（三）传统人力资源管理模式的局限性

1. 创新受限

传统模式通常由上而下的管理层结构，对创新的响应相对迟缓。这种模式可能会抑制员工的创新动力，导致组织在快速变化的市场中难以适应。

2. 僵化的组织结构

传统组织结构通常相对僵化，对于应对市场变化和突发事件的反应较为迟缓，难以适应快速变化的外部环境。

3. 员工个性化需求难以满足

传统绩效管理和奖惩机制相对标准化，难以满足员工个性化的需求和发展路径。员工可能感到缺乏个性化的关怀和发展空间。

4. 人才流动受限

传统人力资源模式通常侧重于内部培训和晋升，导致人才流动受到一定的限制。员工可能因为担心失去内部晋升机会而不愿意尝试外部机会。

5. 信息传递滞后

传统信息处理方式相对滞后，依赖于纸质文档和传统电脑系统，信息传递和沟通效率相对较低。

（四）传统人力资源管理模式的演变

1. 技术的应用

随着信息技术的飞速发展，传统人力资源管理逐渐引入了各种先进的技术工具，如人力资源信息系统（HRIS）、电子档案管理系统、在线培训平台等，提高了信息处理的效率和准确性。

2. 弹性组织结构

一些组织逐渐采用了弹性组织结构，摒弃了传统的严格等级和层次，更加注重团队协作和灵活性。这种结构使得组织更能够适应快速变化的市场需求，更容易吸引和留住有创新意识的人才。

3. 强调员工发展与激励

现代人力资源管理越来越注重员工的个性化发展和激励机制。强调员工的职业规划、培训机会、工作生活平衡等方面的需求，使员工更有动力和满足感。

4. 绩效管理的变革

现代绩效管理越来越强调实时反馈、目标管理和360度评价等灵活的方法，取代了传统的年度评估制度。这样的变革更加符合当今快速变化和创新的工作环境。

5. 追求组织文化的多样性

现代组织越来越注重多元文化的建设，鼓励不同背景和经验的员工共同创造和分享知识。多元文化的组织更有利于创新和解决问题。

6. 引入人工智能和大数据分析

现代人力资源管理中引入了人工智能（AI）和大数据分析等先进技术，以提高招聘、绩效管理、培训等方面的效率。这使得决策更加基于数据和事实，为企业提供更科学的管理方法。

7. 强调员工参与和沟通

现代人力资源强调开放性和透明度，鼓励员工参与决策和管理过程。建立起更加开放的沟通渠道，使得员工更容易表达自己的意见和需求。

（五）未来人力资源管理的趋势与展望

1. 人才管理的全球化

随着全球化的深入，未来的人力资源管理将更加注重全球范围内的人才招聘、培养和管理。企业将不再受限于地域，而是能够更灵活地吸引和管理全球化的人才。

2. 技术的深度融合

未来人力资源管理将更加深度融合先进技术，如人工智能、区块链等。这将进一步提高管理的效率和准确性，使得人力资源管理更具智能化和科技化。

3. 员工体验的重视

未来的人力资源管理将更加注重员工体验，包括工作环境、福利待遇、职业发展等方面。企业将会更加努力创造积极的工作氛围，提高员工的工作满意度。

4.弹性工作和远程办公

未来人力资源管理将更加支持弹性工作和远程办公。这将帮助企业更好地吸引全球的人才，同时提高员工的工作灵活性和生活质量。

5.社会责任的强调

未来人力资源管理将更加注重企业的社会责任，包括对员工的关怀、对环境的关注、对社会的回馈等方面。这将成为企业吸引和留住人才的重要因素之一。

6.学习型组织的建设

未来人力资源管理将更加强调建设学习型组织。通过提供各种培训和学习机会，鼓励员工不断提升自己的技能，以适应不断变化的工作环境。

7.人力资源与业务战略的紧密结合

未来人力资源管理将更加与业务战略深度结合，人力资源团队将成为企业决策的重要参与者，更具战略性和前瞻性。

传统人力资源管理模式在工业化时代发挥了重要作用，但随着社会经济的快速发展和科技的飞速进步，这一模式也逐渐显露出其在适应性、创新性等方面的不足。现代人力资源管理越来越注重员工的个性化需求、创新能力、组织文化的多样性等方面，通过引入先进技术和管理理念，逐步演变为更灵活、开放、以人为本的管理模式。未来，随着社会的不断变革，人力资源管理将继续面临着新的挑战和机遇，需要不断创新和适应。

二、"互联网＋"时代人力资源管理的演变

随着互联网技术的蓬勃发展，人力资源管理也经历了深刻的变革。"互联网＋"时代的人力资源管理不仅是对传统管理模式的一次颠覆，更是对组织文化、员工关系、招聘培训等多个层面的全方位挑战和改革。本书将从"互联网＋"时代人力资源管理的定义、特点、关键变革和未来趋势等方面展开详细探讨。

（一）"互联网＋"时代人力资源管理的定义

1."互联网＋"时代概念

"互联网＋"概念最早由中国政府提出，是指通过互联网技术与传统产业深度融合，实现信息化、智能化、创新性发展的新经济形态。这一理念推动了各行业的数字化转型进程，也深刻影响了人力资源管理任务。

2."互联网＋"时代人力资源管理

"互联网＋"时代的人力资源管理是指在互联网技术的支持下，通过全面数字化、智能化手段，全方位提升组织对人力资源的招聘、培训、绩效管理、员工关系等方面的管理水平，以更好地适应快速变化的市场环境。

（二）"互联网＋"时代人力资源管理的特点

1.数据驱动

"互联网＋"时代的人力资源管理强调数据的重要性。通过大数据分析、人工智能等技术，企业能够更深入地了解员工需求、组织运作情况，从而更科学地做出管理决策。

2.灵活性与弹性工作

传统的固定工作时间和地点逐渐被打破，"互联网＋"时代推崇灵活性和弹性工作。远程办公、弹性工时等模式的引入使得员工更能平衡工作与生活，提高工作满意度。

3.网络招聘与社交媒体

"互联网＋"时代，招聘将不再局限于传统的招聘渠道，而是通过网络招聘平台、社交媒体等多元渠道进行。这样的变革使得招聘更加高效、多样化。

4.在线培训和持续学习

"互联网＋"时代注重员工的持续学习和职业发展。在线培训、虚拟学习平台等的出现使得员工能够随时随地获取自己所需的知识，提高了组织整体的学习效能。

5.人才智能匹配与管理

通过人工智能技术，企业能够更智能地匹配人才与职位，提高招聘效率。同时，也可以通过人才管理系统更好地进行人才梯队规划和发展。

6.企业文化的强调

"互联网＋"时代强调企业文化的建设。通过在线平台、内部社交媒体等方式，组织能够更好地传递并弘扬企业文化，增强员工凝聚力。

（三）"互联网＋"时代人力资源管理的关键变革

1.从传统到数字化

"互联网＋"时代的人力资源管理摆脱了纸质档案、烦琐表格的束缚，全面实现数字化。员工信息、招聘流程、绩效评估等都可以通过系统进行高效管理。

2.从集中式到分散式

传统的集中式管理模式逐渐演变为分散式管理。随着弹性工作和远程办公的普及，人力资源管理需要更加注重个体员工的需求，更灵活地应对不同团队的多样性。

3.从单向到双向沟通

"互联网＋"时代，员工与组织之间的沟通已经从单向传递信息发展为双向互动。通过在线平台、社交媒体，员工更容易表达出自己的看法和需求，组织也更容易了解到员工的声音。

4.从固定到灵活的绩效评估

"互联网＋"时代的绩效管理更加注重实时性和灵活性。通过数据分析、360度评估等手段，不再局限于年度评估，更能及时调整和激励员工。

5. 从传统培训到在线学习

"互联网＋"时代，培训不再依赖于传统的面对面教学，而是通过在线学习平台进行。这使得培训更加便捷、实时，也更符合员工的个性化学习需求。

6. 从简单招聘到智能招聘

传统的简历筛选和面试流程已经无法满足"互联网＋"时代的招聘需求。通过人工智能技术，可以更智能地匹配候选人与职位，提高招聘的精准度。智能招聘系统能够通过算法分析大量数据，快速找到符合职位要求的候选人，从而加速招聘流程。

7. 从传统员工关系到社交化员工关系

"互联网＋"时代，员工关系管理也发生了根本性变革。传统的员工关系管理注重组织内部的层级和规则，而社交化员工关系更强调团队之间的协作、分享和互动。企业通过社交媒体平台或内部社交工具，促进员工之间的交流，增强团队凝聚力，打破组织层级的僵化结构。

（四）"互联网＋"时代人力资源管理的未来趋势

1. 人工智能与大数据的深度融合

未来，人力资源管理将更深度地融合人工智能和大数据技术。人工智能将在招聘、绩效管理、培训等方面发挥更为重要的作用，大数据分析也将更全面地帮助企业来了解员工的需求、行为和潜力。

2. 强调员工体验与福利

未来的人力资源管理将更加注重员工的体验和福利。企业将通过提供更好的工作环境、福利待遇、职业发展机会等方面来吸引和留住优秀的人才。员工的工作体验将成为企业吸引人才的关键因素之一。

3. 聚焦领导力与团队建设

未来的人力资源管理将更加注重领导力的培养和团队建设。强调领导者的情商、沟通技巧、团队管理能力，以更好地引导团队达成共同目标。

4. 弹性工作制度的普及

随着"互联网＋"时代的发展，弹性工作制度将变得更为普及。更多的企业将采取灵活的工作时间和地点，适应员工的个性化需求，提高工作效率和员工满意度。

5. 持续学习与职业发展

未来，"互联网＋"时代的人力资源管理将更强调持续学习与职业发展。企业将提供更多的在线学习资源，帮助员工不断提升自己的技能，适应快速变化的工作环境。

6. 全球化人才招聘与管理

随着全球化的发展，未来的人力资源管理将更加注重全球范围内的人才招聘与管理。企业需要更好地适应不同文化和背景的员工，实现全球人才的高效协同。

7.强调企业社会责任

未来的人力资源管理将更加强调企业的社会责任。企业需要更加关注员工的健康与幸福感，积极参与社会公益活动，推动企业可持续发展。

"互联网＋"时代的人力资源管理正经历着深刻的变革，从传统的管理模式向数字化、智能化、人性化的方向发展。随着技术的不断进步和社会的不断变革，未来的人力资源管理将面临更多的挑战和机遇。企业需要不断调整管理策略，紧跟潮流，更好地适应"互联网＋"时代的人才需求和管理要求，实现组织与员工的共同发展。

三、未来人力资源管理的趋势与展望

随着社会的不断发展和科技的飞速进步，未来人力资源管理将迎来更深刻的变革。在数字化、智能化、全球化的大背景下，人力资源管理不再是简单的招聘、培训和绩效管理，而是需要更全面、创新的战略性管理。本书将深入探讨未来人力资源管理的趋势和展望，涵盖了技术、文化、人才发展等多个方面。

（一）数字化和智能化趋势

1.人工智能的广泛应用

未来，人工智能将在人力资源管理中得到更广泛的应用。通过机器学习和自然语言处理，人工智能可以更快速、准确地进行简历筛选、面试评估、绩效预测等任务。此外，智能助手也能够提供面对员工的实时支持，解答问题，促进员工的学习和发展。

2.大数据分析的深入运用

大数据将成为未来人力资源管理的重要工具。通过对海量数据的分析，企业能够更好地了解员工的行为、需求和潜力，进行更精准的招聘、培训和绩效管理。数据分析还可以帮助企业预测人才流动、识别潜在的领导者，并制定更科学的人才管理策略。

3.区块链技术的应用

区块链技术将在人力资源管理中发挥重要作用。通过区块链的去中心化和不可篡改的特性，可以建立起更安全、透明的人才管理系统。例如，员工的学历、培训记录等可以通过区块链进行验证，提高招聘的真实性和可信度。

4.智能化招聘流程

未来的招聘将更加智能化。招聘流程中的简历筛选、面试安排、笔试等环节将更多地借助人工智能和自动化技术，从而提高效率、降低成本，同时使招聘变得更加公正和客观。

（二）文化与价值观的重要性

1. 企业文化的塑造与传播

未来，人力资源管理将更加注重企业文化的塑造和传播。优秀的企业文化可以吸引人才，增强员工凝聚力，提高团队协作效率。人力资源管理需要通过各种渠道，如内部培训、企业活动等，积极传播企业文化，让员工深刻理解并愿意践行它。

2. 多元化与包容性文化

未来，人力资源管理需要更加关注多元化与包容性文化的建设。这包括不同性别、种族、性取向、文化背景的员工都能在工作中感到被尊重和被理解。通过制定多元化政策、推行平等机会，企业可以吸引更广泛的人才，提高员工满意度。

3. 强调员工价值观的匹配

企业将更加注重员工价值观的匹配。招聘时，除了技能和经验外，企业将更加关注员工是否符合企业的价值观。这有助于建立更紧密的企业员工关系，降低员工流失率。

（三）人才发展与学习机会

1. 持续学习与职业发展

未来，人力资源管理将更加强调持续学习与职业发展。企业将提供更多的在线学习资源，支持员工不断提升自身技能，适应不断变化的工作环境。通过设立职业发展通道和导师制度，鼓励员工在职场中实现个人目标。

2. 创新性学习方法的采用

未来的学习方法将更加创新。虚拟现实、增强现实等技术将被广泛用于培训和学习，使得学员更加沉浸式地参与学习过程。同时，个性化学习路径和定制化课程也将得到更好的实现。

3. 人才储备与梯队规划

未来，企业将更加注重人才储备和梯队规划。通过对潜在领导者的识别和培养，企业可以更好地应对高层管理层的变动，确保组织内拥有足够的领导力资源。梯队规划还有助于激励员工，提高其对未来职业发展的信心和动力。

4. 跨学科技能的培养

未来，企业将更加注重培养员工的跨学科技能。由于工作的不断变化和复杂性增加，员工需要具备更广泛的技能，要能够适应不同领域的工作需求。企业将鼓励员工通过跨学科的培训和学习，提高其综合能力。

（四）灵活工作制度的推广

1. 远程办公的常态化

未来，远程办公将更加常态化。随着科技的发展和沟通工具的不断完善，许多职位将有更多的灵活性，员工可以更自由地选择在何时何地工作。这不仅提高了员工的生活质量，还有助于吸引全球范围内的优秀人才。

2. 灵活工作时间的普及

未来，工作时间将更加灵活。传统的 nien-to-five 工作模式逐渐被弹性的工作时间所替代，员工可以更根据自身生活需求，制定更适合自己的工作时间，提高工作效率。

3. 工作与生活平衡的重视

未来，企业将更加关注员工的工作与生活平衡。强调员工的健康和幸福感，不仅有助于提高员工满意度，还有助于降低员工的工作压力和心理健康问题。

4. 弹性福利制度的建立

未来，企业将建立更加弹性的福利制度。除了传统的福利待遇外，企业将更注重提供个性化的福利选择，如弹性薪酬、灵活的福利方案等，以满足员工多样化的需求。

（五）全球化人才管理与多元文化融合

1. 全球化招聘与人才引进

未来，随着全球化的发展，企业将更加注重全球范围内的人才招聘与引进。通过构建全球化的招聘渠道和引进优秀的国际人才，企业能够更好地适应不同市场和文化的挑战。

2. 多元文化团队的建设

未来，多元文化团队将更为普遍。企业将更加注重构建由不同文化背景的员工组成的团队，以促进创新、增加全球业务的适应性，并提高团队的综合素质。

3. 跨国人才发展与梯队建设

未来，企业将更注重跨国人才的发展与梯队建设。通过培养具备跨国经验和国际视野的人才，企业可以更好地在全球范围内进行业务拓展，应对复杂多变的国际市场。

（六）社会责任与可持续发展

1. 企业社会责任的强化

未来，企业将更加强调社会责任。除了关注经济效益，企业将积极履行社会责任，参与社会公益事业，推动企业可持续发展。这不仅有助于树立企业良好的社会形象，还能够吸引更多有社会责任感的人才。

2. 可持续发展的战略规划

未来，企业将更加注重可持续发展的战略规划，包括对环境、社会、公司治理等方面的全面考量，通过制定可持续发展目标，推动企业在经济、社会和环境层面的平衡发展。

3.员工幸福感与企业成功的关联

未来，企业将更加认识到员工幸福感与企业成功之间的关联。员工满意度、工作幸福感不仅关乎员工个体的幸福，更直接影响企业的创造力、生产力和绩效。因此，企业将更积极地关注员工的福祉，创造更宜人的工作环境。

（七）人力资源管理与业务战略的深度融合

1.战略伙伴角色的强化

未来，人力资源管理将更加成为企业战略的一部分，担任战略伙伴的角色。人力资源团队将更加深度参与企业决策，从人才管理、组织发展等方面提供战略性建议，助力企业实现长期业务目标。

2.数据驱动的决策

未来，人力资源管理将更加依赖数据驱动的决策。通过大数据分析和人工智能技术，人力资源团队可以更准确地识别人才、制定绩效管理策略、优化招聘流程等，使决策更加科学和精准。

3.人才与业务战略的紧密结合

未来，企业将更加强调人才与业务战略的紧密结合。人才管理不再是独立的岗位，而是会紧密融入到业务运营中。通过深度了解业务需求，人力资源团队将更有针对性地制定人才战略，为企业的业务发展提供有力支持。

（八）技术挑战与应对策略

1.数据隐私与安全保障

未来，随着大数据和人工智能的应用，数据隐私和安全将面临更大的挑战。企业需要加强数据保护措施，确保员工个人信息的安全，同时遵循相关法规和政策。

2.技术培训与人才储备

随着技术的不断更新，员工需要不断进行技术培训，以适应新的工作要求。企业需要建立有效的技术培训体系，同时做好人才储备工作，确保团队具备未来所需的技能。

3.智能化与人性化的平衡

在推进智能化的过程中，企业需要平衡技术的智能化和人性化。虽然技术可以提高效率，但也需要关注员工的情感体验，保持人性化的管理风格，避免技术对员工造成的负面影响。

未来，人力资源管理将在数字化、智能化、全球化的大趋势下，迎来更加全面和复杂的挑战。企业需要不断创新和调整管理策略,将人力资源视为推动企业发展的战略性力量。同时,注重企业文化的建设、员工价值观的匹配,关注社会责任、可持续发展,使人力资源管理更加贴近员工需求、服务于企业战略,实现共赢发展。在未来的人力资源管理中,科技创新与人文关怀将共同推动组织迈向更加繁荣和可持续的未来。

第三节 "互联网＋"对人力资源管理的影响

一、信息时代对招聘与人才流动的影响

随着信息技术的迅猛发展,我们已经进入了信息时代,这个时代的特点是信息获取、传递和处理变得更加快速、便捷、普遍。在这一大背景下,招聘与人才流动也发生了深刻的变革。本书将详细探讨信息时代对招聘与人才流动的影响,其中涵盖了技术、社会、经济等多个层面。

(一)信息时代的特点

1. 即时性和全球性

信息时代的最大特点之一就是即时性和全球性。信息通过互联网可以实时传递,而且不再受制于时空的限制。这使得招聘信息可以在瞬间传播到全球,拓宽了企业寻找人才的范围,也使得求职者能够获取全球范围内的职位信息。

2. 多样化的信息载体

信息时代,信息传递的载体多种多样,包括文字、图像、视频等形式。招聘方和求职者可以通过各种媒体途径更全面、直观地展示自己,提高信息传递的效果。招聘广告、公司宣传、个人简历等形式也更加多样化。

3. 社交媒体的兴起

社交媒体在信息时代崛起,成为人们日常生活不可或缺的一部分。招聘与人才流动也在很大程度上与社交媒体相互关联,通过平台如 LinkedIn、Facebook 等,求职者可以展示自己的专业技能和工作经验,企业也可以更深入地挖掘人才。

(二)招聘的变革与影响

1. 在线招聘平台的崛起

信息时代,互联网技术推动了在线招聘平台的崛起,如智联招聘、猎云网等。企业可以通过这些平台发布职位信息,而求职者则能够方便地浏览和投递简历。这种方式不仅提高了信息的传递效率,也节省了招聘的时间和成本。

2. 智能化招聘工具的应用

随着人工智能技术的发展，智能化招聘工具也逐渐成为招聘的重要助手。自动化筛选简历、智能匹配岗位、面试机器人等工具的应用，使得招聘更加高效、客观，减轻了招聘人员的负担，同时提高了匹配的准确性。

3. 社交媒体在招聘中的作用

社交媒体不仅是人们交流的平台，也成为了招聘的有效工具。企业可以通过社交媒体发布招聘信息，吸引更多关注度。同时，企业和求职者可以通过社交媒体相互了解，有助于双方能够更全面地评估对方的适应性。

4. 雇主品牌的建设

信息时代，企业更注重雇主品牌的建设。通过在线平台、社交媒体等，企业可以展示自己的企业文化、员工福利、发展机会等信息，提高企业在求职者心目中的形象，从而更好地吸引和留住人才。

5. 数据分析在招聘中的应用

大数据分析也在招聘领域发挥着越来越大的作用。企业可以通过分析招聘数据，了解招聘效果，优化招聘流程，提高招聘的精准性和效率。同时，也能更好地了解人才市场的趋势和动态。

（三）人才流动的变革与影响

1. 跨界人才的增多

信息时代，人才流动更加自由，求职者更愿意尝试跨行业、跨领域的工作。这种跨界人才的增多，使得企业可以更灵活地获取各行各业的专业知识和经验，也提升了员工的综合素质。

2. 远程办公与灵活工作制度

随着信息时代的发展，远程办公和灵活工作制度逐渐成为人才流动的一种新趋势。求职者更加注重工作的弹性，而企业也更愿意接纳远程办公方式，使得人才可以在更广泛的范围内流动，而不再受制于地域。

3. 社交媒体对人脉关系的促进

在信息时代，通过社交媒体，人们能够更轻松地建立和维护人脉关系。这对于人才流动来说是一种促进。通过社交媒体，求职者可以更容易地获取职场信息、了解行业动态，而企业也能够更加直接地与潜在人才建立一定的联系，加速人才流动的速度。

4. 在线培训与技能更新

信息时代，人才流动也受到在线培训的推动。求职者可以通过在线学习平台获取新的技能，提升自身的竞争力，更容易适应新的工作环境。企业也更倾向于招聘具有不断学习和更新技能意愿的求职者，促使人才在流动中保持一定的竞争力。

5. 职业社交平台的作用

职业社交平台如 LinkedIn 等成为人才流动中的关键环节。通过这些平台，求职者可以不仅仅展示自己的经验和技能，还能够积极寻找适合自己职业发展的机会。同时，企业也能够通过这些平台更加直观地了解潜在的员工，促使人才更加高效流动。

6. 自由职业和项目工作的兴起

信息时代的灵活性推动了自由职业和项目工作的兴起。越来越多的人倾向于作为自由职业者参与项目工作，这种形式的工作也促使人才在不同的项目之间可以更加自由地流动，为企业提供了更大的选择空间。

7. 数据分析在人才流动中的应用

与招聘类似，数据分析在人才流动中的应用也日益重要。通过分析员工流动数据，企业可以更好地了解员工的离职原因、流动趋势等，从而采取相应的措施，提高员工的满意度，降低流动率。

（四）挑战与应对策略

1. 信息过载与筛选难题

随着信息时代的发展，信息过载成为一个挑战。招聘方和求职者都需要面对海量的信息，而且其中质量参差不齐。为了解决这个问题，企业可以利用智能化招聘工具，通过数据分析和人工智能筛选出更符合需求的信息。

2. 技术安全与隐私问题

在信息时代，技术安全和隐私问题是招聘和人才流动中需要重点关注的方面。企业需要建立健全的信息安全体系，确保招聘和流动过程中的信息不被恶意利用，同时也要充分尊重求职者和员工的隐私权。

3. 多样性与包容性挑战

虽然信息时代为招聘和人才流动提供了更广泛的选择，但也带来了多样性和包容性的挑战。企业需要更加注重建设多元化的企业文化，促进员工之间的相互理解和协作，确保团队的多样性能够转化为创新和协同的优势。

4. 技能匹配与培训问题

随着科技的不断发展，招聘和人才流动需要更多关注技能匹配与培训问题。企业需要更好地了解市场对技能的需求，与教育机构达成合作，提供定制化的培训计划，以确保员工具备未来工作所需的技能。

5. 社会责任与可持续发展

在招聘和人才流动中，社会责任和可持续发展问题也逐渐引起关注。企业需要思考其对社会和环境的影响，关注员工自身的幸福感和发展，实现人才的可持续流动，而不仅仅是短期内的招聘和流失。

（五）展望未来

在信息时代，招聘与人才流动正经历着深刻的变革。随着技术的不断发展和社会的不断演进，我们可以期待未来招聘和人才流动将呈现出以下几个方面的趋势。

1. 智能招聘的深度应用

随着人工智能技术的不断进步，智能招聘将更加深度地应用在招聘流程中。从简历筛选、面试辅助到岗位推荐，智能化的招聘工具将大大提高招聘效率和准确性。

2. 全球化人才市场的进一步开放

信息时代将进一步推动全球化人才市场的开放。企业将更容易获取来自不同国家和地区的优秀人才，同时求职者也将更灵活地可以在全球范围内寻找适合自己发展的机会。

3. 数据分析在人才发展中的加强

在人才流动方面，数据分析将在更大程度上发挥作用。企业将通过数据分析更好地了解员工的发展需求、流动趋势，为人才提供个性化的发展机会和职业规划，以更好地留住人才。

4. 弹性工作模式的普及

随着信息时代的深入，弹性工作模式将更为普及。远程办公、灵活工作时间等形式将成为常态，使得员工可以更加自由地选择工作地点和工作时间。这种灵活性有助于提高员工的生活质量，同时也能够吸引更多人才的加入。

5. 社交媒体在招聘和人才流动中的不断创新

社交媒体在招聘和人才流动中的作用将不断创新。更多新兴的社交媒体平台可能涌现，提供更为直观、交互式的招聘和人才展示方式。同时，社交媒体的智能化和个性化推荐将更加精准地匹配企业和求职者。

6. 人才共享平台的发展

未来可能会出现更多的人才共享平台，企业之间或个人与企业之间的人才共享将更为灵活。企业可以共同利用某一领域的专业人才，这种共享模式不仅提高了资源利用效率，也有助于构建更加互联互通的人才生态系统。

7. 人才的全方位发展

未来人才将更加注重全方位的发展，不仅追求专业技能的提升，还关注自己的兴趣、潜力和领导力的培养。企业将更注重提供全方位的培训和发展机会，帮助员工实现个人和职业的双赢。

8. 企业社会责任的深入贯彻

企业社会责任将更加深入贯彻到招聘和人才流动中。企业将更加注重人才的幸福感、员工的发展，关心社会的可持续发展。通过履行社会责任，企业能够更好地吸引和留住人才，形成积极的人才圈。

信息时代对招聘与人才流动产生了深远的影响，不仅加速了信息传递的速度，也改变了招聘和人才流动的方式和模式。企业需要更具前瞻性地适应这一变革，善于运用先进的技术手段，关注员工的全方位需求，注重社会责任的履行，以构建更加高效、灵活、包容的人才系统。

在未来，我们或许会看到更多颠覆性的技术应用，更加智能化、个性化的招聘和人才流动方式。同时，企业和个人也需要更加注重软实力的培养，关注员工的幸福感和工作满意度，共同推动人才与企业共同发展。随着科技和社会的不断进步，招聘与人才流动将继续演变，呈现出更为多元、开放、创新的发展趋势。

二、在线协作对团队与员工关系的影响

随着科技的迅速发展，特别是互联网的普及，在线协作成为企业管理和团队协同工作的重要方式。在线协作通过数字化平台，使得员工可以随时随地共同工作，促进信息的即时传递和团队协作。本书将探讨在线协作对团队与员工关系的影响，涵盖了沟通效率、团队协作、工作灵活性等多个方面。

（一）沟通效率的提高

1. 实时沟通工具的应用

在线协作工具为团队提供了实时沟通的平台，比如 Slack、MicrosoftTeams 等。通过这些工具，团队成员可以迅速传递信息、分享想法、解决问题，从而提高沟通效率。即时通信的特性使得沟通更为便捷，减少了信息传递的滞后。

2. 跨地域团队的协同

在线协作使得跨地域团队更加容易协同工作。即使团队成员分布在不同的地理位置，通过在线协作工具，他们可以同步工作，分享文件，进行实时协作。这种协同方式不仅打破了地域限制，也促进了跨文化团队的合作。

3. 信息透明度的提升

通过在线协作平台，团队成员可以更加方便地获取和共享信息。文件、会议记录、决策过程等信息都可以在平台上进行存档和查阅，提升了信息的透明度。这有助于避免信息不对称，使得团队成员更容易理解工作的进展和方向。

（二）团队协作的优化

1. 共享文档和实时编辑

在线协作工具提供了共享文档和实时编辑的功能，使得团队成员可以同时编辑同一份文档，实时查看对方的修改情况。这极大地提高了团队协作的效率，避免了传统

协作方式中频繁的文件来回传递和版本控制的问题。

2. 任务和项目管理的可视化

在线协作平台通常内置了任务和项目管理工具，如 Trello、Asana 等。通过这些工具，团队可以将任务分解成明细的工作项，进行可视化的管理。团队成员可以清晰地了解每个任务的责任人、进度和优先级，提高了工作的透明度和协同效率。

3. 虚拟会议和远程协作

在线协作工具支持虚拟会议和远程协作，通过视频会议、语音通话等方式，团队成员可以进行远程协作。这使得团队可以更灵活地安排会议，不受地理位置的限制，提高了团队成员之间的互动和合作。

（三）工作灵活性的增强

1. 远程办公和弹性工作制度

在线协作使得远程办公和弹性工作制度变得更为普及。员工可以更加灵活地选择工作地点和工作时间，提高了工作的灵活性。这也有助于企业吸引全球范围内的人才，提升员工的工作满意度。

2. 工作与生活平衡的重视

在线协作也促使企业更加关注员工的工作与生活平衡。由于远程办公的普及，员工更容易融入家庭生活，减少通勤时间，有助于缓解工作压力，提高生活质量。

3. 个性化工作空间的创建

在线协作工具允许个性化的工作空间设置，员工可以根据自己的喜好和工作习惯调整自己的工作环境。这有助于提升员工的工作舒适度，增强工作动力和效率。

（四）挑战与应对策略

1. 沟通障碍和信息过载

随着在线协作的普及，沟通障碍和信息过载成为一个挑战。为应对这一挑战，团队可以规范沟通方式，避免过度依赖在线聊天，重要信息可以通过文件或邮件等形式进行传递，提高信息的筛选和重要性的辨识。

2. 团队凝聚力和文化建设

在虚拟团队中，团队凝聚力和企业文化建设变得更为重要。团队领导可以通过定期团队建设活动、线上座谈会等方式，促进团队成员之间的交流与合作，同时建立和传承企业文化。

3. 网络安全和隐私问题

随着在线协作的增加，网络安全和隐私问题变得尤为重要。企业需要加强对在线协作平台的安全性管理，采取措施确保敏感信息的安全传输和存储。员工也需要注意保护个人信息，避免信息泄漏和网络攻击。

4. 技术使用能力和培训需求

在实施在线协作工具之前，团队成员可能需要适应新的技术工具。企业应提供培训机会，要确保员工能够熟练使用在线协作工具，并了解其功能和优势。培训有助于减少技术障碍，提高团队的整体协作效能。

5. 工作时间边界和虚拟疲劳

虽然在线协作提供了更大的工作灵活性，但也容易导致工作时间的边界模糊，员工可能难以切断工作和生活之间的界限。为解决这一问题，企业可以倡导规范的工作时间，鼓励员工保持良好的工作与生活平衡。

（五）展望未来

随着在线协作的不断发展，对团队与员工关系的影响将继续深化。未来，我们可以期待以下趋势。

1. 更智能化的协作工具

未来的在线协作工具将更加智能化，结合人工智能和机器学习技术，实现更精准的信息推送、智能任务分配等功能。这将大大提升团队协作的效率和质量。

2. 增强虚拟现实和增强现实的应用

虚拟现实（VR）和增强现实（AR）技术将逐渐应用于在线协作领域。通过 VR 和 AR 技术，团队成员可以在虚拟环境中共同工作，加强沟通和协作，使得远程团队能够更加真实地感受到团队协作的氛围。

3. 更加定制化的工作空间

未来的在线协作工具将更加注重个性化和定制化。员工可以根据自己的工作需求和喜好定制工作空间，提高工作的个性化和舒适度，从而能更好地促进团队协作。

4. 强化网络安全和隐私保护

随着网络威胁的增加，未来的在线协作工具将更加注重网络安全和隐私保护。企业将采取更加先进的技术手段，来确保在线协作平台的安全性，同时加强员工的网络安全意识培训。

5. 深度融合人才管理系统

未来，协作工具将更深度地融合进人才管理系统。从招聘、培训到绩效管理，这些功能将与协作工具无缝集成，实现全方位的人才管理。这有助于企业更好地了解团队成员的能力和发展需求，提高团队的整体绩效。

在线协作在提高团队与员工关系方面发挥着积极作用，通过提高沟通效率、优化团队协作、增强工作灵活性等方式，创造了更加灵活、高效的工作环境。然而，与此同时，也带来了一些挑战，包括沟通障碍、网络安全问题、工作时间边界的模糊等。有效应对这些挑战，将有助于更好地发挥在线协作的优势。

未来，随着科技的不断创新，我们可以期待在线协作工具的进一步智能化和定制化，以满足不同团队和员工的需求。虚拟现实和增强现实的应用也将丰富协作方式，使得远程团队之间的协作更加生动和实时。同时，网络安全和隐私保护将成为在线协作不可忽视的方面，企业需要加强安全意识和技术防护，以确保信息的安全传输和存储。

在未来，企业和团队应继续关注团队与员工关系的平衡，既要提高协作效率，又要保障员工的工作生活质量。强调团队凝聚力的培养、文化建设的推动以及员工的个人发展，都是构建健康团队关系的重要方面。

总体而言，在线协作是一个不断发展和演进的领域，它为团队和员工创造了更多的机会和可能性。通过充分发挥在线协作的优势，团队才能够更好地应对复杂多变的工作环境，拥有更高效、灵活和创新的工作方式。同时，也需要在应对相关挑战的过程中，不断优化和完善协作策略，以确保团队与员工关系的健康和良好地发展。

三、数据化对绩效管理与决策的影响

随着数字化时代的到来，企业逐渐认识到数据是一种宝贵的资源，能够为绩效管理和决策提供重要支持。数据化在绩效管理和决策中的应用，不仅提供了更全面、准确的信息基础，还推动了管理方式和决策过程的创新。本书将深入探讨数据化对绩效管理和决策的影响，涵盖数据收集、分析应用、绩效评价、决策优化等多个方面。

（一）数据收集与绩效管理

1. 全面、实时的数据收集

数据化带来了对绩效管理数据的全面、实时收集。传统绩效管理往往依赖于周期性的评估和手动数据录入，而数据化可以通过各种信息系统和传感器实时收集员工绩效相关数据。这包括工作完成情况、项目进展、客户满意度等多维度数据，为管理者提供了员工工作更为全面的信息基础。

2. 个性化的绩效指标

数据化绩效管理使得绩效指标可以更加个性化地制定。通过对员工的工作数据进行分析，管理者可以根据员工的具体工作内容和角色制定更符合实际情况的绩效指标，从而更好地反映出员工的实际表现。

3. 实时反馈与调整

数据化绩效管理提供了实时反馈的机制。管理者可以随时查看员工的绩效数据，及时发现其中的问题和亮点。这使得绩效评价不再局限于年度或季度，而可以在工作过程中进行实时调整和优化，提高了绩效管理的灵活性和精准性。

（二）数据分析与绩效评价

1. 数据驱动的决策支持

数据化为绩效评价提供了更为客观、可量化的依据。管理者可以通过数据分析了解员工的工作质量、效率、创新能力等方面的表现，从而更科学地制定绩效评价标准。这种数据驱动的决策支持有助于避免主观评价的偏见影响，提高了绩效评价的公正性和准确性。

2. 趋势分析与预测

数据化绩效管理还能够进行趋势分析和预测。通过历史数据和趋势分析，管理者可以更好地了解员工的绩效发展轨迹，提前发现潜在问题，并采取相应措施对其进行干预。这种预测性的数据分析为绩效管理提供了更为前瞻性的视角。

3. 个体与团队绩效对比

数据化绩效管理使得个体与团队的绩效对比更加容易。通过数据分析，管理者可以清晰地了解每个员工的表现，并将其与团队绩效进行对比。这不仅有助于发现团队内个体的优势和劣势，也为团队整体绩效提供了优化的空间。

（三）数据化决策优化

1. 基于数据的战略决策

数据化为企业战略决策提供了更为准确的基础。通过对市场趋势、竞争对手、客户需求等大量数据的分析，管理者可以制定更为科学、符合实际情况的战略方向。数据化决策有助于降低决策的风险，提高企业的竞争力。

2. 效益评估与资源分配

数据化决策还能够进行效益评估和资源分配的优化。通过数据分析，企业可以清晰地了解到不同项目、部门的效益情况，更加明智地进行资源分配。这有助于避免资源浪费，提高企业的整体效益。

3. 风险管理与应急预案

数据化决策有助于企业更好地进行风险管理。通过对内外部数据的监测与分析，企业可以及时发现潜在风险，并制订相应的应急预案。这种基于数据的风险管理有助于企业更加灵活地应对市场变化和不确定性。

（四）挑战与应对策略

1. 数据隐私与安全问题

随着数据化的普及，数据隐私与安全问题变得尤为重要。企业需要加强对数据的保护措施，包括加密技术、权限管理等，以防止敏感数据的泄漏。同时，建立明确的数据隐私政策，保障员工和客户的隐私权益。

2. 数据质量与一致性

数据质量和一致性是数据化绩效管理的关键挑战之一。不同部门、系统产生的数据可能存在差异，企业需要建立一套标准的数据管理流程，确保数据的准确性、一致性和及时性。实施数据质量监控和清洗流程，定期对数据进行审核和校验，以保障数据的可靠性。

3. 员工抵触情绪与变革管理

引入数据化绩效管理可能引起员工的抵触情绪，尤其是担忧隐私泄漏和过度监控。为了克服这一挑战，企业需要积极进行变革管理，向员工充分沟通数据化绩效管理的目的、好处以及对个人隐私的保护措施。透明度和参与度的提高有助于员工更好地接受和适应这一变革。

4. 技术基础设施与培训需求

数据化绩效管理依赖于先进的技术基础设施，包括信息系统、数据库、数据分析工具等。企业需要投资于技术基础设施的建设，并为员工提供相应的培训，以确保他们能够熟练使用相关工具和系统。技术的普及和培训的强化都有助于提高数据化绩效管理的效果。

（五）未来趋势与展望

1. 人工智能与机器学习的融合

未来，人工智能（AI）和机器学习（ML）的融合将进一步提升数据化绩效管理的水平。AI 和 ML 技术能够对大规模数据进行自动分析和挖掘，提供更深层次的洞察和预测。企业可以通过引入智能化的绩效管理系统，更好地理解员工行为、预测绩效趋势，并优化绩效激励机制。

2. 区块链技术的应用

区块链技术的应用将有助于解决数据安全和一致性的问题。区块链的去中心化、不可篡改的特性使得数据更难以被篡改和窃取。在绩效管理中，区块链技术可以用于确保员工绩效数据的透明性和安全性，并增强数据的可信度。

3. 跨部门协同与一体化平台

未来，绩效管理和决策将更加趋向于跨部门协同和一体化平台。不同部门的数据将更加紧密地相互关联，形成全方位的数据集成。这有助于企业更全面、全局地了解整体绩效状况，以便更好地进行战略规划和决策制定。

4. 数据伦理与可持续发展

数据伦理将成为数据化绩效管理的一个重要考量。企业需要遵循数据伦理原则，确保在数据收集、使用和分享过程中尊重员工和客户的隐私权。同时，还要注重数据的可持续发展，避免过度依赖某一类型的数据，保障长期的决策可靠性。

数据化对绩效管理与决策的影响是深远而积极的。通过全面、实时的数据收集，企业能够更清晰地了解员工和业务的实际情况。数据分析为绩效评价提供了客观、准确的依据，帮助企业制定更科学的绩效标准。在决策方面，数据化使得战略决策更加精准，资源分配更加有效，风险管理更加前瞻。

然而，数据化也带来了一系列挑战，其中包括数据隐私与安全问题、员工抵触情绪、技术基础设施的建设与培训等。企业在推进数据化绩效管理的过程中，需要综合考虑这些挑战，并采取相应的措施，以确保数据化的顺利实施和长期效果。在未来，随着技术的不断发展和新兴趋势的涌现，数据化绩效管理将不断迎来更多创新，为企业提供更强大的支持，推动业务的可持续发展。

第二章 "互联网+"环境下的招聘与选才

第一节 "互联网+"招聘模式概述

一、线上招聘平台的崛起

随着数字化时代的来临，线上招聘平台逐渐崛起，成为企业人才引流和招聘的主要渠道。这一趋势不仅改变了传统招聘的方式，也为企业和求职者带来了更多的便利与可能性。本章将深入探讨线上招聘平台的崛起，涵盖其背后的动因、优势、挑战以及对人力资源管理的影响。

（一）线上招聘平台的兴起背景

1.数字化时代的来临

随着互联网技术的不断发展，人们的生活和工作方式发生了翻天覆地的变化。互联网的兴起带动了社会的数字化，企业、机构和个人都逐渐转向了数字化运营。在这一大背景下，传统的招聘方式就逐渐显得滞后，亟须新的工具和平台来适应数字化时代的需求。

2.人才市场的竞争加剧

随着全球经济的不断发展，人才市场的竞争也变得愈发激烈。优秀的人才成为企业成功的关键因素之一，因此吸引和留住人才变得尤为重要。线上招聘平台以其高效、便捷的特点成为企业在人才市场中寻找和吸引优秀人才的重要工具。

（二）线上招聘平台的优势

1.广泛覆盖与全球化招聘

线上招聘平台打破了地域限制，使得企业能够更广泛地覆盖潜在的求职者。无论是国内还是国际招聘，企业都能通过线上平台获取更多的人才资源。这种全球化招聘的方式有助于企业更好地寻求全球范围内的优秀人才。

2.高效匹配与智能推荐

线上招聘平台通常采用智能匹配和推荐技术，通过算法分析求职者的经历、技能和偏好，为企业提供更精准的匹配推荐。这就大大提高了招聘效率，使得企业更容易找到与职位要求相匹配的人才，同时也使求职者更容易找到适合自己的工作机会。

3. 多元化招聘渠道与多媒体展示

线上招聘平台为企业提供了多元化的招聘渠道。除了传统的文字招聘信息外，还可以通过图片、视频等多媒体形式展示企业文化、工作环境，吸引更多的求职者关注。这种多元化的呈现方式有助于企业更生动地展示自己特点，增强用人品牌的吸引力。

4. 数据分析与招聘优化

线上招聘平台积累了大量的招聘数据，可以通过数据分析提供有关招聘效果、人才流动等方面的信息。企业可以通过这些数据进行招聘策略的优化，不断改进招聘流程，提高招聘的成功率和效益。

（三）线上招聘平台的应用领域

1. 企业招聘

企业是线上招聘平台最主要的使用者之一。通过线上招聘平台，企业可以发布招聘信息、筛选简历、进行在线面试等，极大地提高了招聘效率和成功率。

2. 猎头服务

线上招聘平台也为猎头服务提供了更多的机会。猎头可以通过平台搜索数据库，寻找符合客户需求的候选人，并与其进行有效地沟通和推荐。这种在线化的猎头服务更加灵活高效。

3. 自由职业者与兼职招聘

线上招聘平台也为自由职业者和兼职工作者提供了更多机会。这些人群可以通过平台找到更多的兼职机会，提高灵活性，同时企业也能更便捷地找到符合项目需求的自由职业者。

4. 创业公司招聘

对于初创企业而言，线上招聘平台是一个成本较低、快速找到合适人才的途径。创业公司可以通过平台吸引到具有创新精神和适应能力的人才，然后推动企业的快速发展。

（四）线上招聘平台的挑战

1. 信息真实性与信任度

在线招聘平台上的信息真实性一直是一个挑战。有些求职者可能夸大自己的经历或技能，企业在筛选简历时需要对信息进行验证。同时，企业也需要确保所发布的职位信息真实可信，以避免引入不匹配实际需求的人才。

2. 大量信息筛选与匹配难题

尽管线上招聘平台提供了高效的信息筛选和匹配功能，但随之而来的是大量的信息需要处理。企业需要花费大量时间和精力来筛选和匹配合适的人才，这对于人力资源部门提出了更高的要求，同时也可能导致一些优秀的简历被忽略。

3.人才过度流动问题

线上招聘平台的便捷性和开放性也带来了人才过度流动的问题。员工更容易获取新的职业机会，导致企业面临人才留存的挑战。为了解决这个问题，企业需要加强员工发展和激励措施，提高员工个人忠诚度。

4.招聘歧视与平等问题

在线招聘平台上的招聘流程可能存在歧视问题，例如基于性别、年龄、种族等因素的歧视。为了建立一个公平的招聘环境，平台需要采取措施确保招聘流程的公正性，避免对某一类群体的歧视。

（五）线上招聘平台对人力资源管理的影响

1.招聘效率提升

线上招聘平台极大提升了招聘的效率。企业可以更迅速地发布职位、筛选简历、进行面试，并通过平台的数据分析功能进行实时的招聘优化。这使得人力资源管理更加灵活、迅捷。

2.人才多样性的增加

线上招聘平台为企业带来更多元化的人才资源。通过全球化招聘，企业可以吸引来自不同地区、文化背景和专业领域的人才。将有助于提升企业的创新力和适应能力。

3.数据驱动的招聘决策

线上招聘平台积累了大量的招聘数据，为企业提供了数据驱动的招聘决策基础。人力资源团队可以通过分析这些数据，更好地了解人才市场趋势，优化招聘策略，提高招聘的成功率。

4.用人品牌的打造

线上招聘平台为企业提供了展示自身用人品牌的机会。通过多媒体形式展示企业文化、员工福利和发展机会，有助于提升企业在求职者心目中的吸引力，建立良好的用人品牌形象。

（六）未来发展趋势与展望

1.智能化与人工智能技术的应用

未来，线上招聘平台将更加注重智能化和人工智能技术的应用。通过机器学习算法，平台可以更准确地匹配求职者和职位，提供个性化的招聘推荐。智能化工具还可以为企业提供更全面的招聘数据分析，助力招聘策略的优化。

2.区块链技术的应用

随着区块链技术的发展，其在线上招聘领域的应用也将逐渐增多。区块链技术可以提高信息的透明度和安全性，确保求职者和企业的信息真实可信。这有助于解决信息造假现象和招聘过程中的信任问题。

3.强调人才发展与留存

未来，线上招聘平台可能更加强调人才发展和留存。除了招聘功能外，平台可能提供更多关于员工培训、职业发展规划等方面的信息和服务，帮助企业更好地留住优秀人才。

4.多平台整合与生态系统建设

未来，线上招聘平台可能会趋向于整合更多的招聘服务，形成一个更为完整的生态系统。这包括与教育机构、培训机构、猎头公司等的合作，为企业提供更全面的人才解决方案。

线上招聘平台的崛起标志着招聘方式的数字化和智能化趋势。通过高效匹配、全球化招聘、多元化展示等优势，线上招聘平台为企业和求职者提供了更多的机会和可能性。然而，也需要面对信息真实性存疑、信息筛选难题、人才过度流动等一系列挑战。

未来，随着技术的不断发展和新兴趋势的涌现，线上招聘平台将继续演变和创新，企业需要及时跟进这些变化。

二、创新招聘方式与策略

在数字化时代，企业面临着日益激烈的人才竞争，传统的招聘方式已经难以满足多元化、高效化的招募需求。因此，创新招聘方式与策略成为了企业人力资源管理中的重要议题。本书将深入探讨创新招聘的动因、现有趋势、优势、挑战以及未来的发展方向。

（一）创新招聘的动因

1.人才市场竞争激烈

人才是企业成功的核心驱动力，但随着市场的全球化和数字化，人才市场变得更加竞争激烈。传统招聘方式难以满足企业对多元化、高素质人才的需求，因此需要创新招聘方式以提高自身竞争力。

2.数字化技术的普及

数字化技术的广泛应用为招聘带来了前所未有的便利。从在线招聘平台到人工智能的应用，数字化工具为招聘提供了更高效、更精准的手段。这也催生了创新招聘策略的需求，以更好地利用数字化技术。

3.多元化人才需求

现代企业对人才的需求日益多元化，不仅需要技术娴熟的专业人才，还需要具备创新、沟通、团队协作等综合素养的人才。传统的招聘方式可能难以全面评估求职者的综合能力，因此创新招聘方式应对多元化的人才需求提供更全面的解决方案。

（二）创新招聘的现有趋势

1.在线招聘平台的兴起

在线招聘平台成为创新招聘的主要工具之一。通过这些平台，企业能够更广泛地覆盖到潜在求职者，实现全球范围内的人才招聘。智能匹配和推荐系统也提高了招聘的效率和准确性。

2.社交媒体招聘

社交媒体的普及为企业提供了与潜在人才直接互动的机会。通过在社交媒体平台上发布招聘信息、展示企业文化，企业能够更好地吸引和留住目标人才。同时，社交媒体也成为求职者了解企业的重要渠道。

3.人才数据分析

人才数据分析通过收集、分析大量的人才数据，帮助企业更好地了解人才市场趋势、评估人才的潜力和适应性。这种数据驱动的招聘策略使企业能够更加科学地制订招聘计划和人才发展方向。

4.虚拟招聘活动

随着虚拟技术的发展，虚拟招聘活动成为一种创新的招聘方式。通过虚拟招聘会、在线面试等形式，企业可以与全球范围内的求职者直接进行互动，节省时间和成本。

5.创意招聘宣传

创新招聘还包括创意招聘宣传，通过独特的宣传方式吸引目标人群的关注。这可能就包括创意视频、线上挑战、特色活动等，使企业在众多招聘信息中脱颖而出。

（三）创新招聘的优势

1.提高招聘效率

创新招聘方式通过数字化技术和智能匹配系统，提高了招聘的效率。企业能够更迅速地找到合适的人才，缩短招聘周期，迅速响应市场需求。

2.拓展人才来源

创新招聘方式通过在线招聘平台、社交媒体、虚拟招聘活动等，拓展了企业获取人才的渠道。这使得企业能够吸引来自不同地区、背景和行业的人才，为团队注入新鲜的血液。

3.提高招聘的精准性

智能匹配和数据分析技术的应用使得招聘更具精准性。企业可以更准确地了解求职者的技能、经验和潜力，从而更好地匹配职位需求，减少招聘的失误率。

4. 促进用人多元化

创新招聘强调多元化的人才需求，有助于实现用人多元化。通过社交媒体、虚拟招聘活动等方式，企业能够吸引到来自不同文化和背景的人才，增强团队的创造力和适应能力。

（四）创新招聘的挑战

1. 信息真实性难以保障

在创新招聘方式中，特别是在线招聘平台，存在求职者信息真实性的问题。有些求职者可能夸大自己的能力或提供虚假信息，给企业招聘过程带来风险。

2. 数字鸿沟和平等问题

依赖数字化技术的招聘方式可能加剧数字鸿沟，即某些人群因为数字化能力不足而被边缘化。此外，社交媒体招聘也可能引发平等问题，因为某些群体会更活跃于特定的社交媒体平台。

3. 求职者体验不佳

尽管创新招聘方式提高了招聘的效率，但在实际操作中，一些求职者可能因为招聘流程烦琐、虚拟招聘活动体验不佳等原因而感到不满。这可能影响企业的用人品牌和声誉。

4. 隐私和数据安全问题

数字化时代带来了大量的个人数据流动，这引发了隐私和数据安全的担忧。招聘过程中的个人信息泄漏可能导致不良后果，因此企业需要加强数据保护和隐私保密措施。

（五）未来发展趋势与展望

1. 人工智能的深度融入

未来，人工智能技术将更深度地融入招聘流程。通过自然语言处理、情感分析等技术，人工智能可以更全面地评估求职者的能力和适应性，提高招聘的精准性。

2. 区块链技术应用

为了解决信息真实性和数据安全的问题，未来招聘可能会采用区块链技术。区块链的去中心化和不可篡改的特性有助于确保信息的真实性和安全性。

3. 人才培养与内部晋升协调

随着外部招聘的竞争加剧，企业可能会更加重视内部人才培养和晋升。通过创新的培训计划和职业发展机会，企业可以更好地留住和发展现有员工。

4. 数据伦理的重视

未来，企业将更加注重数据伦理，确保在招聘过程中尊重求职者的隐私权。透明、公正的招聘流程将有助于建立良好形象的用人品牌。

创新招聘方式与策略是企业适应数字化时代人才招聘变革的关键。通过充分利用在线招聘平台、社交媒体、虚拟招聘活动等工具，企业能够更高效、更精准地找到适合的人才。然而，要注意在创新的同时解决可能出现的挑战，保障招聘过程的公正性和透明性。未来，随着技术的不断发展，招聘将迎来更多创新和变革，为企业建设强大的人才团队提供更多可能性。

三、行业间招聘模式比较

随着社会的不断发展和经济的不断壮大，各行各业对人才的需求也在不断增加着。招聘作为企业人力资源管理中至关重要的环节，其模式和方式也在不断演变。本书将深入研究和比较不同行业间的招聘模式，分析其特点、优劣势，并展望未来可能的趋势。

（一）传统行业招聘模式

1.纸质招聘广告

过去，纸质招聘广告是企业招聘人才的主要手段之一。企业通过刊登在报纸、杂志等媒体上的广告，吸引求职者投递简历。这种方式的优势在于广告内容能够较为详细地介绍企业和职位信息，但劣势则在于信息传播速度慢，覆盖面相对有限。

2.人才市场招聘

人才市场招聘是传统招聘模式的延伸，企业通过参加招聘会或举办专场招聘活动，面对面与求职者交流。这种方式加强了企业与求职者之间的沟通，但同样存在着时间成本高、信息不够精准等问题。

3.人力资源中介招聘

人力资源中介机构作为专业的招聘服务提供者，为企业和求职者之间搭建桥梁。中介机构通过收集企业需求，筛选匹配人才，提供面试和培训等服务。虽然能够提供一定的专业性，但也因中介费用较高而受到相关争议。

（二）新兴行业招聘模式

1.网络招聘平台

随着互联网的普及，网络招聘平台逐渐崭露头角。这种模式通过在线发布职位信息，实现企业与求职者之间的高效对接。互联网平台具有信息传播快、覆盖面广的优势，但也面临着信息真实性难以保障、招聘平台滥用数据等问题。

2.社交媒体招聘

社交媒体的崛起为招聘带来了新的可能性。企业通过在社交平台上发布招聘信息，利用社交网络的传播效应吸引人才。这种方式具有更强的互动性，但同时也需要企业在社交媒体上建立良好的品牌形象。

3. 数据驱动招聘

数据驱动招聘是一种利用大数据和人工智能技术进行招聘决策的模式。通过分析大量的招聘数据，企业可以更准确地了解到人才市场的需求和趋势，从而制定更科学的招聘策略。这种模式的优势在于提高了招聘的效率和准确性，但也需要企业具备一定的数据分析和处理能力。

（三）行业间招聘模式的比较与趋势

1. 优劣势比较

传统行业招聘模式注重面对面的沟通和传统媒体的宣传，更注重人际关系和企业形象的建设。然而，其受限于时间和空间的局限性，效率相对较低。新兴行业招聘模式则更注重利用科技手段提高效率，通过大数据、人工智能等技术实现更精准的匹配。

2. 趋势展望

随着科技的不断进步，未来招聘模式将更加数字化、智能化。大数据分析和人工智能技术的应用将成为主流，帮助企业更好地了解市场需求、挖掘人才潜力。同时，社交媒体的影响力也将继续扩大，企业需要在社交平台上建设好的品牌形象，吸引更多优秀的人才。

不同行业的招聘模式各有优劣，企业应根据自身需求和特点选择适合的招聘方式。同时，随着科技的发展和社会的变革，招聘模式也在不断演进，数字化、智能化成为未来的主流趋势。企业需要紧跟时代步伐，不断更新招聘战略，以更好地满足人才需求，推动企业的可持续发展。

第二节　大数据在招聘中的应用

一、大数据在简历筛选中的应用

在当今信息爆炸的时代，人才市场日益庞大，企业在招聘过程中面临着海量的简历和候选人信息。为了提高招聘效率、减轻人力负担，大数据技术逐渐应用于简历筛选中。本书将深入探讨大数据在简历筛选中的应用，分析其优势、挑战，并展望未来的发展趋势。

（一）大数据在简历筛选中的应用

1. 精准匹配

大数据技术能够通过自然语言处理（NLP）和机器学习算法，分析简历中的关键词、技能和经验，与岗位需求进行精准匹配。这种方式大大提高了匹配的准确性，使招聘人员能够更迅速地找到与职位要求高度匹配的候选人。

2. 数据挖掘和分析

大数据技术可以对招聘数据进行深度挖掘和分析,帮助企业发现潜在的人才。通过分析候选人的教育背景、工作经历、项目经验等方面的数据,招聘人员可以更全面地了解候选人的能力和潜力,为招聘决策提供更有力的支持。

3. 预测分析

大数据技术可以通过历史招聘数据和员工表现数据进行预测分析,帮助企业预测候选人在未来的工作表现。这种方式有助于降低招聘过程中的风险,提前预测可能的问题,并更好地匹配候选人和公司文化。

4. 自动化筛选

大数据技术可以实现简历筛选的自动化,从而减轻招聘人员的工作负担。通过设定合适的筛选条件和算法,系统可以自动快速地筛选出符合条件的候选人,提高了招聘的效率。

(二)大数据在简历筛选中的优势

1. 提高招聘效率

大数据技术能够快速而准确地分析海量的简历数据,从中筛选出最符合岗位要求的候选人,大大提高了招聘的效率。传统的手工筛选方式与之相比之下显得效率较低,容易因为人为主观因素而产生偏差。

2. 降低用人风险

通过大数据分析,企业可以更全面地了解候选人的背景、经验和潜力,有助于降低用人风险。预测分析的应用使得招聘人员能够更好地预见候选人未来的表现,从而做出更明智的招聘决策。

3. 拓宽人才视野

大数据技术使得企业能够更好地挖掘潜在的人才资源,拓展人才视野。通过深度挖掘和分析数据,企业可以发现那些可能被忽视的人才,使得招聘更加全面和多样化。

4. 个性化招聘体验

大数据技术的应用使得招聘能够更个性化,根据不同岗位的需求和企业的文化特点,为每个候选人提供更精准的匹配。这不仅提高了候选人的满意度,也有助于构建企业良好的品牌形象。

(三)大数据在简历筛选中的挑战

1. 隐私问题

大数据在简历筛选中的广泛应用引发了对隐私问题的担忧。个人信息的收集、存储和处理可能涉及隐私泄漏的风险，企业需要制定合理的隐私政策并严格遵守相关法规，以确保个人信息的安全和保密。

2. 数据质量

简历中的数据质量参差不齐，有些可能存在不准确或夸大的情况。这会影响大数据分析的准确性和可靠性，因此企业在使用大数据技术时需要加强数据清洗和验证工作，以确保分析结果的真实性。

3. 算法偏见

大数据算法可能存在偏见，特别是在训练数据中存在歧视性或不平等的情况下。这可能导致在筛选过程中对某些群体的不公平对待，加大了歧视风险。因此，企业需要关注和纠正算法偏见，确保招聘过程的公正性和公平性。

4. 技术成本和培训

引入大数据技术需要企业投入大量的技术和财务资源，包括数据存储、处理、分析等方面的成本。同时，员工需要接受相关技术培训，提高数据分析和应用的能力。这对于一些中小型企业来说可能是一个不小的挑战。

（四）未来发展趋势

1. 深度学习技术的应用

随着深度学习技术的不断进步，未来在简历筛选中的应用将更加智能和精细化。深度学习可以更好地模拟人类的认知过程，使得算法能够更好地理解和解释复杂的简历信息。这将进一步提高招聘的准确性和效率。

2. 跨行业数据整合

未来的发展趋势之一是实现跨行业数据的整合和共享。通过整合不同领域的招聘数据，企业可以更全面地了解人才市场的动态和趋势，提高招聘的前瞻性。然而，这也需要解决数据隐私和安全等问题。

3. 增强现实（AR）和虚拟现实（VR）技术的融入

AR 和 VR 技术的应用将为招聘带来更加沉浸式的体验。候选人可以通过虚拟面试等方式来展示自己的技能和能力，同时企业也可以更全面地评估候选人的适应能力。这将推动招聘过程向更直观和交互式的方向发展。

4. 智能化招聘助手的兴起

未来，智能化招聘助手有望成为招聘流程中的重要角色。这些助手可以通过语音或聊天交互，与候选人产生互动，收集更多关于候选人的信息，并提供个性化的招聘建议。这将为招聘人员提供更多的工作效率和支持。

5. 持续关注招聘过程的伦理和公平性

随着大数据技术在招聘中的广泛应用，社会对招聘过程中伦理和公平性的关注也在增加。未来，企业将更加重视建立公正的招聘流程，减少算法偏见，确保招聘的公平性和透明性。

大数据技术在简历筛选中的应用为企业提供了更高效、更智能的招聘解决方案。通过精准匹配、数据挖掘和分析等手段，企业可以更好地理解人才市场，降低用人风险，提高招聘效率。然而，随着技术的发展，也伴随着一系列的挑战，包括隐私问题、数据质量、算法偏见等，企业需要在应用大数据技术的同时注重解决这些问题，确保招聘过程的公正和合规。未来，随着深度学习、AR/VR 技术等的不断发展，大数据在招聘中的应用将更加多样化和智能化，为企业创造更优质的招聘体验。

二、预测分析在招聘决策中的应用

招聘是企业发展的关键环节之一，而随着技术的不断进步，预测分析作为数据科学领域的重要工具，逐渐应用于招聘决策中。本书将深入探讨预测分析在招聘决策中的应用，分析其优势、面临的挑战，并展望未来的发展趋势。

（一）预测分析在招聘决策中的应用

1. 候选人匹配

预测分析通过分析候选人的履历、技能、经验和过往表现等信息，与企业设定的招聘标准进行比对，预测候选人在特定岗位上的匹配度。这有助于招聘人员能更准确地找到最适合的人才，提高招聘的成功率。

2. 预测员工绩效

通过预测分析，企业可以借助历史员工绩效数据和相关指标，建立模型预测新员工在未来的绩效表现。这样的分析有助于企业在招聘阶段更好地了解候选人的潜在表现，降低用人风险。

3. 预测员工留存

预测分析可用于预测员工的离职概率，通过分析员工的离职历史、工作满意度、薪资水平等因素，企业可以提前识别可能会流失的人才，并采取相应的措施，如调薪、职业发展规划等，提高员工的忠诚度。

4. 招聘渠道优化

通过预测分析，企业可以分析不同招聘渠道的效果，了解哪些渠道更适合吸引高质量的候选人。这有助于企业优化招聘策略，将资源更加聚集在最有效的渠道上，提高招聘效率。

（二）预测分析在招聘决策中的优势

1. 提高招聘效率

预测分析能够通过自动化和智能化的方式，快速而准确地分析大量的招聘数据，帮助招聘人员更迅速地做出决策。相比传统招聘方式，大大提高了招聘的效率。

2. 降低用人风险

通过对招聘数据的深度分析，预测分析能够提前识别潜在的用人风险，如员工绩效不佳、流失可能性大等。这有助于企业更加谨慎地做出招聘决策，减少用人风险。

3. 个性化招聘

预测分析可以根据不同的招聘需求和企业文化特点，为每个候选人提供个性化的招聘体验。通过深入分析候选人的特征，可以更精准地匹配岗位需求，提高候选人的匹配度和满意度。

4. 持续优化招聘策略

通过不断分析和评估招聘数据，预测分析使企业能够了解招聘策略的效果，发现问题并及时调整。这种持续优化的过程有助于企业更灵活地应对市场变化，提高招聘的适应性。

（三）预测分析在招聘决策中面临的挑战

1. 数据质量和一致性

预测分析的准确性严重依赖于招聘数据的质量和一致性。如果招聘数据存在不准确、缺失或不一致的情况，将直接影响到模型的效果和预测的准确性。

2. 隐私和伦理问题

预测分析涉及大量个人信息的收集和处理，因此隐私和伦理问题成为一个突出的挑战。企业需要确保自身遵守相关的法规和法律，采取适当的措施来保护候选人的隐私。

3. 算法偏见

预测分析所使用的算法可能存在偏见，特别是在训练数据中存在不平等或歧视性的情况下。这可能导致招聘过程中对某些群体的不公平对待，就会增加了企业的法律和声誉风险。

4. 技术和人才需求

引入预测分析需要企业投入大量的技术和人才资源，包括数据科学家、分析师等。由于这些人才相对较为稀缺，企业需要面临挑战，尤其是对于中小型企业而言。

（四）预测分析在招聘决策中的未来趋势

1. 智能化招聘助手的兴起

未来，智能化招聘助手有望成为预测分析在招聘决策中的重要组成部分。这些助手可以通过机器学习算法不断学习和改进，为招聘人员提供更为智能和个性化的建议。智能化招聘助手可以处理复杂的数据分析任务，为招聘人员提供实时的反馈和决策支持，从而提高整个招聘流程的效率。

2.跨行业数据整合

随着招聘市场的不断扩大和多样化，未来的发展趋势之一将是实现跨行业数据的整合和共享。通过整合来自不同行业和领域的招聘数据，企业可以更全面地了解到人才市场的动态和趋势，为招聘决策提供更全面的信息支持。

3.融合多元数据源

未来的预测分析在招聘决策中将更加注重融合多元数据源。除了传统的招聘数据，还将结合社交媒体信息、在线学习记录、项目经验等更多维度的数据，以更全面地了解候选人的能力和潜力。这样的多元数据融合将提高预测模型的准确性和综合性。

4.增强现实（AR）和虚拟现实（VR）技术的融入

未来，AR 和 VR 技术有望融入招聘决策的预测分析中。通过虚拟面试、模拟工作场景等方式，企业可以更全面地评估候选人的技能和适应能力。这将为招聘决策提供更直观和真实的数据，提高招聘的预测准确性。

5.强化数据伦理和隐私保护

随着人们对数据隐私和伦理问题的关注不断增加，未来预测分析在招聘决策中将会更加强调数据伦理和隐私保护。企业需要建立严格的数据管理和保护机制，确保招聘数据的合法、公正、透明和隐私安全。

预测分析在招聘决策中的应用为企业提供了更智能、更准确的决策支持。通过提高招聘效率、降低用人风险、个性化招聘体验等方面的优势，预测分析成为招聘领域不可忽视的工具。然而，随着技术的发展，也伴随着一系列挑战，包括数据质量、隐私问题、算法偏见等。未来，随着智能化招聘助手的兴起、跨行业数据整合的实现、多元数据源的融合以及增强现实和虚拟现实技术的应用，预测分析在招聘决策中将迎来更为广阔的发展空间。企业需要在积极应用的同时，还要关注伦理和隐私保护，持续优化技术和流程，以适应未来招聘领域的变革。

三、大数据在人才市场趋势分析中的作用

人才市场是一个动态而复杂的系统，随着社会、科技、经济等多方面因素的影响，人才需求和供给的情况在不断变化。在这个背景下，大数据作为一种强大的信息处理工具，正在人才市场趋势分析中发挥越来越重要的作用。本书将深入探讨大数据在人才市场趋势分析中的作用，分析其优势、应用场景，并展望其未来的发展趋势。

（一）大数据在人才市场趋势分析中的优势

1.数据规模庞大

大数据的最大特点就是数据规模庞大，可以涵盖多个维度的信息，包括人才的教育背景、工作经验、技能专长、薪资水平等。这种海量数据的积累能够为趋势分析提

供更为全面、详细的信息基础。

2. 实时性和即时性

大数据技术可以快速处理大规模数据并实现实时性地分析，使得人才市场趋势分析能够更加及时、灵活地响应市场的变化。企业可以随时获取最新的人才市场信息，做出更为实时的决策。

3. 多维度分析

大数据分析不仅关注数量庞大的数据，还强调多维度的分析，可以深入挖掘数据背后的关联和趋势。通过多维度的分析，可以更好地理解人才市场的结构和特点，为企业提供更为深刻的见解。

4. 数据驱动决策

大数据的应用使得决策更为科学和数据驱动。通过对大数据地分析，企业可以基于客观事实做出招聘、培训、薪酬等方面的决策，降低主观因素的影响，提高决策的准确性。

（二）大数据在人才市场趋势分析中的应用场景

1. 人才供需匹配

通过对人才市场的大数据进行深度分析，企业可以更准确地了解不同岗位的人才供需状况。这有助于企业合理规划人才需求，提前预知可能的用人短缺或过剩情况，为招聘战略提供科学依据。

2. 薪酬趋势分析

大数据可以用于薪酬水平的趋势分析，帮助企业了解同行业、同地区的薪酬水平，从而制定合理的薪资政策。通过对市场薪酬的实时监测，企业可以更灵活地进行薪资的相关调整，吸引和留住优秀人才。

3. 员工流失预测

通过大数据分析员工的历史数据、职业发展轨迹、薪资水平等信息，可以预测员工的流失可能性。企业可以采取相应措施，提高员工满意度，有效降低人才流失率，节省招聘和培训的成本。

4. 人才培训需求分析

大数据分析可以揭示员工的技能缺口和发展需求，有助于企业制订更为精准的培训计划。通过了解市场上的热门技能和趋势，企业可以提前培养具备竞争力的人才，适应市场的发展需求。

5. 招聘渠道效果评估

企业可以通过大数据分析各个招聘渠道的效果，其中包括招聘网站、社交媒体、内部推荐等。通过评估不同渠道的招聘效果，企业可以更精确地投入资源，提高招聘效率。

（三）大数据在人才市场趋势分析中的挑战

1. 数据隐私与安全问题

大数据在人才市场的广泛应用涉及到大量的个人信息，因此数据隐私和安全问题成为一个突出的挑战。企业需要采取严格的数据安全措施，确保个人隐私的合法、安全使用。

2. 数据质量和一致性

大数据的分析结果严重依赖于数据的质量和一致性。如果数据质量不高或者不一致，将会影响分析的准确性和可靠性。因此，企业需要加强数据的清洗、验证和标准化工作。

3. 技术人才短缺

引入大数据技术需要具备相应技术能力的人才，而目前技术人才相对短缺。企业需要面临招聘、培养和留住人才方面的挑战，以确保大数据分析团队的稳定和高效运作。

4. 算法偏见和公平性

在人才市场趋势分析中使用大数据的算法可能存在偏见，导致不同群体面对的不公平对待。这可能在招聘、晋升和薪酬方面引入歧视性因素。解决算法偏见问题需要不断优化算法，关注公平性，并确保算法的训练数据具有多样性和代表性。

5. 普适性和适用性

大数据分析的结果通常依赖于特定的数据集和场景，因此在不同的行业、地区和公司中可能存在普适性和适用性的挑战。企业需要谨慎选择和调整分析模型，以确保结果在不同背景下的可靠性和适用性。

（四）大数据在人才市场趋势分析中的未来展望

1. 面向人才的智能化服务

未来，随着人工智能技术的发展，大数据在人才市场趋势分析中将更加智能化。智能化服务可以通过自然语言处理、机器学习等技术，为企业提供更智能、自动化的人才市场趋势分析服务，减轻企业的工作负担。

2. 人才预测分析的深入应用

预测分析将在人才市场中得到更深入的应用，不仅限于预测招聘需求和薪酬趋势，还将包括员工绩效、离职风险等方面的预测。这有助于企业更加主动地制定人才管理策略，提前应对人才市场发生的变化。

3.多模态数据融合分析

未来的发展趋势之一是将多模态数据融合到人才市场趋势分析中，包括文本、图像、语音等多种数据形式。这将使得分析更为全面、深刻，提供更丰富的信息来支持决策。

4.区块链技术的应用

区块链技术的应用有望解决大数据在人才市场中的数据隐私和安全问题。通过区块链的去中心化和加密特性，可以建立更为安全和透明的数据管理系统，保护个人隐私，增强数据的可信度。

5.持续关注伦理和公平性

随着社会对数据伦理和公平性的关注不断增加，未来大数据在人才市场趋势分析中的应用将更加注重伦理原则和公平性。企业需要制定并遵守相关的数据使用政策，确保数据的合法和合规使用，防范潜在的风险。

大数据在人才市场趋势分析中具有巨大的潜力和优势，能够为企业提供更准确、实时、多维度的人才市场信息。然而，要充分发挥大数据的作用，企业需要克服数据隐私、质量、算法偏见等方面的挑战。未来，随着智能化服务、预测分析、多模态数据融合、区块链技术的应用，大数据在人才市场趋势分析中将不断演进，为企业提供更为智能和全面的人才管理支持。企业需要积极采用新技术、不断改进数据管理机制，以应对不断变化的人才市场挑战。

第三节　社交媒体与人才招聘

一、社交媒体在品牌招聘中的作用

随着社交媒体的迅猛发展，企业在品牌招聘中越来越依赖于这一强大的工具。社交媒体不仅为企业提供了一个与潜在候选人互动的平台，还成为品牌塑造和招聘营销的关键渠道。本书将深入研究社交媒体在品牌招聘中的作用，探讨其存在的机遇、挑战，并分享一些最佳实践。

（一）社交媒体在品牌招聘中的机遇

1.品牌展示与塑造

社交媒体为企业提供了展示企业文化、价值观和工作环境的平台。通过分享员工故事、工作场景和企业使命，企业可以建立一个吸引人的品牌形象，吸引更多的人才关注和加入其中。

2. 互动与候选人关系管理

社交媒体不仅仅是一种宣传的工具，还是与潜在候选人建立关系的渠道。通过回应评论、参与讨论，企业可以与候选人互动，加深候选人对企业的了解，提高候选人对企业的信任感。

3. 拓展招聘渠道

社交媒体平台提供了广泛的用户群体，包括各行各业的专业人士。通过在社交媒体上发布招聘信息，企业可以拓展招聘渠道，吸引更广泛的人才群体，提高招聘效果。

4. 品牌口碑传播

借助社交媒体，企业可以借助员工和候选人的口碑传播，实现品牌形象的口碑营销。正面的品牌口碑能够吸引更多优质的候选人，为企业树立良好的招聘形象。

（二）社交媒体在品牌招聘中的挑战

1. 舆情管理

社交媒体是信息传播的双刃剑，正面信息可以迅速传播，但负面信息同样也会在社交媒体上迅速传播。企业需要及时应对负面舆情，以保护品牌形象，维护招聘声誉。

2. 隐私问题

招聘信息和候选人互动涉及个人隐私问题。企业需要确保在社交媒体上的招聘活动遵循隐私法规，不违反候选人的隐私权，同时建立透明的隐私政策。

3. 持续关注和更新

社交媒体是一个持续更新的平台，信息的更新速度较快。企业需要投入足够的资源来保持对社交媒体的持续关注，及时回应候选人的问题和互动，保持招聘信息的及时更新。

4. 管理多平台的一致性

社交媒体包括多个平台，如 LinkedIn、Facebook、Twitter 等。企业需要在多个平台上保持一致的品牌形象和信息传递，来确保招聘信息和品牌信息的一致性，以建立统一的招聘形象。

（三）社交媒体在品牌招聘中的最佳实践

1. 确定目标受众

在利用社交媒体进行品牌招聘之前，企业需要明确定义目标受众。不同的社交媒体平台适合不同的受众，企业可以根据目标招聘职位和受众特征选择合适自己的社交媒体平台。

2. 制定内容策略

企业需要制定有针对性的内容策略，创造吸引人的招聘内容。可以分享员工故事、企业文化、员工福利、工作场景等内容，通过多样性的内容吸引潜在候选人。

3. 与员工合作

鼓励员工积极参与社交媒体上的招聘活动，分享他们的工作经验和感受。员工的参与更能够增强招聘信息的真实性和可信度，同时传递出积极、和谐的企业氛围。

4. 透明招聘信息

在社交媒体上发布招聘信息时，企业需要保持透明度，提供清晰、准确的招聘信息。透明的招聘信息有助于吸引符合条件的候选人，并降低招聘过程中的信息不对称。

5. 有效运用广告

社交媒体广告是一种有效的招聘推广手段。企业可以利用社交媒体广告来推广招聘信息，通过定向广告投放，将招聘信息准确地传递给目标受众，提高招聘效果。

6. 建立社交媒体招聘团队

建立专门的社交媒体招聘团队，负责监测社交媒体上的招聘活动、与候选人互动、回应问题等。这样的团队可以更专业地管理社交媒体上的招聘过程，确保信息的及时更新和良好的互动体验。

7. 创新招聘方式

在社交媒体上创新招聘方式，例如组织线上招聘活动、举办网络研讨会、制作招聘视频等。这些创新方式可以吸引更多的关注，提高品牌的知名度，同时给候选人带来更多参与感。

8. 监测和评估效果

建立社交媒体招聘的监测和评估机制，及时了解招聘活动的效果。通过分析关键指标，如曝光量、点击率、互动率等，企业可以调整策略，提升社交媒体招聘的效果和投入产出比。

（四）未来展望与发展趋势

1. 视频招聘的兴起

随着视频内容在社交媒体上的普及，视频招聘将成为未来的趋势。企业可以通过招聘视频展示企业文化、工作环境和员工故事，更生动地向潜在候选人传递品牌形象，提高招聘效果。

2. 智能化招聘工具的应用

随着人工智能技术的不断发展，智能化招聘工具将在社交媒体招聘中得到更广泛的应用。智能化工具可以帮助企业更精准地匹配候选人，提高招聘效率，同时提供个性化的招聘体验。

3. 社交招聘平台的集成

未来，可能会出现更多将社交招聘集成到专门的社交招聘平台上的趋势。这些平台可以提供更全面、便捷的招聘服务，为企业和求职者提供更好的互动机会和匹配体验。

4.数据驱动招聘决策

随着大数据和人工智能技术的发展，社交媒体招聘将更加注重数据驱动的决策。企业可以通过分析大量的社交媒体数据，来了解候选人的兴趣、行为和特征，从而做出更为科学和有效的招聘决策。

社交媒体在品牌招聘中发挥着不可忽视的作用，为企业提供了一个与潜在候选人互动的平台，同时帮助企业树立积极的品牌形象。然而，在利用社交媒体进行招聘时，企业还需要注意舆情管理、隐私问题、持续关注和更新等挑战。通过制定明确的招聘策略、建立专业的团队、创新招聘方式，并及时监测和评估效果，企业可以更好地利用社交媒体进行品牌招聘，吸引和留住优秀人才。未来，随着技术的不断发展，社交媒体招聘将面临更多的机遇和挑战，企业需要不断调整策略，保持敏锐的洞察力，以适应快速变化的招聘环境。

二、社交招聘平台的特点与优势

随着社交媒体的兴起和发展，社交招聘平台作为一种创新的招聘模式，逐渐在人力资源管理领域崭露头角。社交招聘平台通过借助社交媒体的力量，构建了更加开放、互动和社交化的招聘生态系统，为企业和求职者提供了更多的机会和便利。本书将深入探讨社交招聘平台的特点与优势，分析其在招聘领域中的作用和未来的发展趋势。

（一）社交招聘平台的特点

1.社交化招聘流程

社交招聘平台将传统的招聘流程转变为更为社交化的方式。在这里，求职者和企业可以通过互动、分享、评论等社交活动建立联系，使招聘过程更加开放和透明。社交媒体的特性使得招聘过程变得更具人情味，有助于建立更为紧密的关系。

2.用户生成内容（UGC）

社交招聘平台以用户为中心，鼓励用户自己去生成内容。求职者可以通过发布个人信息、项目经验、技能标签等，展示自己的职业能力；企业则可以通过分享公司文化、员工故事、工作环境等，展示企业品牌。这种用户生成内容有助于提高信息的真实性和可信度，同时为招聘双方提供更为全面的信息。

3.数据驱动招聘

社交招聘平台强调数据的积累和应用。通过分析用户的社交行为、关系网络、技能标签等数据，平台可以实现更精准的招聘匹配。数据驱动的招聘帮助企业更好地理解候选人的潜力，提高招聘的准确性和效率。

4. 多元化招聘工具

社交招聘平台提供了丰富多样的招聘工具，如招聘广告、在线面试、招聘活动等。这些工具帮助企业实现多渠道的招聘推广，从而吸引更多的潜在候选人。同时，多元化的工具也为求职者提供了更多展示自己的机会。

5. 实时互动和反馈

社交招聘平台支持实时的互动和反馈机制。企业可以及时回应求职者的问题，提供招聘进展的实时更新；求职者可以快速得到反馈，了解招聘状态。这种实时互动和反馈有助于提高招聘过程的透明度和效率。

（二）社交招聘平台的优势

1. 更广泛的招聘渠道

社交招聘平台整合了各类社交媒体，如 LinkedIn、Facebook、Twitter 等，为企业提供了更广泛的招聘渠道。通过在社交媒体上发布招聘信息，企业可以接触到更多潜在候选人，提高自身曝光度和招聘效果。

2. 提高招聘效率

社交招聘平台利用数据分析和算法技术，实现了更精准的招聘匹配。企业可以通过系统自动匹配候选人，降低招聘流程中的时间和人力成本。这有助于提高招聘效率，缩短招聘周期。

3. 建立更强的人才社交网络

社交招聘平台通过建立强大的人才社交网络，使企业和求职者可以更广泛地进行互动和分享信息。这有助于企业拥有更多的人才储备，提高招聘的灵活性和应变能力。

4. 强化品牌形象

通过社交招聘平台，企业可以通过分享公司文化、员工福利、成功案例等内容，强化企业品牌形象。建立积极的品牌形象有助于吸引更多优质的求职者，提高企业在人才市场的竞争力。

5. 提升候选人体验

社交招聘平台注重用户体验，提供了更直观、互动性强的招聘环境。求职者可以更轻松地了解企业信息、参与招聘活动，提高了其在招聘过程的参与感和满意度。这有助于留住潜在候选人，形成更为良好的招聘口碑。

（三）未来发展趋势

1. 人工智能技术的应用

未来，社交招聘平台有望更加广泛地应用人工智能技术。通过人工智能算法，平台可以更精准地匹配候选人和职位，提高招聘效率。智能化的招聘工具也有望在筛选简历、面试评估等环节发挥更大的作用，为招聘双方提供更好的体验。

2. 多元化的招聘内容

未来的社交招聘平台可能会更注重多元化的招聘内容。除了传统的招聘信息发布，平台可能会提供更多形式的内容，如招聘视频、员工故事、线上招聘活动等，以吸引更多用户关注和参与。

3. 区块链技术的整合

区块链技术的应用有望解决社交招聘平台上的信息真实性和隐私安全等问题。通过区块链的去中心化和不可篡改的特性，可以建立更为安全、透明的用户信任体系，增强用户对平台的信任。

4. 社交招聘生态系统的构建

未来，社交招聘平台可能会发展成更为完整的生态系统。除了招聘功能，平台可能会整合更多的人力资源管理工具，如员工培训、绩效评估、薪酬管理等，从而构建起一个全方位的人才管理生态系统。

5. 数据隐私与安全的强化

随着社交招聘平台的发展，数据隐私和安全问题将变得更为突出。未来的发展趋势之一是加强对用户数据的隐私保护和安全控制，确保用户信息的合法使用，避免数据泄漏和滥用。

社交招聘平台作为一种创新的招聘模式，具有社交化、用户生成内容、数据驱动、多元化工具和实时互动等特点。这些特点赋予了社交招聘平台更广泛的招聘渠道、更高的招聘效率、更强的人才社交网络和更好的用户体验。

三、社交媒体招聘的风险与挑战

随着社交媒体的普及，社交媒体招聘作为一种新兴的招聘方式正在逐渐成为企业人力资源管理的重要组成部分。然而，与其带来的便利和效益相辅相成的是一系列的风险与挑战。本节将深入分析社交媒体招聘中存在的风险与挑战，并提出相应的应对策略，以帮助企业更好地利用社交媒体进行了招聘。

（一）社交媒体招聘的风险

1. 隐私泄漏风险

社交媒体招聘涉及到获取求职者在社交媒体上的个人信息，这可能导致隐私泄漏的风险。求职者的敏感信息，如家庭状况、健康状况等，可能被非法获取或滥用，从而引发隐私纠纷。

应对策略：

企业应明确规定在社交媒体招聘过程中获取哪些信息，并保证遵循相关法规和隐私政策。

提供明确的隐私声明，告知求职者他们的信息将会被如何使用，并征得他们的同意。

定期更新公司的隐私政策，以适应法规和技术的变化。

2. 招聘歧视风险

社交媒体招聘可能面临招聘歧视的风险，因为招聘者可能会根据求职者在社交媒体资料中的个人特征（如年龄、性别、宗教信仰等）做出不恰当的招聘决策，从而导致歧视行为发生。

应对策略：

强调招聘公平和平等原则，制定明确的招聘政策，禁止基于个人特征进行歧视。

提供员工培训，教育招聘者在社交媒体招聘中避免歧视行为，并强调择优录用的原则。

定期审查招聘过程，确保招聘决策是公正、客观的，并记录招聘决策的理由。

3. 虚假信息风险

社交媒体上的个人资料和信息容易被操纵，存在虚假信息的风险。求职者可能通过美化自己的社交媒体资料来提高自己的竞争力，从而误导招聘者。

应对策略：

招聘者在评估求职者时，应谨慎核实社交媒体上的信息，不过分依赖个人资料。

引入面试和测评等多元化的招聘手段，以更全面地去评估求职者的能力和适应性。

鼓励求职者提供官方、可核实的证明材料，以验证其在社交媒体上的陈述。

4. 品牌形象受损风险

社交媒体是信息传播的重要平台，一旦出现负面信息，企业的品牌形象就可能受到损害。负面评论、招聘过程中的不当行为等都可能对企业声誉产生负面影响。

应对策略：

建立危机公关团队，及时应对社交媒体上出现的负面信息，采取积极的沟通和解释。

维护积极的品牌形象，通过发布正面信息、分享企业文化，提高企业在社交媒体上的正面能量。

提高员工的社交媒体素养，引导他们在社交媒体上发布正面内容，为企业树立良好形象。

（二）社交媒体招聘的挑战

1. 大数据和算法偏见挑战

社交媒体招聘过程中使用的大数据和算法可能存在偏见，导致在招聘决策中产生不公平的结果。算法可能受到训练数据的偏见影响，使得招聘更加倾向于某一特定群体。

应对策略：

定期审查和调整招聘算法，确保算法的公正性和中立性。

引入多元化的数据源，确保训练数据具有代表性，避免歧视性因素的引入。

提高招聘者对算法工作原理和可能存在的偏见的认识，进行培训和教育。

2. 数据隐私和合规挑战

社交媒体招聘涉及大量的个人数据收集和处理，可能面临数据隐私和合规方面的挑战。如果企业在数据处理过程中不符合相关法规和规定，可能会面临严重的法律责任和罚款。

应对策略：

遵循相关的数据隐私法规，如欧洲的通用数据保护条例（GDPR）、美国的《加州消费者隐私法》（CCPA）等，以确保个人数据的合法、公正、透明地处理。

明确规定数据收集和处理的目的，仅收集与招聘相关的必要信息，不进行超范围、超量采集。

提供清楚的隐私声明，告知求职者他们的数据将如何被使用，并得到其明确同意。

3. 社交媒体平台多样性挑战

不同的社交媒体平台具有不同的用户群体和特点，招聘者可能面临在多个平台上进行招聘时的统一性和一致性挑战。管理多样的社交媒体平台可能增加了招聘者的负担，并使招聘信息难以在不同平台上保持一致。

应对策略：

制定明确的招聘策略，根据目标受众来选择合适的社交媒体平台，避免过度分散资源。

使用社交媒体管理工具，帮助招聘者更高效地管理和发布招聘信息，提高招聘信息的一致性。

保持与不同平台上的求职者的一致性沟通，提高品牌形象的一致性和稳定性。

4. 舆情危机管理挑战

社交媒体上的信息传播速度快，一旦出现负面信息，就可能引发舆情危机。招聘者需要具备应对危机的能力，及时、有效地处理和解决问题，避免负面影响扩大。

应对策略：

建立危机公关团队，设立危机处理预案，确保在危机发生时能够迅速响应。

提前建立与求职者和员工的紧密联系，建立良好的沟通渠道，加强信息透明度，减缓危机扩大的速度。

学习和借鉴其他企业在社交媒体危机中的应对经验，及时调整和改进自己的危机管理策略。

5. 招聘者品牌建设挑战

社交媒体招聘也是招聘者品牌建设的一部分，而这需要更多的投入和精力。建设一个有吸引力的招聘者品牌需要时间和资源，而且成功与否也取决于企业在社交媒体上的形象和声誉。

应对策略：

制定明确的招聘者品牌战略，明确品牌定位和形象，以吸引更多的优秀人才。

发布有吸引力的内容，如员工故事、企业文化、福利待遇等，展示企业的独特之处。

积极参与社交媒体上的行业讨论和互动，提高企业在行业中的知名度和影响力。

（三）社交媒体招聘的未来展望

未来社交媒体招聘将会继续发展，但也将面临更多的挑战。在不断应对风险和挑战的同时，社交媒体招聘可能会朝以下几个方向发展：

1. 技术智能化

未来社交媒体招聘有望更加智能化，引入更先进的技术，如人工智能（AI）和自然语言处理（NLP）。这将带来更精准的匹配、智能化的筛选和更高效的招聘流程。算法的优化和智能化工具的应用将为招聘者和求职者提供更好的使用体验。

2. 社交媒体与职业发展整合

未来社交媒体招聘可能与职业发展会更加紧密地整合。招聘平台可能会提供更多的职业发展资源，如职业规划建议、技能培训、职业指导等，为求职者提供更全面的支持。这样的整合有助于建立更为持久的人才关系，使招聘更具长期价值。

3. 增强隐私保护

随着对个人隐私的关注不断增加，未来社交媒体招聘平台可能会更加注重隐私保护。平台可能会采取更严格的数据保护措施，加强隐私声明和用户同意的透明性，以满足不同国家和地区的法规要求，增强用户信任。

4. 多元化的招聘内容

为吸引更多关注和提供更丰富的招聘信息，未来的社交媒体招聘平台可能会更加注重多元化的招聘内容。除了招聘信息，平台可能会推出更多形式的内容，如视频招聘、虚拟招聘会、员工故事等，以提供更全面、生动的招聘体验。

5. 区块链技术应用

为应对数据安全和隐私问题，未来社交媒体招聘可能会考虑更广泛地应用区块链技术。区块链的去中心化和不可篡改的特性可以提高用户数据的安全性和透明性，从而降低用户数据被滥用的风险。

6. 用户参与度的提升

未来社交媒体招聘平台可能会更加注重用户参与度的提升。通过引入更多的互动元素、社交游戏、用户反馈机制等，平台可以吸引更多用户积极参与，增加用户黏性，促进招聘信息的传播。

社交媒体招聘作为一种新兴的招聘方式，带来了便利和效益，同时也面临着一系列的风险和挑战。在社交媒体招聘的发展中，招聘者需要密切关注隐私保护、招聘歧视、虚假信息等问题，制定科学的招聘策略，提高社交媒体招聘的专业水平。未来，社交媒体招聘有望更加智能化、与职业发展更紧密整合，同时还需要加强隐私保护，提供多元化的招聘内容，推动该领域的可持续发展。通过科技的不断创新和完善，社交媒体招聘将更好地满足企业与求职者的需求，为人才的匹配提供更多可能性。

第四节　人工智能在选才中的创新应用

一、AI 在简历分析与匹配中的应用

随着人工智能（AI）技术的飞速发展，其在各个领域的应用也逐渐深入人们的工作和生活。在人力资源管理领域，AI 的应用为招聘流程带来了革命性的变化。本节将重点探讨 AI 在简历分析与匹配中的应用，分析其在提高招聘效率、优化人才匹配以及改善招聘体验方面的作用。

（一）AI 在简历分析中的应用

1. 自动简历筛选

传统的简历筛选过程通常由人力资源专业人员手动进行，这耗费时间且容易受到主观因素的影响。而 AI 技术通过自然语言处理（NLP）和机器学习算法，能够实现对大量简历的快速筛选。它可以自动分析和提取简历中的关键信息，比如工作经历、技能、教育背景等，从而帮助企业快速定位符合要求的候选人。

2. 关键词识别与匹配

AI 在简历分析中可以识别和理解关键词，通过匹配求职者简历中的关键词与招聘岗位要求之间的相似度，为招聘者提供更精准的匹配结果。这种技术使得招聘者能够更快速地找到与职位要求高度匹配的候选人，从而提高招聘效率。

3. 简历质量评估

AI 还能够进行简历的质量评估，分析简历的完整性、清晰度和专业性等方面。通过深度学习算法，系统可以自动评估每份简历的质量，并根据评估结果为求职者提

供反馈，帮助其优化简历，提高其被选中的机会。

4. 消除招聘歧视

AI 在简历分析中的应用有助于减少招聘中的人为偏见，提高公平性。它能够根据客观的数据和标准进行分析，不受人为主观意识的影响，从而降低招聘歧视的风险，实现更加公正的招聘流程。

（二）AI 在简历匹配中的应用

1. 候选人推荐系统

AI 可以通过分析企业的招聘历史和员工表现数据，建立候选人推荐系统。这样的系统可以根据过去的成功招聘经验和员工绩效，为企业推荐更符合其文化和需求的候选人。这种个性化的推荐系统大大提高了匹配的准确性。

2. 职业匹配度评估

AI 可以通过深入了解企业的职位需求、团队文化等因素，结合对求职者技能、经验和兴趣的全面分析，评估候选人与职位的匹配度。这种匹配度评估有助于企业更快速地找到符合要求的候选人，同时也为求职者提供更精准的职业建议。

3. 实时匹配与更新

AI 能够实现实时的匹配和更新，及时调整匹配算法以适应不断变化的市场和行业需求。这种实时匹配可以帮助企业更灵活地应对市场的变化，确保匹配的准确性和时效性。

4. 数据驱动的招聘决策

通过大数据分析，AI 可以为企业提供全面的招聘数据，包括候选人的来源、招聘渠道的效果、员工的绩效等。这些数据有助于企业更好地了解招聘过程中的强项和薄弱点，优化招聘策略，提高招聘决策的准确性和效率。

（三）AI 在简历分析与匹配中的挑战与未来展望

1. 挑战：数据隐私与安全问题

AI 在简历分析与匹配中需要处理大量的个人数据，涉及到隐私和安全的问题。担忧数据泄漏和滥用可能会成为招聘者和求职者的障碍。因此，确保合规性和建立健全的数据隐私保护机制是至关重要的。

应对策略：

企业应遵循相关的数据隐私法规，制定明确的数据使用和保护政策。

引入加密技术和安全协议，确保数据在传输和存储过程中的安全性。

提供透明的隐私声明，向用户解释数据的使用目的和方式，并征得其明确同意。

2. 挑战：招聘歧视的风险

虽然 AI 有望减少招聘歧视，但其模型和算法本身也可能受到偏见的影响，从而引入潜在的歧视因素。例如，如果训练数据集中存在偏见，模型可能会产生不公平的结果。因此，招聘中仍存在着招聘歧视的风险。

应对策略：

定期审查和优化 AI 模型，确保其公正和中立性。

引入多样性的训练数据，减少模型受到偏见的影响。

加强员工培训，提高招聘者对招聘歧视问题的认识，强调公平招聘的原则。

3. 未来展望：深度学习与自适应算法

未来，随着深度学习和自适应算法的不断发展，AI 在简历分析与匹配中的应用将更加强大和智能化。深度学习技术可以更好地模拟人类的决策过程，提高算法的理解和推理能力。自适应算法能够根据实时反馈和数据变化，不断调整匹配策略，提高匹配的精准度和适应性。

4. 未来展望：情感分析与人才发展

除了技能和经验的匹配，未来的 AI 还有望引入情感分析技术。情感分析可以通过分析文本和语音中的情感色彩，更全面地了解求职者的个性特征和沟通能力。这有助于更好地评估求职者的适应性和团队协作能力。

此外，AI 还有望在人才发展领域发挥更大作用。通过分析员工的职业发展轨迹、培训记录和绩效数据，AI 可以为企业提供更智能的人才管理建议。这有助于企业更好地了解员工的潜力和发展方向，为其提供个性化的职业发展路径。

5. 未来展望：增强现实（AR）与虚拟现实（VR）技术

随着增强现实（AR）与虚拟现实（VR）技术的成熟，未来的招聘流程可能会更加沉浸式。企业可以利用 AR/VR 技术创建虚拟招聘会、模拟工作场景，为求职者提供更真实的招聘体验。这种技术的应用将进一步丰富招聘过程，提高招聘的吸引力。

人工智能在简历分析与匹配中的应用正逐渐改变着传统的招聘模式，带来了高效、智能、个性化的招聘体验。通过自动简历筛选、关键词匹配、候选人推荐系统等功能，AI 提高了招聘效率和匹配准确性。然而，随着应用的深入，也就面临着数据隐私、招聘歧视等一系列挑战。未来，深度学习、自适应算法、情感分析、AR/VR 技术等新技术的引入将进一步提升 AI 在招聘领域的水平，为企业和求职者创造更智能、更人性化的招聘体验。企业需要在积极应对挑战的同时，持续关注新技术的发展，以能够更好地适应未来招聘的变化。

二、智能面试与评估工具

随着科技的迅速发展，智能面试与评估工具作为招聘领域的新兴技术，正逐渐改变着传统的招聘流程。这些工具基于人工智能（AI）和机器学习（ML）等先进技术，旨在提高招聘效率、减少主观性偏见，同时为招聘者和求职者提供更为科学、客观的面试和评估体验。本书将深入探讨智能面试与评估工具的应用、优势、挑战以及未来发展趋势。

（一）智能面试工具的应用

1. 视频面试

智能视频面试工具采用语音识别、情感分析等技术，通过在线视频平台进行面试。求职者在设定的时间内回答提前录制的问题，而招聘者则在方便的时间观看和评估候选人的回答。这种方式节省了时间和空间，还提高了招聘效率。

2. 语音面试

语音面试工具利用语音识别技术，允许求职者通过电话回答面试问题。语音面试工具可以自动记录、分析和评估求职者的语音回答，帮助招聘者更全面地了解候选人的语言表达能力和沟通技巧。

3. 数据驱动的评估

智能面试工具还包括数据驱动的评估工具，通过分析大量的招聘数据，为招聘者提供更准确的候选人评估。这些工具可以分析求职者的履历、技能、经验，结合行为面试的数据，生成更全面、客观的评估报告，帮助招聘者做出更明智的招聘决策。

4. 虚拟面试技术

虚拟面试技术结合了虚拟现实（VR）和增强现实（AR）技术，为求职者提供身临其境的面试体验。候选人可以在虚拟场景中回答问题、展示技能，而招聘者则能更直观地了解求职者的实际表现。

（二）智能面试与评估工具的优势

1. 提高效率

智能面试工具的应用显著提高了招聘流程的效率。与传统的面对面面试相比，智能面试工具打破了时间和地理的限制，使得招聘者能够更快速地筛选和评估大量的候选人。

2. 减少人为主观偏见

人为主观偏见是传统面试中的一个普遍问题。智能面试工具通过采用算法和数据分析，能够更客观地评估候选人的能力和适应性，降低招聘过程中的主观性判断，减少潜在的招聘歧视存在。

3. 提高面试一致性

在传统的面试中，不同面试官可能会根据个人喜好和标准对候选人进行不同的评价。智能面试工具通过采用相同的标准和问题，保证了对每位候选人的评估具有更高的一致性，提高了招聘流程的公正性。

4. 数据驱动的招聘决策

智能面试工具产生的数据可以帮助招聘者做出更为准确的招聘决策。通过分析大量的招聘数据，招聘者可以更全面地了解候选人的综合素质，从而更好地匹配岗位需求。

5. 提供更好的用户体验

对于求职者而言，智能面试工具提供了更为灵活、方便的面试体验。他们可以在自己选择的时间和地点完成面试，避免了不必要的奔波和时间浪费，提高了整体的求职体验。

（三）智能面试与评估工具的挑战

1. 技术可行性

尽管智能面试与评估工具在技术上取得了显著的进展，但仍然存在技术可行性的挑战。特别是在语音和情感分析方面，对于不同语言、口音和文化的适应性仍需进一步提升。

2. 数据隐私和安全性

智能面试工具涉及大量的个人数据，包括语音、视频和行为数据。因此，确保这些数据的隐私和安全性成为一项关键挑战。招聘者需要采取有效的措施来保护用户的个人信息，以防止数据泄漏和滥用。

3. 招聘过程的透明度

对于求职者来说，智能面试工具可能降低了招聘过程的透明度。因为算法的运作机制可能是黑盒的，求职者难以了解其具体的评估标准和流程。这可能导致求职者对招聘过程的不信任感，影响招聘体验。

应对策略：

提供清晰的面试指导和反馈，让求职者了解智能面试工具的使用方式和评估标准。

在招聘过程中加强沟通，解释智能面试工具的作用和优势，建立求职者对该工具的信任。

4. 多样性与包容性问题

智能面试工具的训练数据和算法可能受到偏见的影响，从而导致潜在的多样性和包容性问题。如果工具在设计和应用过程中未能充分考虑不同背景、文化和群体的差异，就可能会产生不公平的结果，增加歧视风险。

应对策略：

采用多元化的训练数据，确保算法能够准确反映出不同群体的特征。

定期进行算法审查，识别和纠正潜在的偏见，确保智能面试工具在各种情境下都能提供公平的评估。

5. 人机协同的平衡

虽然智能面试工具在提高效率和减少主观性上具有优势，但过度依赖技术也可能导致人机协同的不平衡。招聘过程中，人的判断和直觉仍然是重要的因素，因此需要在技术和人工之间取得平衡，充分发挥各自的优势。

应对策略：

引导招聘者在使用智能面试工具时保持主动性，结合自身经验和判断进行全面评估。

提供培训和支持，确保招聘者和求职者对智能面试工具的使用方式有着清晰的理解。

（四）智能面试与评估工具的未来发展趋势

1. 强化人机交互体验

未来智能面试与评估工具有望更强调人机协同，提供更自然、智能的用户体验。引入自然语言处理、情感识别等技术，使得工具能够更好地理解和回应人类的语言和情感，增强面试的真实感和交互性。

2. 增强多样性和包容性

为解决多样性与包容性的问题，未来的工具将更加注重在训练数据和算法中融入多元化元素。通过强调公平性和平等对待，智能面试工具有望减少对不同背景、文化和群体的偏见，提高招聘过程的包容性。

3. 强化数据隐私保护

由于涉及大量个人数据，未来的智能面试与评估工具将会更加强调数据隐私和安全性。采用先进的加密技术、安全协议，以及建立健全的数据管理机制，确保用户的个人信息得到妥善保护。

4. 拓展应用场景

智能面试与评估工具不仅仅局限于招聘领域，在未来可能拓展到其他人才管理和培训领域。例如，通过智能评估工具对员工进行绩效评估、职业发展规划，提高企业对人才的管理和培养效果。

5. 结合增强现实和虚拟现实技术

随着增强现实（AR）和虚拟现实（VR）技术的不断发展，未来的智能面试工具有望更深度地融入这些技术。通过提供更真实的虚拟面试体验，模拟实际工作场景，为招聘者和求职者提供更丰富、沉浸式的招聘体验。

智能面试与评估工具的应用正逐渐推动招聘流程的数字化升级，提高了招聘效率、减少了主观性偏见，同时为求职者和招聘者提供更科学、客观的招聘体验。然而，其应用仍面临技术可行性、数据隐私与安全性、招聘过程透明度等挑战。未来，强化人机交互体验、增强多样性和包容性、拓展应用场景以及结合增强现实和虚拟现实技术等趋势将进一步推动智能面试与评估工具的发展。企业需要在积极应对挑战的同时，关注技术创新，灵活运用智能面试工具，以提升招聘的效率和质量。

三、人工智能在背景调查中的作用

随着科技的不断进步，人工智能（AI）在各个领域的应用日益普及，其中之一便是在背景调查领域的应用。背景调查在招聘、金融、房地产等行业中具有重要意义，而人工智能的引入为背景调查带来了更高效、准确和客观的手段。本节将深入探讨人工智能在背景调查中的应用，其作用、优势、挑战以及未来发展趋势。

（一）人工智能在背景调查中的主要作用

1. 数据挖掘与信息收集

人工智能在背景调查中的首要作用之一是通过数据挖掘技术进行信息收集。AI可以自动搜集和分析大量的公开数据，包括社交媒体信息、新闻报道、法律记录等，以获取被调查者的全面信息。这种自动化的过程大大提高了信息的收集效率和广度。

2. 网络舆情分析

AI技术可以进行网络舆情分析，即通过分析互联网上关于被调查者的言论、评论和评价，以了解其在公众眼中的声誉和形象。这将有助于雇主或金融机构更全面地评估被调查者的信用和可信度。

3. 反欺诈检测

在金融领域，人工智能在背景调查中的应用还包括反欺诈检测。通过分析被调查者的交易记录、信用历史和行为模式，AI可以识别出其中潜在的欺诈行为，提高金融机构对客户信用的准确评估。

4. 风险评估与预测

AI在背景调查中的应用还涵盖风险评估与预测。通过分析大数据，包括个人历史数据和行为模式，人工智能可以帮助企业或机构预测被调查者未来可能会产生的风险，从而更好地制定风险管理策略。

5. 自然语言处理（NLP）技术

NLP技术在背景调查中的应用使得AI能够理解和分析大量的文字信息，包括文档、报告和评论。通过 NLP，人工智能可以识别出与被调查者相关的关键信息，帮助调查人员更迅速地获取有关被调查者的重要数据。

（二）人工智能在背景调查中的优势

1. 提高效率

人工智能的引入使得背景调查过程更为高效。自动化的数据收集和分析过程能够在短时间内处理大量信息，大大缩短了背景调查所需的时间，提高了调查效率。

2. 提高准确性

与传统的人工背景调查相比，人工智能在信息处理方面更为准确。AI 可以快速而准确地识别和分析大量数据，减少了人为因素的介入，提高了调查结果的精准度。

3. 全面性信息分析

AI 能够从多个维度全面分析被调查者的信息，包括社交媒体活动、财务状况、法律记录等。这使得调查人员就能够更全面地了解被调查者的背景，从而降低了遗漏关键信息的风险。

4. 实时更新和监控

通过实时数据的监控和更新，人工智能使得背景调查能够及时捕捉到被调查者信息的变化。这对于需要实时了解风险的行业，如金融领域，尤其重要。AI 可以不断地监测被调查者的活动，及时发现潜在的问题，帮助机构更有效地进行风险管理。

5. 降低成本

人工智能的自动化处理降低了背景调查的人力成本。相较于传统的手工调查方法，AI 可以在短时间内完成大量的数据处理工作，从而降低了调查的整体成本，也提高了成本效益。

（三）人工智能在背景调查中的挑战

1. 数据隐私与安全

人工智能在背景调查中需要访问大量的个人数据，包括社交媒体信息、财务记录等，因此涉及到数据隐私与安全的问题。确保被调查者的数据得到妥善保护，防止数据泄漏和滥用，是一个重要的挑战。

应对策略：

采用先进的加密技术和安全协议，确保在数据传输和存储过程中的安全性。

严格遵守相关的数据保护法规，明确合法获取和使用个人数据的范围。

2. 偏见和公平性

人工智能算法可能受到训练数据中的偏见影响，导致在背景调查中产生不公平的结果。例如，如果训练数据集中存在某些群体的信息不足，模型可能无法准确评估这些群体的背景。

应对策略：

定期审查和优化 AI 算法，确保其对各个群体都能提供公平的评估。

引入多元化的训练数据，包括不同背景和文化的信息，减少算法偏见的影响。

3. 透明度和可解释性

AI 算法的复杂性使其成为黑盒，难以解释其具体的决策过程。这可能就会导致调查人员和被调查者对结果的不信任，降低了整个背景调查的透明度。

应对策略：

强调算法决策的透明性，提供详细的解释和可视化工具，让调查人员和被调查者均了解算法的工作原理。

建立机制，允许被调查者请求解释和上诉，增加决策过程的可解释性。

4. 法律和伦理问题

人工智能在背景调查中的使用涉及到一系列法律和伦理问题。例如，算法如何处理敏感信息、是否符合数据保护法规等问题都需要得到合法、合规的解决。

应对策略：

确保在背景调查中的人工智能应用符合相关的法律法规，特别是数据保护和隐私法规。

制定明确的伦理准则，规范人工智能在背景调查中的使用，确保其对被调查者的影响是正面的。

（四）人工智能在背景调查中的未来发展趋势

1. 强化数据安全与隐私保护

随着对数据隐私和安全的关注不断增加，未来人工智能在背景调查中的应用将更加强调数据的安全性和隐私保护。新的加密技术、安全协议以及区块链等技术将被引入，确保被调查者的敏感信息可以得到更加可靠的保护。

2. 提升算法的公平性

未来的发展将注重提升算法的公平性，减少偏见的影响。通过更广泛、多样的训练数据以及对算法的持续优化，人工智能在背景调查中的评估将更加客观和公正。

3. 引入联邦学习和零知识证明

为了解决数据隐私与安全的问题，未来可能引入联邦学习和零知识证明等先进技术。联邦学习允许在不共享原始数据的情况下就进行模型训练，零知识证明则能够证明某些事实的真实性，而不必揭示具体的信息。

4. 增强可解释性

为了提高调查结果的可信度和透明度，未来的人工智能算法将更注重可解释性。

引入更直观的可视化工具和解释机制，使得调查人员和被调查者能够更好地理解算法的决策过程。

5. 深度学习与多模态信息融合

未来人工智能在背景调查中的发展还可能涉及到深度学习技术和多模态信息的融合。通过更复杂的模型和对多源信息的综合分析，AI 将能够提供更准确、全面的背景调查结果。

人工智能在背景调查中的应用为信息收集、舆情分析、反欺诈检测等提供了高效、准确、全面的手段，极大地提升了背景调查的效能。通过数据挖掘、网络舆情分析、反欺诈检测等技术，AI 不仅加速了调查过程，也提供了更为客观和全面的信息，为企业、金融机构和招聘者提供了可靠的决策支持。

然而，人工智能在背景调查中的应用也面临一系列挑战，包括数据隐私与安全、偏见和公平性、透明度和可解释性等方面的问题。这些挑战需要综合考虑法律、伦理、技术等多个维度来进行解决。未来的发展趋势将强调数据安全与隐私保护、算法的公平性、可解释性的提高，同时可能引入联邦学习、零知识证明等先进技术，以更好地满足社会对于背景调查的合规性和公正性的需求。

对于企业和机构而言，在引入人工智能进行背景调查时，需要充分考虑技术的可行性、法律法规的遵守以及伦理准则的制定。保障被调查者的数据隐私和权益，确保算法的公平性和透明度，是人工智能在背景调查中持续发展的关键。

第五节　云端招聘管理系统设计

一、云端招聘系统的架构设计

随着云计算和人才招聘的不断发展，云端招聘系统作为一种现代化、高效的人才管理工具，逐渐成为各类企业的首选。其架构设计需要考虑到高度的可扩展性、安全性，以及与其他系统的集成性。本节将深入探讨云端招聘系统的架构设计，包括系统组成、数据流程、安全机制以及未来发展趋势。

（一）云端招聘系统的基本组成

1. 前端应用层

前端应用层是用户与系统交互的接口，包括网页应用和移动应用。用户通过前端应用进行招聘信息发布、简历管理、面试安排等操作。前端应用需要具备友好的用户界面和高度的响应性，以提供良好的用户体验。

2. 后端服务层

后端服务层是整个系统的核心，负责处理业务逻辑、数据存储和管理。它主要包括以下组件。

用户管理服务：负责用户的认证和授权，管理招聘系统的用户信息，包括招聘管理员、招聘者和求职者。

招聘信息服务：处理招聘信息的发布、修改和删除，支持关键词搜索和筛选功能，保证信息的实时性和准确性。

简历管理服务：提供对求职者简历的存储、检索和管理，支持简历的上传、下载和分享，同时确保招聘者信息的安全性和完整性。

面试管理服务：管理面试日程、通知面试者、记录面试结果，提供面试反馈和评价功能，使整个招聘流程更加透明和高效。

数据分析服务：通过对招聘数据的分析，提供招聘趋势、人才流动等方面的报告，为企业招聘决策提供数据支持。

3. 数据库层

数据库层是整个系统的数据存储和管理中心。常见的数据库选择包括关系型数据库（如 MySQL、PostgreSQL）和 NoSQL 数据库（如 MongoDB、Cassandra）。数据库层需要支持数据的高效读写、事务管理，并具备一定的数据安全性和备份机制。

4. 云服务提供商

云服务提供商（如 AWS、Azure、阿里云）为云端招聘系统提供基础设施和服务，包括计算资源、存储空间、网络服务等。选择合适的云服务提供商可以带来更好的性能、可靠性和扩展性。

5. 第三方服务集成

为了提高系统的综合性能和功能，云端招聘系统需要与第三方服务进行集成。例如，将招聘系统与在线测试平台、视频面试工具、社交媒体等服务集成，以丰富招聘流程和提升用户体验。

（二）云端招聘系统的数据流程

1. 招聘信息发布流程

招聘管理员通过前端应用层发布招聘信息。

后端服务层接收并验证发布请求，将招聘信息存储到数据库中。

用户通过前端应用层来查看最新的招聘信息。

2. 简历管理流程

求职者通过前端应用层上传个人简历。

后端服务层将简历存储到数据库，并提供检索和管理功能。

招聘者通过前端应用层查看、下载和筛选求职者简历。

3. 面试安排流程

招聘者通过前端应用层安排面试，选择面试时间和地点。

后端服务层处理面试安排请求，通知求职者和面试官，并及时更新面试日程。

面试官通过前端应用层记录面试结果和进行反馈。

4. 数据分析流程

数据分析服务定期从数据库中提取招聘数据。

进行数据清洗、分析和建模，生成招聘趋势、人才流动等报告。

后端服务层将分析结果提供给招聘管理员和相关人员。

5. 第三方服务集成流程

招聘管理员通过前端应用层与第三方服务进行集成，选择合适的在线测试平台或视频面试工具。

后端服务层与第三方服务进行接口对接，确保数据的传递和同步。

（三）云端招聘系统的安全机制

1. 身份认证与授权

确保用户的身份认证是系统安全的第一道防线。采用多因素身份认证（MFA），限制招聘管理员和招聘者的访问权限，防止未授权的用户访问敏感数据。

2. 数据加密与传输安全

在数据传输过程中采用加密技术，保护数据在前端应用层和后端服务层之间的传输安全。同时，对于敏感数据在数据库中的存储也要采用适当的加密措施。

3. 漏洞扫描与修复

定期进行系统漏洞扫描，及时发现和修复潜在的安全漏洞。持续监测云端招聘系统的安全状态，采取主动防御措施，降低遭受恶意攻击的风险。

4. 访问日志与审计

记录用户的访问日志和操作记录，建立完善的审计机制。在发生安全事件或可疑活动时，能够通过审计日志进行溯源和分析，帮助追踪和应对潜在的安全威胁。

5. 定期备份与灾难恢复

定期对数据库和系统配置进行备份，确保在发生数据丢失或系统故障时能够迅速进行灾难恢复。将备份数据存储在安全可靠的位置，防止因数据丢失而影响招聘流程和数据完整性。

6. 持续安全培训

对招聘管理员和相关人员进行持续的安全培训，提高其对安全威胁的识别和防范能力。加强员工对弱密码、社会工程学等安全风险的认知，降低内部威胁的发生概率。

（四）云端招聘系统的可扩展性设计

1. 弹性计算资源

云端招聘系统的架构需要考虑到业务的不确定性，合理利用云服务提供商的弹性计算资源。通过自动化伸缩机制，根据实际负载动态调整计算资源，确保系统在高峰期和低峰期都能够保持高效稳定运行。

2. 微服务架构

采用微服务架构可以将系统拆分成多个独立的服务模块，每个模块负责特定的业务功能。这样的设计使得系统变得更容易扩展和维护，同时能够独立地进行部署和更新，提高系统的可靠性和可维护性。

3. 分布式数据库

使用分布式数据库可以有效地处理大量数据，并支持系统的水平扩展。将数据库分片存储在不同的节点上，提高数据库的读写性能和可用性，应对不断增长的招聘数据。

4. 消息队列系统

引入消息队列系统，实现不同服务模块之间的异步通信。这样可以解耦各个模块的依赖关系，提高系统的响应速度，同时保证系统在高并发情况下的稳定性。

5. 容器化技术

采用容器化技术（如 Docker、Kubernetes）可以将应用程序及其依赖项打包成独立的容器，实现跨平台和快速部署。容器化技术使得云端招聘系统更加灵活，便于扩展和管理。

（五）未来发展趋势

1. 人工智能与大数据分析

未来云端招聘系统的架构设计将更加强调人工智能和大数据分析的应用。通过引入智能算法，实现自动化的简历筛选、面试评价，从而提高招聘效率。同时，利用大数据分析技术，深度挖掘招聘数据，为企业提供更精准的招聘决策支持。

2. 区块链技术

区块链技术的应用有望改善招聘系统中的信任问题。通过区块链建立去中心化的信任机制，确保招聘信息的真实性和透明性。此外，区块链还可以用于简历认证，提高求职者信息的可信度。

3. 自动化招聘流程

随着自动化技术的发展，未来的云端招聘系统将更加注重整个招聘流程的自动化。它包括自动化发布招聘信息、自动化筛选简历、自动化安排面试等环节，减轻招聘人员的工作负担，提高整体效率。

4. 增强现实（AR）和虚拟现实（VR）技术

AR 和 VR 技术有望为招聘过程增添更为直观和沉浸式的体验。通过 AR 和 VR 技术，企业可以实现虚拟面试、招聘活动的在线展示，吸引更多优秀的求职者参与，提升招聘活动的吸引力和效果。

5. 可视化分析工具

未来的云端招聘系统将更加注重数据的可视化分析。引入先进的可视化工具，为招聘管理员提供直观、清晰的数据展示，帮助他们更好地理解和利用招聘数据，进行精准的人才管理和决策。

云端招聘系统的架构设计是一个综合考虑到业务需求、安全性、可扩展性等多方面因素的复杂过程。在建设云端招聘系统时，需要根据实际情况选择适当的技术架构和服务提供商，并注重系统的可维护性和可升级性。本书深入探讨了云端招聘系统的基本组成、数据流程、安全机制以及可扩展性设计，为构建高效、安全和可持续发展的招聘系统提供了指导。

二、云端招聘管理系统的数据安全与隐私保护

随着信息技术的迅速发展，云端招聘管理系统作为现代企业招聘的主力工具，其对于数据的安全与隐私保护显得尤为重要。本书将深入探讨云端招聘管理系统在设计和运营中所应采取的数据安全和隐私保护措施，以确保用户的数据可以得到充分的保护和尊重。

（一）敏感数据在云端招聘系统中的存在

1. 用户个人信息

在云端招聘系统中，用户的个人信息是最为敏感的数据之一。这包括招聘者的公司信息、招聘管理员的身份信息，以及求职者的个人信息（如姓名、联系方式、教育背景、工作经历等）。这些信息的泄漏可能导致严重的隐私问题和安全威胁。

2. 求职者简历

求职者提交的简历包含大量个人敏感信息，如家庭状况、身体状况、社会关系等。这些信息的泄漏可能会影响到求职者的隐私权和个人形象。

3. 面试记录和评价

招聘管理系统中保存了面试的记录和评价，这些记录可能包括面试者的表现、个人特征等敏感信息。泄漏这些信息可能会导致声誉损害和法律责任。

4. 招聘趋势和公司内部信息

系统中的招聘数据、人才流动趋势等信息对于公司的战略规划和业务发展至关重要。泄漏这些信息就有可能导致企业竞争优势的丧失。

（二）数据安全保障的技术措施

1. 数据加密技术

在云端招聘系统中，采用数据加密技术是保障数据安全的重要手段。通过对数据的加密处理，可以在数据传输和存储的过程中降低敏感信息被窃取的风险。采用 TLS/SSL 等加密协议保障数据在网络传输中的安全，同时在数据库中采用适当的加密算法保障数据存储的安全性。

2. 访问控制与身份验证

实施严格的访问控制和身份验证是确保云端招聘系统数据安全的核心。通过设定不同层次的权限，限制用户对敏感数据的访问。采用强化的身份验证机制，如多因素认证（MFA），以确保用户身份的真实性。

3. 安全审计与监控

建立完善的安全审计和监控机制，实时监测系统的运行状态和数据访问情况。记录用户的操作日志，包括登录记录、数据访问记录等，以便在发生安全事件时进行追溯和分析。

4. 定期漏洞扫描与修复

定期对云端招聘系统进行漏洞扫描，及时发现潜在的安全漏洞。通过定期的系统更新和修复，确保系统能够及时防范各类安全威胁。

5. 数据备份与灾难恢复

建立定期的数据备份机制，将系统数据存储在安全可靠的位置。在发生数据丢失或系统故障时，能够迅速进行灾难恢复，确保数据的完整性和可用性。

6. 安全培训与意识普及

为招聘系统的管理员和用户提供定期的安全培训，提高其对安全风险的认识和防范意识。通过教育和培训，减少员工因误操作而导致的安全漏洞。

（三）隐私保护的法律与伦理措施

1. 遵守数据保护法规

云端招聘系统的设计和运营必须严格遵守相关的数据保护法规，如欧洲的《通用数据保护条例》（GDPR）等。这包括明确用户的隐私权利、合法、公正、透明地处理用户数据、仅收集必要的信息等原则。在设计系统时，需充分考虑并遵循所在地区的隐私法规，以确保系统在合规性方面的稳健性。

2. 隐私政策与用户协议

制定明确的隐私政策和用户协议，向用户详细说明系统收集、存储和处理数据的方式，以及用户的隐私权利和选择。用户在使用系统前还需要同意相关协议，建立用户和系统提供方之间的法律关系，为隐私保护提供法律基础。

3. 透明化数据处理流程

在系统中建立透明的数据处理流程，使用户了解他们的数据将如何被使用。通过提供可视化的数据使用说明、隐私设置等功能，让用户可以更好地掌握对个人信息的控制权。

4. 用户权利的保护

尊重用户的权利，如访问权、更正权、删除权等，确保用户可以方便地行使这些权利。建立完善的用户数据管理系统，以支持用户对其个人信息的主动管理。

5. 风险评估与隐私影响评估（PIA）

在设计和实施阶段进行风险评估和隐私影响评估，识别潜在的隐私风险并采取相应的控制措施。通过对系统的隐私影响进行评估，及时发现和解决可能影响用户隐私的问题。

6. 数据最小化原则

系统运营中要遵循数据最小化原则，仅收集、使用和存储必要的数据。避免收集不必要的敏感信息，从而降低用户的隐私风险。

（四）用户教育与意识提升

1. 隐私保护教育

开展定期的隐私保护培训，使系统用户了解隐私保护的重要性、个人数据的价值，以及他们在使用系统时的隐私权利和责任。提高用户对隐私问题的敏感性，帮助他们更好地保护好自己的隐私。

2. 透明的通知机制

建立透明的通知机制，及时向用户提供有关数据处理活动的信息。通过弹窗、通知栏等方式来告知用户数据的使用目的、范围，使用户能够在明知情的情况下做出知情同意。

3. 用户隐私意识普及

通过宣传、社交媒体、公司内部通信等渠道，普及用户隐私意识。提供简单易懂的隐私保护指南，帮助用户能够更好地了解如何设置隐私选项、控制个人信息的可见性等。

4. 反欺诈与网络安全教育

加强用户的反欺诈与网络安全教育，提高其对于网络钓鱼、恶意软件等网络攻击的识别和防范能力。通过教育用户防范网络威胁，降低用户受到网络攻击的风险。

（五）社会责任与伦理考虑

1. 公平和透明原则

在招聘流程中要遵循公平和透明的原则，确保所有求职者都有平等的机会。不因种族、性别、年龄等因素对求职者进行歧视，不做出不公平的招聘决策。

2. 公开透明的隐私实践

向社会公众公开透明的隐私实践，通过公司网站、隐私报告等途径，告知公众公司对用户数据的处理方式、隐私保护措施等信息。倡导社会对隐私保护的重视，树立企业的良好社会形象。

3. 社会参与和合作

积极参与相关行业组织和隐私保护倡导组织，分享最佳实践、经验和技术，共同推动行业对隐私保护的规范化和提升。

4. 回应社会关切

及时回应社会对于隐私保护的关切，建立反馈渠道，接受用户和社会的监督。公开公司的隐私政策和隐私实践，建立信任关系。

在云端招聘管理系统中，数据安全与隐私保护是不可忽视的重要问题。通过技术手段、法律规范、用户教育和社会责任等多方面的综合考虑，可以构建起一个安全、透明、合规的招聘系统，确保用户的隐私权益得到充分的尊重和保护。这不仅是企业合规运营的需要，同时也是对用户信任的建设和社会责任的体现。

三、云端招聘管理系统的用户体验与系统优化

随着科技的迅速发展，云端招聘管理系统作为企业招聘的关键工具，其用户体验和系统优化成为了至关重要的方面。本节将深入探讨如何通过改善用户体验和进行系统优化，提高云端招聘管理系统的效率、可用性和用户满意度。

（一）用户体验的关键要素

1. 直观易用的界面设计

云端招聘管理系统的界面设计应当简洁、直观，使用户能够迅速熟悉和操作系统。通过合理的布局、清晰的导航结构和符合用户习惯的设计，提高用户的使用效率。

2. 响应式设计与多设备适配

考虑到用户可能在不同设备上使用系统，系统应采用响应式设计，确保在不同屏幕尺寸和设备上都能提供良好的用户体验。这包括在手机、平板和桌面电脑上的适配性。

3. 个性化设置和定制化服务

为用户提供个性化的设置选项，允许用户根据自己的需求进行系统界面的定制。例如，用户可以选择自己关注的职位类别、设置提醒通知等，增强系统的灵活性。

4. 简化操作流程

优化招聘流程，简化操作步骤，使用户能够迅速完成招聘管理的各项任务。减少

不必要的点击和跳转，提高用户在系统中的操作效率，降低学习成本。

5. 友好的反馈机制

建立用户友好的反馈机制，通过提示、消息通知等方式及时告知用户操作的结果。在用户提交表单、上传文件等操作时，及时给予反馈，减少用户的不确定性和焦虑感。

6. 清晰的信息展示

在系统中清晰地展示各项信息，避免信息的过度堆砌和混淆。采用图表、图形化的数据展示方式，帮助用户更直观地了解并知道招聘进展和数据趋势。

（二）系统性能优化的关键措施

1. 响应速度和性能优化

确保系统具有良好的响应速度，避免用户在使用过程中遭遇卡顿和延迟。通过优化数据库查询、采用缓存技术、升级服务器性能等手段，提高系统的整体性能。

2. 数据安全与保护

加强系统的数据安全措施，确保用户的信息得到充分的保护。采用加密技术、建立访问控制机制、进行定期的安全审计，保障系统在数据安全方面的稳固性。

3. 系统稳定性与可用性

保障系统的稳定性和可用性，降低系统故障和downtime的概率。通过定期的系统检查、故障模拟测试、灾难恢复计划等手段，确保系统能够一直稳定运行。

4. 自动化流程与智能化技术

引入自动化流程和智能化技术，减少人工操作，提高系统的效率。例如，采用智能算法进行简历筛选、面试安排等，减轻招聘人员的工作负担。

5. 系统升级和更新

定期进行系统升级和更新，引入新的技术和功能，提升系统的竞争力和用户体验。同时，保障升级过程的平稳进行，避免因升级而导致的系统不稳定和数据丢失的情况。

6. 容错设计与故障处理

采用容错设计，使系统在面临故障时能够自动切换到备用模式，降低故障对用户的影响。建立完善的故障处理机制，及时发现和解决系统问题。

（三）用户反馈与持续改进机制

1. 用户反馈渠道

建立多样化的用户反馈渠道，包括在线表单、客服热线、邮件反馈等。鼓励用户积极提供使用体验、问题和建议，以便系统能够更及时地进行改进。

2. 持续优化与迭代

根据用户反馈和系统数据，进行持续的系统优化和功能迭代。及时修复已知问题，引入新的功能和改进，确保系统在不断演进中能够一直保持高水平的用户体验。

3. 用户参与设计

让用户参与系统的设计过程，收集用户的需求和期望。通过用户测试、焦点小组等方式，了解用户的真实需求，有针对性地进行系统设计和改进。

4. 数据分析与用户行为研究

通过数据分析工具和用户行为研究，深入了解用户在系统中的行为习惯和偏好。基于数据驱动的分析，为系统的优化提供科学依据。

5. 教育与培训

定期为用户提供系统的新功能介绍和操作培训，帮助用户更好地理解系统的使用方式。通过在线视频、文档、培训课程等多种形式，提高用户对系统功能的熟悉程度，降低使用门槛。

6. 定期用户调查与满意度评估

定期进行用户调查和满意度评估，收集用户对系统的整体满意度、特定功能的评价以及改进建议。建立客观、客观的评估指标，及时发现用户需求的变化和系统存在的问题。

（四）技术创新与未来发展方向

1. 引入人工智能技术

在云端招聘管理系统中引入人工智能技术，例如智能推荐系统、自然语言处理等。通过智能算法，系统能够更精准地匹配求职者和招聘岗位，提高招聘效率。

2. 虚拟现实（VR）与增强现实（AR）应用

探索虚拟现实和增强现实技术在招聘管理系统中的应用。例如，通过虚拟现实的面试模拟，提升面试体验；通过增强现实的招聘会导航，提高用户的导航效率。

3. 区块链技术保障数据安全

考虑采用区块链技术来加强系统的数据安全性。通过去中心化的数据存储和不可篡改的特性，提高用户数据的安全性和透明度，降低数据被篡改和泄漏的风险。

4. 移动端应用与智能助手

开发移动端应用，使用户能够随时随地使用招聘管理系统。同时，引入智能助手，通过语音识别和自然语言处理，提供更便捷的操作和交流方式。

5. 生态系统建设与整合

构建云端招聘管理系统的生态系统，与其他招聘相关的服务、社交平台进行整合。例如，与职业社交平台、在线教育平台等进行合作，为用户提供更全面的招聘服务。

6. 面向未来的可持续发展

在系统设计和发展中，注重可持续性发展。考虑未来招聘行业的发展趋势，灵活应对市场变化，确保系统能够在不同阶段都保持竞争力。

云端招聘管理系统的用户体验和系统优化是系统成功运作的关键因素。通过改善用户界面设计、提高系统性能、持续优化和技术创新，可以提高系统的吸引力、使用效率和用户满意度。随着科技的不断进步和招聘行业的发展，不断地关注用户反馈、采纳新技术、不断创新是保持云端招聘管理系统竞争力的关键。通过全方位的考虑和不断努力，云端招聘管理系统将更好地满足企业和用户的需求，为招聘行业的发展做出积极贡献。

第六节　招聘流程优化与效果评估

一、招聘流程的精简与优化

随着科技的飞速发展和企业竞争的加剧，招聘流程的精简与优化成为提高招聘效率、吸引优质人才的重要手段。本节将深入探讨如何通过合理的流程设计、技术支持和管理方法，使招聘流程更加高效、灵活，并为企业提供更优质的人才。

（一）现代招聘流程的挑战

1. 烦琐的手工操作

传统招聘流程中，很多环节依然依赖人为进行，包括简历筛选、面试安排、通知发送等，容易出现烦琐的问题，增加了人力成本和时间成本。

2. 信息孤岛和流程碎片化

在传统招聘流程中，信息往往分散在各种纸质表格、电子文档和邮件之中，导致信息孤岛和流程碎片化，降低了流程的透明度和管理效率。

3. 周期较长的招聘周期

传统招聘流程中，由于手工操作和信息传递的滞后，导致整个招聘周期较长，使得企业难以及时响应市场变化和迅速招募到合适人才。

4. 人为主观因素影响

传统招聘流程中，由于依赖面试官主观评价和人工筛选，容易受到个人主观因素的干扰，影响了招聘决策的客观性和准确性。

5. 缺乏数据支持和分析

在传统招聘流程中，对于招聘活动的数据收集和分析相对薄弱，难以为企业提供科学的招聘策略和决策支持。

（二）招聘流程的精简与优化策略

1. 数字化招聘平台的引入

引入数字化招聘平台，整合招聘流程中的各个环节，实现信息的一体化管理。通过招聘平台，可以将招聘流程数字化，提高信息共享和流程协同效率。

2. 智能筛选和推荐系统

利用人工智能技术，建立智能筛选和推荐系统，能够自动匹配岗位需求和求职者背景，降低简历筛选的时间成本，提高招聘效率。

3. 在线面试工具的应用

采用在线面试工具，如视频面试平台，实现远程面试。这不仅可以节省面试时间和费用，还能够方便跨地区进行招聘，吸引更多优秀的求职者参与。

4. 自动化流程和工作流程设计

通过自动化工作流程设计，将招聘流程中的重复性和规范性工作自动化。例如，自动发送面试邀请、发送录用通知等，减轻人力负担，提高流程效率。

5. 数据分析和预测分析工具

引入数据分析和预测分析工具，对招聘活动的数据进行深入分析。通过分析求职者来源、招聘效果等数据，为企业提供科学的招聘决策支持。

6. 候选人关系管理系统（CRM）

借助候选人关系管理系统，建立和维护与潜在候选人的紧密联系。通过CRM系统，企业可以及时了解到候选人的动态，提前预判人才市场的变化。

7. 提升面试效率的培训和工具支持

为面试官提供专业的培训，提高其面试技能和专业水平。同时，可以借助面试评估工具，如面试题库、评价模板等，来提升面试的客观性和准确性。

8. 智能化的招聘广告和品牌推广

采用智能化的招聘广告工具，根据目标人群的特征精准投放广告。通过品牌推广，提升企业在求职者心目中的形象，吸引更多优质人才。

（三）招聘流程的优化实践

1. 流程分析和识别瓶颈

首先，对现有的招聘流程进行全面的分析，识别流程中的瓶颈和不必要的环节。通过流程图、流程分析工具等手段，找出可能会影响招聘效率的问题。

2. 设立明确的招聘目标

为招聘流程设立明确的目标，例如缩短招聘周期、提高招聘效率、降低招聘成本等。通过设定具体的招聘目标，可以更有针对性地进行流程优化。

3. 数字化招聘平台的选择和实施

选择适合企业需求的数字化招聘平台，并进行系统的实施。确保平台的灵活性和可定制性，以适应企业不同的招聘需求。系统实施过程中，需充分培训招聘团队，确保他们能够熟练操作好新系统。

4. 智能筛选和推荐系统的应用

引入智能筛选和推荐系统，通过机器学习算法和大数据分析，提高简历筛选的准确性和效率。这可以减轻招聘人员的工作负担，确保更多匹配的候选人进入下一阶段。

5. 在线面试工具的实践

选择可靠的在线面试工具，并为招聘团队提供相关的培训。通过在线面试工具，可以快速安排面试、降低面试成本，并为求职者提供更便捷的面试体验。

6. 自动化流程和工作流程的设计与实施

设计自动化流程和工作流程，将常规性、重复性的工作自动化。通过合理设置工作流，以确保信息的顺畅流转，减少手工操作和人为干预，提高工作效率。

7. 数据分析和预测分析的应用

建立数据分析和预测分析团队，利用先进的分析工具对招聘数据进行深入分析。通过挖掘数据背后的规律，为招聘战略的制定提供有力的支持，使招聘更具科学性。

8. 候选人关系管理系统的建设

引入候选人关系管理系统，建立与潜在候选人之间的持续联系。通过该系统，及时了解候选人的职业动态、兴趣爱好等信息，为未来的招聘活动提供更精准的目标人群。

9. 面试效率的培训和工具支持实践

为面试官提供系统培训，包括面试技巧、评价标准等方面的内容。同时，引入面试评估工具，规范面试流程，提高面试效率和准确性。

10. 招聘广告和品牌推广的智能化应用

利用智能化的招聘广告工具，根据目标人群特征定向投放广告。同时，通过品牌推广活动，提高企业在求职者心中的形象，吸引更多人才关注和投递简历。

（四）招聘流程的效果评估与持续改进

1. 建立评估指标体系

制定完善的招聘流程评估指标体系，包括但不限于招聘周期、招聘成本、员工入职质量等。这些指标可以全面反映出招聘流程的效益和改进空间。

2. 定期进行招聘流程审查

定期进行招聘流程审查，收集招聘活动的实际数据，并与预期目标进行对比。通过审查，发现问题、总结经验，并及时调整和优化流程。

3.用户满意度调查

进行用户满意度调查，向招聘人员、面试官和求职者征求反馈。了解用户对招聘流程的评价，收集他们的建议和意见，为后续的流程改进提供参考。

4.数据分析与持续改进

利用招聘流程中产生的数据进行深度分析，发现问题的根本原因。基于数据的分析，采取科学的措施，不断进行持续改进，提高招聘流程的灵活性和适应性。

5.技术创新与未来发展方向

密切关注招聘领域的技术创新，随时引入新的科技手段，如人工智能、区块链等。不断思考和探索未来招聘流程的发展方向，保持对市场变化的敏感性。

6.与业界分享经验

与同行业企业和招聘专业组织分享招聘流程的优化经验。通过行业交流，了解其他企业的最佳实践，吸取相关经验教训，提高自身招聘流程的竞争力。

招聘流程的精简与优化是企业保持竞争力、提高招聘效率的关键一环。通过引入数字化招聘平台、智能化技术、流程自动化等手段，企业可以更好地适应快速变化的市场需求，吸引并留住优质人才。定期地评估与改进，持续关注技术创新和行业趋势，是保持招聘流程高效性和灵活性的不断迭代的过程。在不断改进中，企业将能够更好地应对挑战，提升整体招聘绩效。

二、招聘效果评估指标与方法

招聘是企业发展中至关重要的一环，而招聘效果评估则成为衡量招聘活动成功与否的重要标准。随着市场竞争的日益激烈和招聘方式的不断创新，招聘效果评估需要更全面、科学的方法和指标。本书将深入探讨招聘效果评估的关键指标和方法，以帮助企业更好地优化招聘流程、提高招聘质量。

（一）招聘效果评估指标

1.招聘周期

招聘周期是指从发布招聘信息到成功招聘一个合适的候选人所经历的时间。较短的招聘周期不仅有助于降低招聘成本，还能更及时地满足企业人才需求。评估招聘周期时，可关注发布职位至首次面试、面试至录用等关键节点。

2.候选人质量

候选人质量直接关系到企业未来员工的绩效和贡献。借助面试表现、工作表现等因素进行综合评估，通过员工绩效评估和留任率等数据反馈，了解到招聘的质量。

3.招聘成本

招聘成本是招聘活动中所涉及的费用，包括广告费用、招聘会费用、面试费用等。

通过计算每位成功招聘的员工所需的平均成本，可评估招聘活动的经济性和效益。

4. 求职者来源分析

了解求职者的来源可以帮助企业更有针对性地投放招聘资源。通过追踪求职者来源，可以评估招聘渠道的效果，优化资源分配，提高招聘的精准性。

5. 员工入职率

员工入职率是指成功招聘的员工中，最终成功入职的比例。入职率的高低反映了招聘过程中的信息准确性和候选人对企业的真实了解程度，是招聘效果的重要指标。

6. 员工满意度

招聘不仅仅是企业挑选员工，同时也是员工选择企业的过程。通过调查员工满意度，了解员工对招聘流程、面试体验、入职培训等方面的感受，为提升招聘效果提供重要参考。

（二）招聘效果评估方法

1. 数据分析和统计方法

借助数据分析和统计方法，对招聘过程中产生的各项数据进行深入分析。通过对比不同时间段、不同岗位、不同渠道的数据，找出关键因素对招聘效果的影响。

2. 面试评估

建立系统的面试评估体系，对面试官的评价进行标准化。可以引入进面试评估工具，如评分表、行为面试模型等，提高评估的客观性和准确性。

3. 员工绩效评估

将招聘过程中的评价和候选人表现进行关联，建立与员工绩效的评估体系。通过分析员工的工作表现，了解招聘质量和员工绩效之间的关系，为招聘策略的优化提供数据支持。

4. 面向求职者的调研

通过调研求职者的招聘体验，了解他们在招聘过程中的感受和期望。可以采用在线调查、深度访谈等方式，收集求职者的反馈，为改进招聘流程去提供直接的意见。

5. 社交媒体监测

利用社交媒体监测工具，追踪企业在社交媒体上的声誉和形象。通过监测求职者在社交媒体上的评论和评价，了解到企业在招聘中的公众形象和吸引力。

6. 定期绩效评估会议

定期召开绩效评估会议，邀请招聘团队和相关部门参与，对招聘效果进行全面的审视。在会议上，可以对每个阶段的指标进行分析，总结经验教训，并制订下一步的改进计划。

（三）招聘效果评估的实施步骤

1.明确评估目标

在进行招聘效果评估之前，企业需要明确评估的目标。这包括确定评估的时间范围、关注的重点指标和期望的改进效果。

2.建立评估团队

组建专业的评估团队，包括招聘经理、数据分析师、面试官等。各团队成员需要明确各自的责任和任务，确保评估工作有序进行。

3.收集招聘数据

开始收集与招聘相关的各项数据，包括招聘周期、招聘渠道效果、面试评分、员工入职率等。确保数据的准确性和完整性，建立数据仓库或数据库进行存储。

4.制定评估标准和方法

根据招聘目标和收集到的数据，制定评估标准和方法。明确各项指标的权重和评分标准，建立综合评估体系，以全面衡量招聘效果。

5.进行数据分析

由专业数据分析团队对收集到的数据进行深入分析。采用统计学方法、图表分析等手段，挖掘数据中的规律和关联，找出影响招聘效果的关键因素。

6.开展面试评估

对面试官的评价进行系统的面试评估，确保评估标准的一致性。可以结合面试评估工具，如评分表、模拟面试等，提高面试评估的客观性和准确性。

7.进行员工绩效关联分析

将招聘过程中的评价与员工绩效进行关联分析。通过对比员工的绩效数据和招聘时的表现评价，了解招聘质量与员工绩效之间的关系，为后续招聘策略提供一定的指导。

8.实施面向求职者的调研

通过在线调查、面对面访谈等方式，向求职者收集招聘体验的反馈。了解求职者在招聘过程中的感受，包括信息获取、面试体验、沟通效果等方面。

9.社交媒体监测

利用社交媒体监测工具追踪企业在社交媒体上的声誉和形象。分析求职者在社交媒体上的评论和评价，了解企业在招聘中的公众形象和吸引力。

10.定期绩效评估会议

定期召开绩效评估会议，邀请招聘团队和相关部门参与。在会议上，对各项评估指标进行全面的审视，总结经验教训，再制订下一步的改进计划。

（四）招聘效果评估的优化策略

1. 根据评估结果调整招聘策略

根据评估结果，及时调整招聘策略。如果某一招聘渠道效果不佳，可以减少对该渠道的投入；如果某一岗位的招聘周期较长，那么就可以优化流程，提高效率。

2. 优化面试流程

根据面试评估结果，优化面试流程。可能包括增加面试环节、引入新的面试评估工具、提升面试官的专业水平等，以提高面试的准确性和效率。

3. 改进求职者体验

通过求职者调研和社交媒体监测，了解到求职者对招聘流程的评价和期望。根据反馈意见，改进求职者体验，提高企业在人才市场的吸引力。

4. 建立持续改进机制

建立持续改进的机制，将招聘效果评估纳入常规工作中。定期收集反馈，进行数据分析，及时发现问题并采取措施，确保招聘策略的持续优化。

5. 加强团队培训

为招聘团队提供专业培训，包括数据分析方法、面试技巧、求职者关系管理等方面的知识。提高团队的专业水平，确保评估工作的科学性和准确性。

6. 定期与业界交流分享经验

定期参与行业研讨会、招聘领域的培训活动，与同行业企业分享招聘效果评估的经验和实践。通过与业界的交流，吸取他人的经验，来提高自身团队的水平。

招聘效果评估是招聘管理中的重要环节，对企业的人才战略和竞争力有着直接的影响。通过明确评估指标、科学的评估方法、系统的数据分析和及时的优化策略，企业能够更好地了解自身招聘活动的效果，发现问题并加以改进。随着招聘方式的不断创新和市场的变化，持续的招聘效果评估将帮助企业适应人才市场的变化，更好地吸引和留住优秀人才。

三、持续改进与反馈机制的建立

在当今竞争激烈的人才市场中，企业需要不断提升招聘管理效能，吸引和留住优秀人才。为了实现这一目标，持续改进和建立有效的反馈机制至关重要。本节将深入探讨如何在招聘管理中建立持续改进与反馈机制，以确保招聘活动始终处于高效运作状态。

（一）持续改进的重要性

1.适应市场变化

人才市场处于不断变化之中，随着社会、科技和经济的发展，人才需求和供给也在不断进行调整。持续改进能够使企业及时调整招聘策略，适应市场变化，确保人才招聘的精准性和有效性。

2.提升招聘效率

招聘流程中存在的烦琐和低效环节可能导致招聘效率下降。通过持续改进，可以识别并优化流程中的问题，提高招聘效率，确保能够及时找到合适的人才。

3.提高招聘质量

招聘的核心目标是找到符合企业需求的优质人才。通过不断改进招聘流程和评估机制，可以提高招聘质量，确保招聘到的员工能够更好地适应企业文化和业务需求。

4.增加员工满意度

良好的招聘体验能够提高员工的满意度，从而增加员工的忠诚度和稳定性。通过持续改进招聘流程，优化面试体验等方面，可以提升员工的整体满意度。

（二）持续改进的步骤与方法

1.建立明确的招聘目标

在进行持续改进之前，企业需要建立明确的招聘目标。这些目标可以涵盖招聘效率、质量、成本等多个方面。明确的目标有助于团队更有针对性地进行改进工作。

2.定期招聘流程审查

定期对招聘流程进行全面审查，包括招聘周期、候选人筛选、面试环节等。通过审查，识别出流程中的瓶颈和不必要的环节，为优化提供方向。

3.收集反馈意见

收集来自招聘团队、面试官、求职者等多方面的反馈意见。可以通过定期会议、调查问卷、面试后反馈等方式，了解各方对招聘流程的看法和建议。

4.引入数据分析方法

利用数据分析方法对招聘活动的各个环节进行深入分析。通过对招聘数据的挖掘，发现潜在问题和改进点，为持续改进提供科学的数据支持。

5.定期与团队成员沟通

定期与招聘团队成员进行沟通，了解他们在实际工作中遇到的问题和困难。通过有效沟通，便可以及时发现改进的空间，激发团队成员的积极性。

6.比较与竞争对手的差异

与竞争对手的招聘实践进行比较，了解差异和优势。通过学习行业最佳实践，借鉴成功经验，为改进招聘流程提供新思路。

7. 借助技术手段

引入先进的技术手段，如招聘管理系统、人才分析工具等。这些工具可以提供更全面的数据支持和分析，帮助企业更好地了解和改进招聘效果。

（三）建立有效的反馈机制

1. 建立多层次的反馈渠道

建立多层次的反馈渠道，包括内部团队之间的反馈、外部求职者的反馈等。确保信息的全面性和多样性，从不同角度去收集反馈意见。

2. 定期召开反馈会议

定期召开反馈会议，邀请招聘团队、面试官等相关人员参与。在会议上，分享各个环节的反馈意见，进行深入讨论，并找出解决问题的方案。

3. 建立匿名反馈机制

为招聘团队、求职者建立匿名反馈机制，使其更愿意分享真实的意见和建议。匿名反馈可以降低员工或求职者的顾虑，鼓励他们能够提供更真实、更直接的反馈信息，有助于发现潜在问题。

4. 使用技术平台进行反馈

利用技术平台建立在线反馈系统，使反馈变得更加便捷和及时。通过电子邮件、内部沟通工具或专门的反馈平台，收集员工和求职者的意见，方便集中管理和分析。

5. 建立回馈循环

建立一个持续的回馈循环，确保反馈信息得到及时回应和处理。在收到反馈后，及时进行整理、分类，并制订相应的改进计划。通过回馈循环，展示对反馈的重视，并展现改进做出的实际行动。

6. 提供奖励和认可

为提供有价值反馈的员工或求职者提供奖励和认可，激发更多积极参与。这可以包括奖金、员工表彰，或者在求职者中开展一些奖励活动。这样可以增加参与反馈的积极性。

7. 设立专门的反馈团队

设立专门的反馈团队，负责收集、整理和分析所有反馈信息。这个团队可以通过专业的视角，提出更有深度和见解的改进建议，并监督改进计划的执行。

（四）持续改进与反馈机制的优化策略

1. 建立文化氛围

在企业中建立一个倡导学习和改进的文化氛围。鼓励员工不断提出建议和反馈，将改进视为每个人的责任。通过内、外部培训、分享会等活动，培养员工的持续改进意识。

2.定期回顾与总结

定期回顾和总结过去一段时间内的招聘活动，分析各项指标的变化趋势。通过总结经验，找出成功的做法和存在的问题，为未来的改进提供参考。

3.敏锐感知市场变化

保持敏锐的市场洞察力，关注招聘市场的新趋势和变化。通过参与行业研讨、关注招聘媒体等方式，及时调整招聘策略，确保企业始终处于竞争的前沿。

4.投资技术和工具

不断投资并采用先进的技术和工具，如招聘管理系统、大数据分析工具等。这些工具可以提供更全面的数据支持，帮助企业更深入地了解招聘效果，并加速改进的过程。

5.积极参与行业交流

积极参与行业交流，与同行业企业分享招聘管理的经验和教训。通过与其他企业的交流，获取更多的启发和创新思路，推动招聘管理的不断进步。

6.定期培训团队成员

定期为招聘团队成员提供培训，包括招聘技巧、数据分析方法、面试技能等方面。提高团队成员的专业水平，使其更具备持续改进的能力。

在竞争激烈的人才市场中，企业要想在招聘中脱颖而出，就需要建立起持续改进与反馈机制。通过不断优化招聘流程、提高招聘效能，企业才能够更好地满足市场需求，吸引和留住优秀人才。同时，建立有效的反馈机制，让员工和求职者能够更直接地参与到改进过程中，增强企业的适应能力和竞争力。通过以上的措施，企业可以构建一个不断学习和进步的招聘管理体系，为持续发展奠定坚实的基础。

第三章　"互联网＋"背景下的培训与发展

第一节　"互联网＋"培训模式创新

一、在线培训平台的兴起与发展

随着信息技术的快速发展和互联网的普及，在线培训平台在过去的几年中迅速兴起，并成为企业、教育机构以及个人学习者的重要选择。本书将深入探讨在线培训平台的兴起原因、发展趋势以及对教育和培训领域的影响。

（一）背景与兴起原因

1.互联网技术的普及

随着互联网技术的普及，信息传播变得更加便捷高效。企业、学校和个人通过互联网可以实现跨地域、跨时区的培训，使得在线培训平台成为一种可行的培训方式。

2.灵活学习需求的增加

现代社会对灵活性的需求日益增加，传统的面对面培训难以满足快节奏、多任务的学习需求。在线培训平台的灵活性和随时随地的学习特点迎合了人们的学习方式变革。

3.成本效益

相较于传统的线下培训，在线培训平台则具有更低的成本。企业和学校可以通过在线培训节省差旅、住宿等费用，个人学习者也能够更经济地获取高质量的学习资源。

4.技术支持的提升

随着教育技术的发展，支持在线学习的技术手段不断提升，如高清视频、虚拟实境（VR）、人工智能（AI）等技术的广泛应用，都为在线培训提供了更为丰富和创新的学习体验。

（二）在线培训平台的发展趋势

1.多元化的学科覆盖

在线培训平台逐渐实现了对多元学科的全覆盖，涵盖了从技能培训到学历教育的各个领域。不仅有职业技能培训，还包括语言学习、软技能提升等多样化的课程。

2. 强化个性化学习

在线培训平台通过智能化技术实现了个性化学习的可能。通过学习者的数据分析，为每个学习者定制个性化的学习路径和内容，提高学习效果。

3. 移动学习的普及

随着移动设备的普及，移动学习成为在线培训平台发展的重要方向。学习者可以通过手机、平板等移动设备随时随地进行学习，提高学习的便捷性和时效性。

4. 互动性和社交化学习

在线培训平台注重互动性和社交化学习。通过在线讨论、小组项目、实时反馈等方式，促使学习者能更好地参与到学习过程中，增强学习的深度和广度。

5. 认证体系的建设

为了提高在线学习的可信度，越来越多的在线培训平台建立了相应的认证体系。这些认证可以是行业认证、学术认证等，是为学习者提供更具权威性的学习体验。

（三）在线培训平台对教育与培训的影响

1. 拓宽学习渠道

在线培训平台的兴起拓宽了学习渠道，使得更多的人能够接触到高质量的教育资源。无论是追求职业发展、提升技能，还是追求兴趣爱好，都可以在在线培训平台找到自己合适的学习内容。

2. 提高学习灵活性

在线培训平台的灵活性使学习者可以根据自身的时间和地点选择学习，无需受到地域限制。这种学习灵活性有助于提高学习者的学习积极性和效果。

3. 促进生涯发展

在线培训平台为个体提供了更多获取知识、提升技能的机会，有助于提高其在职场上的竞争力。通过不断学习，个体能够更好地适应职场的变化，实现生涯发展的跃升。

4. 降低教育门槛

传统的高等教育往往伴随着较高的学费和时间成本，而在线培训平台的出现降低了教育的门槛。学习者可以更加灵活地选择所需的课程，降低了学习的经济负担。

5. 促进知识共享

在线培训平台通过在线讨论、社区互动等方式，促进学习者之间的知识共享。这种社交化学习模式有助于学习者之间的交流合作，形成良好的学习社群，提高学习的深度和广度。

6. 推动教育技术创新

在线培训平台的发展推动了教育技术的创新。为了提高学习体验，许多平台引入了虚拟实境（VR）、增强现实（AR）、人工智能（AI）等技术，都为学习者提供更为丰富和沉浸式的学习环境。

（四）在线培训平台所面临的挑战与应对策略

1. 内容质量不一

由于在线培训平台的快速发展，市场上的培训内容质量参差不齐。一些平台存在课程质量不高、信息不准确的问题。解决方法包括建立更为严格的审核机制、引入专业认证体系等。

2. 学习者的自律性差

在线学习需要学习者具备一定的自律性，但有一部分学习者在没有明确的学习计划和监督的情况下就容易产生拖延和放弃的情况。平台可以通过设立学习计划、提供学习提示等方式引导学习者提高自身自律性。

3. 技术设备和网络条件不足

在一些地区，技术设备和网络条件相对滞后，学习者难以顺利使用在线培训平台。这需要平台提供更多适应低网络带宽、适配多种设备的解决方案，以满足不同地区学习者的需求。

4. 课程认证难题

尽管越来越多的在线培训平台引入了认证体系，但一些企业和教育机构对在线学习的认可程度仍有待提高。平台可以通过与企业合作，建立行业认证，增加课程的可信度。

5. 隐私和安全问题

在线培训平台涉及大量的个人学习数据，隐私和安全问题备受关注。平台需要采取有效的安全措施，确保学习者的个人信息得到充分保护，以增强用户的信任感。

（五）未来发展方向与展望

1. 深度融合技术与教育

未来，在线培训平台将更深度地融合先进技术与教育，如人工智能、大数据分析、虚拟实境等。这将进一步提升学习体验，为学习者提供更个性化、高效的学习路径。

2. 拓展国际化合作

随着全球化的发展，在线培训平台将更加注重国际化合作，推动跨国教育资源的整合。这有助于学习者更好地了解到国际化的知识体系，提高全球化竞争力。

3. 发展行业认证体系

为提高课程的可信度，未来的在线培训平台将更加注重建设行业认证体系。这不仅有助于学习者更好地融入职场，也能够满足企业对于高质量人才的需求。

4.智能化学习助手的应用

未来的在线培训平台将更广泛地应用智能化学习助手，通过人工智能技术为学习者提供个性化的学习建议、定制学习计划，提高学习的效果和效率。

5.推动终身学习观念

在线培训平台将继续推动终身学习观念的普及，鼓励个体在职业发展的不同阶段都保持学习的热情。这有助于构建更具有韧性的劳动力市场。

在信息时代，在线培训平台作为教育领域的一种创新形式，正在引领着教育模式的变革。通过借助先进技术、提供多元化的学科内容、强调互动性和社交性学习，在线培训平台为学习者提供了更为灵活、个性化的学习体验。然而，随着在线培训平台的蓬勃发展，仍然面临着一系列的挑战，需要各方共同努力解决。未来，随着技术的不断创新和社会对于教育的需求不断演变，在线培训平台将继续发挥重要作用，为个体学习者和整个社会创造更多价值。

二、个性化学习路径设计

在传统教育模式下，学生通常被纳入相同的学习轨道，而忽视了每个学生的独特差异和学习需求。随着教育科技的发展，个性化学习路径逐渐成为一种引领未来教育的理念。本书将深入探讨个性化学习路径的概念、设计原则、技术支持以及对学生自主学习和创新能力培养的影响。

（一）个性化学习路径的概念

1.定义

个性化学习路径是一种基于学生个体差异和学习需求的教育模式。通过充分考虑到学生的学科兴趣、学习风格、学习进度等方面的因素，为每个学生量身定制独特的学习路线，以达到更高效、更有针对性的学习效果。

2.核心原则

个体差异尊重：个性化学习路径注重理解和尊重每个学生的独特差异，包括认知风格、学科偏好、学习速度等。

灵活性和可调整性：学习路径应具有灵活性，能够根据学生的学习进展和变化的需求进行调整，确保学习的连续性和适应性。

自主学习强调：个性化学习鼓励学生参与学习决策，培养其自主学习的能力，激发学习的主动性和积极性。

（二）设计个性化学习路径的原则

1. 学生调查和评估

在设计个性化学习路径之前，进行全面的学生调查和评估是关键的一步。了解学生的学科兴趣、学习风格、自主学习能力等方面的信息，为个性化路径的制定提供基础数据。

2. 多元化学习资源整合

个性化学习路径应包含多元化的学习资源，涵盖文字、图像、音频、视频等多种形式。通过整合丰富的学习资源，满足不同学生的学习偏好，提高学习的趣味性和吸引力。

3. 技术支持与智能化系统

借助教育技术，设计智能化的个性化学习系统，能够根据学生的学习数据和反馈信息，为其提供更加精准的学习建议和资源推荐。这需要依赖人工智能、大数据分析等技术手段。

4. 个性化评估体系建设

传统的评估体系往往只强调学生对知识的掌握程度，而个性化学习路径需要建立更全面的评估体系。其中包括对学生的自主学习能力、创新能力、合作精神等方面的评估。

5. 灵活的学习进度管理

个性化学习路径应该允许学生在一定范围内调整学习进度，适应不同学生的学习速度和学科难度。这种灵活性有助于减轻学习压力，提高学习的效果和质量。

（三）技术支持与个性化学习路径

1. 人工智能的应用

人工智能在个性化学习路径中发挥着关键作用。通过分析学生的学习数据，人工智能可以为每个学生制订个人独特的学习计划，提供个性化的教学资源和反馈。

2. 大数据分析

大数据分析可以帮助学校和教育机构更好地了解学生的学习模式、倾向和需求。通过分析大量的学习数据，可以发现学生的学科偏好、学科弱点等信息，为个性化学习路径的设计提供依据。

3. 虚拟实境技术

虚拟实境技术可以为学生提供更为沉浸式和真实的学习体验。通过虚拟实境，学生可以参与到更为生动的学习场景中，增强对知识的理解和记忆。

4. 在线协作平台

在线协作平台为学生提供了与同学、教师和专业人士进行合作学习的机会。这有助于拓宽学生的视野，培养团队协作和沟通技能，同时也为个性化学习路径提供更多的学科资源。

（四）个性化学习路径对学生的影响

1. 激发自主学习兴趣

个性化学习路径可以更好地满足学生的学科兴趣，使学习内容更贴近学生的实际需求。这有助于激发学生的自主学习兴趣，增强他们对知识的热情，使学习不再是被动地接收，而是主动追求和探索。

2. 提高学习动机和积极性

由于个性化学习路径的灵活性，学生可以更自由地选择学习的内容和形式。这种个人定制的学习方式则能够满足学生的个性需求，从而提高学习动机和积极性。学生更愿意对其投入精力，因为他们感到学习是为了自己的发展和兴趣。

3. 培养自主学习能力

个性化学习路径注重学生的自主学习，通过让学生参与学习决策、制订学习计划等方式，培养学生的自主学习能力。学生逐渐学会设定学习目标、规划学习进程，并主动寻找解决问题的方法，从而在学习中变得更加独立和自信。

4. 促进创新思维和问题解决能力

个性化学习路径注重培养学生的创新思维和问题解决能力。通过设计项目、案例研究等形式，激发学生的创造力，让他们能够在解决实际问题的过程中不断提升自己的综合素养。这种培养方式有助于学生更好地适应未来社会对创新能力的需求。

5. 强化个体差异的尊重

个性化学习路径是一种尊重个体差异的学习模式。学生在这种模式下不再被统一对待，而是能得到个性化的支持和关注。这有助于强化每个学生的独特性，培养他们对多元文化和观念的理解与尊重。

（五）挑战与应对策略

1. 技术依赖性的问题

个性化学习路径在实施过程中可能会面临技术依赖性的问题。为了解决这一挑战，需要提高学校和教育机构的技术投入，保障网络和设备的稳定运行，确保学生能够顺利使用在线学习工具。

2. 教育资源的不均衡分配

一些学校和地区可能缺乏足够的教育资源，导致个性化学习路径的实施面临困难。为了解决这一问题，需要政府、企业和社会各界的合作，共同推动教育资源的均衡分配，确保每个学生都能够享受到高质量的个性化学习。

3. 师资力量的提升

实施个性化学习路径需要教师具备更高水平的教学能力和技术素养。因此，需要加强对教师的培训和专业发展，提高其应对个性化学习的能力，使他们能够更好地引导和支持学生。

4. 家庭支持的不足

学生在家庭中可能面临学习支持不足的问题，特别是在个性化学习中需要更多家庭的参与和支持。解决这一挑战需要学校与家庭之间加强沟通合作，建立有效的家校合作机制，共同关注学生的学习需求。

随着教育科技的不断发展，个性化学习路径将在未来继续发挥着重要作用。通过更精准的学习路径设计和智能化的技术支持，个性化学习路径有望更好地满足学生多元化的学习需求，培养更具创新力和竞争力的人才。然而，实现个性化学习路径仍然需要全社会的共同努力，包括政府、学校、家庭和企业等各方的积极参与。通过共同努力，可以为每个学生提供更为个性化和优质的教育，促使其在未来的学业和职业生涯中更好地发展。

三、虚拟现实与增强现实在培训中的应用

随着科技的不断发展，虚拟现实（VR）与增强现实（AR）作为前沿的技术手段，已经在各个领域展现出强大的应用潜力，尤其在培训领域引起了广泛关注。本书将深入探讨虚拟现实与增强现实在培训中的应用，探讨其优势、实际案例，以及未来发展趋势。

（一）虚拟现实与增强现实的概念

1. 虚拟现实（VR）

虚拟现实是一种通过计算机技术模拟出的一种模拟环境，让用户沉浸在一个虚构的三维世界中。用户可以通过专用设备如头戴式显示器，与虚拟环境进行互动，创造出一种身临其境的感觉。

2. 增强现实（AR）

增强现实是将数字信息叠加在现实世界中，通过计算机技术实时提供对用户环境的信息增强。与虚拟现实不同，增强现实并不是替代现实，而是通过叠加信息来丰富用户的感知。

（二）虚拟现实与增强现实在培训中的优势

1. 实践性培训

虚拟现实和增强现实可以提供高度仿真的场景，让学员在虚拟环境中进行实践性

的培训，尤其是在危险或昂贵的情境下。例如，虚拟手术可以让医学专业人员在没有实际患者的情况下也能进行实际手术操作练习。

2. 个性化学习体验

这两种技术都具有个性化定制的潜力，根据学员的需求和水平调整培训内容和难度。通过分析学员在虚拟或增强环境中的表现，系统可以提供定制化的学习体验，以更好地满足不同学员的需求。

3. 安全性与成本效益

在危险性较高的行业，如军事、航空、医疗等，使用虚拟现实和增强现实进行培训可以有效降低风险，避免对人身安全和设备的损坏。同时，相对于传统培训方式，虚拟和增强现实也可以更加经济高效。

4. 远程协作与沟通

虚拟和增强现实可以跨越时空，使得远程协作变得更为实用。团队成员可以分布在不同地区，通过虚拟会议室、协作平台进行培训和沟通，共同处理问题、分享经验。

（三）虚拟现实在培训中的应用

1. 医疗领域

在医学培训中，虚拟现实可以提供逼真的手术模拟，使医学生能够在虚拟环境中进行实际手术操作，提高其技能水平。同时，虚拟现实还可以用于心理治疗、康复训练等方面。

2. 军事训练

虚拟现实在军事领域的应用广泛，可以用于模拟实战场景、战术训练，提高士兵的应变能力和决策速度。军事人员可以在虚拟环境中进行实际武器操控、战术演练等，增强实战经验。

3. 航空航天培训

在航空航天领域，虚拟现实可以用于飞行员培训。飞行员可以在模拟器中体验各种飞行情境，应对突发状况，提高应变能力。这种训练方式不仅节省了成本，还提高了培训的效果。

4. 职业技能培训

虚拟现实也被广泛应用于各种职业技能培训，如建筑、机械、工程等行业。工人可以在虚拟环境中模拟各种复杂的操作，提高技能水平，减少由于误操作而导致的事故风险发生。

（四）增强现实在培训中的应用

1. 维修和保养培训

在制造业和服务业中，增强现实可以提供实时的维修和保养培训。技术人员可以通过AR设备获得设备维修的步骤、零件信息等，从而更高效地进行设备的维护和保养。

2.零售与销售培训

在零售领域，增强现实可以为销售人员提供实时的产品信息和培训。通过AR眼镜或设备，销售人员可以直观地了解产品特性、价格、推荐销售方案等信息，提高销售效率和客户满意度。

3.卫生保健领域

在卫生保健领域，AR可以用于医疗专业人员的实时培训。例如，AR技术可以显示患者的生命体征、病历信息，帮助医护人员去更好地理解患者状况，提高医疗服务的质量。

4.培训模拟与模型

增强现实可以用于培训模拟和模型的创建。在设计领域，工程师可以使用AR技术创建三维模型，对设计方案进行实时的演示和调整。这样的培训方式有助于提高设计师的创造力和效率。

（五）虚拟现实与增强现实在培训中的未来趋势

1.深度学习与智能化

未来，虚拟现实和增强现实将更加注重深度学习和智能化技术的应用。通过机器学习算法，系统能够更好地理解学员的学习需求，提供更为智能、个性化的培训体验。

2.全息显示技术的发展

全息显示技术是虚拟现实和增强现实领域的前沿技术之一。未来，全息显示技术的发展将使得虚拟和增强现实的场景更加真实、逼真，提供更为沉浸式的学习体验。

3.跨平台应用

未来，虚拟现实和增强现实将更加强调跨平台的应用。学员可以在不同设备上去无缝切换学习场景，增加学习的灵活性和便捷性。

4.社交化学习体验

虚拟现实和增强现实将更加强调社交化学习体验。学员可以在虚拟环境中与其他学员进行互动、合作，共同完成任务和项目，提高团队协作和沟通能力。

（六）挑战与应对策略

1.设备成本和便携性

虚拟现实和增强现实设备的成本仍然是一个挑战，尤其对于个体用户和小型企业。未来的发展需要降低设备成本，提高设备的便携性，使其变得更加普及。

2.内容创作和更新

为了保持培训的有效性，需要不断更新和优化虚拟现实和增强现实的培训内容。这对于内容创作者和培训机构提出了更高的要求，需要不断更新、创新培训内容。

3. 隐私和安全问题

在虚拟现实和增强现实培训中，学员的个人信息和学习数据需要得到有效的保护。未来的发展需要建立更为完善的隐私和安全机制，确保学员的权益不受任何侵犯。

虚拟现实和增强现实作为先进的技术手段，为培训领域带来了全新的可能性。它们不仅提供了高度仿真的实践性培训，更注重个性化学习体验和实时反馈。未来，随着技术的不断创新和发展，虚拟现实和增强现实将在培训领域发挥越来越重要的作用，为学员提供更为丰富、沉浸式的学习体验，推动培训模式的不断进步。同时，我们也需要认识到在应用这些技术的过程中，面临的挑战和问题，通过合理的政策、技术创新和合作机制来解决，确保虚拟现实和增强现实在培训领域的应用能够更好地服务社会，推动知识与技能的传递与发展。

第二节　在线培训与虚拟学习环境

一、开发在线培训课程的关键要素

随着科技的飞速发展，在线培训课程逐渐成为企业、学校和组织提升员工、学生技能的重要手段。然而，一个成功的在线培训课程的开发并非是一蹴而就，而是需要仔细考虑和整合多个关键要素。本节将深入探讨开发在线培训课程的关键要素，包括课程设计、技术基础、学习体验、评估机制等方面。

（一）课程设计与内容开发

1. 目标明确和需求分析

在开发在线培训课程之前，首先需要明确培训的目标和受众。进行详细的需求分析，了解学员的背景、学科需求、学习风格等信息，确保课程的设计能够精准地满足学员的需求。

2. 课程结构和大纲设计

设计一个清晰的课程结构和大纲对于学员的学习至关重要。将课程内容划分为不同模块，明确每个模块的学习目标、内容和评估方式，帮助学员更好地理解课程的整体架构。

3. 多媒体内容制作

在线培训课程通常包含文字、图像、音频和视频等多媒体内容。制作清晰、生动、富有互动性的多媒体素材，有助于提高学员的学习兴趣和吸引力，促进知识的更好消化。

4. 互动设计和参与机制

为了提高学员的参与度，需要设计各种互动元素，如在线讨论、小组任务、测验等，促使学员积极参与，加深对知识的理解，并通过实际操作提升实际应用能力。

（二）技术基础和平台选择

1. 学习管理系统（LMS）的选择

LMS 是支持在线培训的关键平台，它包括课程管理、学员管理、进度跟踪、成绩管理等功能。选择适合自身需求的 LMS 平台，确保系统稳定、易用，并能够提供详细的学习分析和报告。

2. 多设备兼容性

考虑到学员可能使用不同设备（PC、平板、手机）进行学习，确保在线培训课程具有良好的多设备兼容性，充分保障学员在任何时间、任何地点都能够方便地进行学习。

3. 技术支持和故障排除

提供良好的技术支持是在线培训课程成功的关键。确保有专业的技术团队负责处理学员的问题和故障，并提供及时有效的解决方案，以减少学员的学习中断和不适感觉。

4. 安全性与数据隐私

在线培训涉及学员的个人信息和学习数据，因此安全性和数据隐私是至关重要的。采取必要的安全措施，如加密传输、访问控制，确保学员的信息安全和隐私得到有效保护。

（三）学习体验的优化

1. 用户界面设计

设计友好、直观的用户界面对于提高学员的学习体验至关重要。简洁清晰的导航，易于理解的布局，有助于学员迅速找到所需的信息，降低学习门槛。

2. 响应式设计

确保在线培训课程具有良好的响应式设计，适应不同设备的屏幕尺寸和分辨率。这有助于提供一致的学习体验，无论学员使用何种设备。

3. 学习路径个性化

考虑到学员的学科背景和学习速度差异，个性化学习路径可以提高学员的学习效果。根据学员的前期表现和学习需求，调整学习路径，为每个学员提供最合适的学习体验。

4. 社交互动和合作机会

创造学员之间的社交互动和合作机会，通过在线讨论、小组任务等方式促进学员之间的交流。社交互动不仅可以增强学习氛围，还有助于自身更好地理解和掌握知识。

（四）评估机制和反馈系统

1. 形成性和总结性评估

建立全面的评估机制，包括形成性评估（如在线测验、作业）和总结性评估（如期末考试、项目作品）。通过多维度的评估，全面了解学员的学习水平和能力。

2. 实时反馈机制

提供实时的学习反馈对于学员的进步至关重要。及时了解学员在课程中的表现，根据学习数据和表现提供个性化建议，帮助学员更好地调整学习策略，弥补知识缺失，进一步来优化学习路径。

3. 个性化学习计划

基于学员的学习表现和兴趣，提供个性化的学习计划。通过智能算法分析学员的学习历史和偏好，推荐相关领域的进阶课程或深度学习资源，激发学员的学习兴趣。

4. 教师和学员互动

在线培训课程中，教师和学员的互动是成功的关键。建立有效的沟通渠道，包括在线讨论区、邮件、即时消息等，让学员可以随时向教师发起提问，获取帮助和反馈。

（五）落地实施与持续改进

1. 培训师资队伍

确保有经验丰富、专业背景强大的培训师资队伍。他们应具备在线授课经验，能够灵活应对学员的问题和需求，提供高质量的在线指导。

2. 学员支持服务

提供全面的学员支持服务，包括技术支持、学习咨询、教务服务等。建立专业的学员服务团队，及时解决学员遇到的问题，提供个性化的支持。

3. 监控和反馈机制

建立监控和反馈机制，定期评估在线培训课程的效果。通过学习数据分析、学员反馈调查等方式，了解课程的强项和改进点，为后续的课程开发和改进提供有力的参考。

4. 持续改进策略

在线培训课程的持续改进是确保长期有效性的关键。定期进行课程回顾，参考学员的反馈和学习数据，不断调整和优化课程设计、内容呈现和评估机制。

（六）挑战与应对策略

1.学员参与度

学员的参与度是在线培训的一项挑战。为了应对这一问题，可以采用激励机制，设置奖励机制、证书认证等，提高学员参与的积极性。

2.技术障碍

学员可能面临技术障碍，如网络连接问题、设备兼容性等。为了解决这一挑战，提供清晰的技术支持指南，定期进行技术培训，确保学员能够顺利使用在线学习平台。

3.内容质量和更新

在线培训课程的内容质量和时效性是一个持续关注的问题。制定严格的内容质量标准，确保课程内容的准确性和实用性。同时，定期更新课程内容，与行业发展和学科新进展保持同步。

4.学员个体差异

学员个体差异较大，其中包括学科背景、学习习惯、兴趣等方面。因此，建立个性化的学习支持机制，通过灵活的学习路径设计和定期的个体化指导，满足不同学员的学习需求。

成功开发在线培训课程需要综合考虑多个关键要素，从课程设计、技术基础、学习体验到评估机制和实施策略等方面。只有全面考虑到这些要素，结合实际情况精心打磨，才能够确保在线培训课程的质量和有效性。在未来，随着科技的不断创新和教育模式的不断演进，在线培训将继续发挥重要作用，为学员提供更为灵活、便捷、个性化的学习体验，推动教育的进步。

二、虚拟学习环境的构建与优化

随着科技的不断发展，虚拟学习环境（VLE）作为一种创新的教育模式，已经在教育领域取得了显著的成就。虚拟学习环境通过整合多媒体、互动性和个性化学习，为学生提供了更灵活、便捷、跨时空的学习体验。本书将深入探讨虚拟学习环境的构建与优化，包括设计原则、技术基础、学习体验、管理与评估等方面。

（一）虚拟学习环境的设计原则

1.用户导向设计

虚拟学习环境的设计应该以用户为中心，关注学生的需求和体验。通过用户导向的设计原则，保证虚拟学习环境的界面清晰、功能易用，使学生能够轻松地就进行导航和操作。

2. 个性化学习路径

虚拟学习环境应该支持个性化学习路径的设计。通过分析学生的学科背景、学习进度和兴趣，提供定制化的学习路径，帮助每个学生更有效地学习和掌握知识。

3. 多媒体和互动性

整合多媒体元素和互动性是虚拟学习环境的重要设计原则。通过图像、音频、视频等多媒体形式呈现知识，提高学生对信息的理解和记忆。同时，增加互动性元素，如在线讨论、实时反馈，促使学生可以更积极地参与学习。

4. 可访问性和多设备适配

确保虚拟学习环境具有良好的可访问性，能够满足不同学生的特殊需求，如残障学生或非母语学生。另外，应保证虚拟学习环境在不同设备上的适配性，从而方便学生在 PC、平板、手机等设备上都可以无缝切换学习。

（二）虚拟学习环境的技术基础

1. 学习管理系统（LMS）

学习管理系统是虚拟学习环境的核心组成部分。它包括课程管理、学员管理、进度跟踪、成绩管理等功能，为教师和学生提供一个集中管理和交流的平台。

2. 虚拟现实（VR）和增强现实（AR）技术

虚拟现实和增强现实技术为虚拟学习环境增添了全新的维度。通过 VR 和 AR 技术，学生可以在虚拟场景中进行互动学习，模拟实际操作，提高学习的真实感和参与度。

3. 云计算和大数据分析

云计算技术为虚拟学习环境提供了强大的存储和计算能力，使学生能够随时随地访问需要的学习资源。大数据分析则可以通过分析学生的学习行为和表现，提供个性化的学习建议和改进方案。

4. 人工智能（AI）和自适应学习系统

引入人工智能和自适应学习系统，使虚拟学习环境更具智能化。通过 AI 算法，系统可以根据学生的学习表现调整教学内容和难度，为其提供个性化的学习支持。

（三）学习体验的优化

1. 全面的学习资源

虚拟学习环境应该提供丰富的学习资源，包括文字资料、图书、视频课程、实验模拟等多种形式。这将有助于满足不同学生的学习需求，提供更全面的学习体验。

2. 社交学习和合作机会

创建社交学习和合作机会，帮助学生建立学习社区。通过在线讨论、小组项目等方式，促进学生之间的交流和合作，增强学习氛围，提升学习效果。

3. 实时反馈和评估

提供实时的学习反馈和评估机制，帮助学生更好地了解自己的学习进度和水平。及时的反馈可以激发学生的学习兴趣，同时为教师提供及时调整教学策略的依据。

4. 个性化学习支持

通过个性化学习支持，为学生提供定制化的学习建议和辅导。这可以包括在线导师、学术顾问等，为学生提供针对性的帮助，解决学习中遇到的问题。

（四）管理与评估机制

1. 课程管理和进度跟踪

虚拟学习环境应该具备完善的课程管理和进度跟踪机制。教师能够方便地管理课程内容，更新教学资料，并实时追踪学生的学习进度。这有助于提供及时的干预和支持，确保学生按计划完成学业。

2. 学员管理和个性化数据分析

学员管理系统不仅仅是为了追踪学生的基本信息，还应该整合个性化数据分析功能。通过收集学生的学习数据，如点击率、答题情况、学习时间等，系统可以生成学生学习模式的个性化报告，为教师提供更深入的了解和指导依据。

3. 成绩管理和证书认证

成绩管理系统应该能够自动化评估学生的作业和考试，为其提供详细的成绩单。此外，虚拟学习环境还可以支持在线证书认证，为学生提供一种可衡量的学习成果，并增加个人学习动力。

4. 反馈机制与持续改进

建立有效的反馈机制，收集学生、教师以及管理人员的意见和建议。通过定期的反馈调查、问卷调查等方式，获取各方对虚拟学习环境的评价，以便进行持续改进和优化。

三、在线培训平台的社交化功能

随着互联网的不断发展，在线培训平台作为一种创新的教育形式，逐渐崭露头角。为了更好地满足学员的学习需求，许多在线培训平台在其系统中加入了丰富的社交化功能。本节将深入探讨在线培训平台的社交化功能，包括设计原则、具体功能、优势与挑战等方面。

（一）设计原则

1. 用户导向设计

社交化功能的设计应以用户为中心，关注用户的需求和体验。通过用户导向的设计原则，确保社交功能的界面友好、操作简便，使学员能够轻松地与平台进行互动。

2. 个性化社交体验

考虑到学员的个体差异，社交功能应支持个性化的体验。平台可以根据学员的兴趣、学科背景和学习历史，提供个性化的社交推荐，使学员更容易找到志同道合的学习伙伴。

3. 多样化的互动形式

社交功能不应局限于单一的互动形式。除了传统的文字交流，还应支持多样化的互动方式，如语音交流、视频分享、在线讨论、小组项目等，以满足学员不同的社交偏好。

4. 整合学习与社交

社交化功能应与学习内容紧密结合，实现学习与社交的有机整合。通过在学习过程中加入更多的社交元素，促使学员更深入地参与课程，提高学习的趣味性和参与度。

（二）具体功能

1. 在线社交平台

提供学员一个专属的在线社交平台，类似于社交网络，使他们能够建立个人资料、关注其他学员、分享学习心得、发布学术观点等。这种平台可以成为学员之间交流互动的主要场所。

2. 实时聊天与讨论群组

引入实时聊天和讨论群组功能，使学员能够随时随地进行即时沟通。通过创建不同主题的群组，学员也可以方便地组织讨论、分享资源，促进更深入的学科交流。

3. 学习圈子和社群

创建学习圈子和社群，让学员在特定领域或主题下聚集。这种社交单元可以以小组项目、兴趣小组等形式存在，能为学员提供更深度的学科交流和合作机会。

4. 个人动态和学习墙

学员的个人动态和学习墙是展示个体学习成果和思考的空间。学员可以在学习墙上分享学习笔记、完成的作业、参与的项目等，让学习更具有可见性和互动性。

5. 学员评价与推荐系统

引入学员评价与推荐系统，学员可以对课程、教师和学习资源进行评价，提供宝贵的反馈信息。系统则根据学员的学习历史和评价，推荐相关课程或学习资源，提升学习的个性化体验。

（三）优势与挑战

1. 优势

（1）促进学习氛围

社交化功能可以在在线培训平台上营造积极的学习氛围。学员可以互相鼓励、分享学习心得，从而增强自己学习的积极性和主动性。

（2）拓宽学习视野

社交化功能能够帮助学员拓展学习视野，结交来自不同地区和不同背景的学习伙伴。这种多元文化的交流会有助于学员更全面地了解各种学科和观点。

（3）提升学习效果

通过互动、合作和交流，学员能够更深入地理解学科知识。社交化功能有助于形成学习社群，促进学员之间的合作学习，提升整体学习效果。

（4）个性化推荐

社交化功能中的评价和推荐系统可以根据学员的兴趣和学习历史，为其提供个性化的课程和学习资源推荐，增强学习的针对性和吸引力。

2. 挑战

（1）隐私和安全问题

社交化功能涉及学员个人信息的共享和交流，因此隐私和安全问题是一个潜在的挑战。平台需要制定严格的隐私保护政策，确保学员的个人信息不会被滥用或泄漏。

（2）社交噪声

过多的社交互动可能导致社交噪声，影响学员的专注和学习效果。在线培训平台需要设计有效的筛选和管理机制，防止社交噪声对学员的学习造成干扰。

（3）参与度不均衡

在社交化功能中，可能出现一部分学员参与度较高，而另一部分学员较少参与的情况。这可能导致社交功能的有效性降低，平台需要采取措施去鼓励更多学员积极参与。

（4）技术和数字鸿沟

在一些地区，特别是一些发展中国家，可能存在技术和数字鸿沟。部分学员可能由于网络不稳定、设备不足等原因难以充分利用社交功能，从而产生不平等的学习体验。

（四）应对挑战的策略

1. 隐私和安全问题

为了解决隐私和安全问题，平台可以采取以下策略：

（1）制定明确的隐私政策：明确规定学员的个人信息如何被收集、使用和保护，向学员透明地说明隐私政策。

（2）强化数据安全措施：采用先进的加密技术和安全协议，确保学员的个人信息在传输和存储过程中能得到有效保护。

（3）提供隐私设置选项：为学员提供个性化的隐私设置选项，使其能够控制信息的分享范围和可见性。

2. 社交噪声

为了应对社交噪声，平台可以采取以下策略：

（1）设计智能筛选机制：引入智能算法，根据学员的兴趣和参与历史，自动过滤和推荐相关的社交内容，减少不相关信息的干扰。

（2）设立专业学习社区：创建专门的学科学习社区，将学员聚集在共同的专业领域，减少与学科无关的社交内容。

（3）鼓励有价值的互动：设立奖励机制，鼓励学员进行有价值的互动，如分享高质量的学习资源、参与深度讨论等。

3. 参与度不均衡

为了解决参与度不均衡的问题，平台可以采取以下策略：

（1）提供多样化的参与方式：设计多样化的社交参与方式，满足不同学员的参与偏好，包括文字交流、语音讨论、小组合作项目等。

（2）设计激励机制：引入积分制度、徽章奖励等激励机制，鼓励学员去积极参与社交互动，提高整体的社交参与度。

（3）个性化推送和提醒：通过个性化推送和提醒功能，及时向学员推送其感兴趣的社交内容和活动，提醒学员参与互动。

4. 技术和数字鸿沟

为了克服技术和数字鸿沟，平台可以采取以下策略：

（1）提供离线支持：设计支持离线学习和社交的功能，使学员在网络不稳定或无法连接的情况下仍能够参与社交活动。

（2）优化平台性能：优化在线培训平台的性能，降低对网络带宽和设备性能的要求，提高在低技术设备条件下的可访问性。

（3）提供技术培训：为学员提供基础的技术培训，使其能够更好地利用在线社交功能，缩小数字鸿沟。

（五）未来发展趋势

1. 更智能的社交化功能

未来，社交化功能将更加智能化。通过引入人工智能技术，平台可以更精准地理解学员的兴趣和学科偏好，为其提供更个性化的社交体验。

2. 虚拟现实和增强现实的应用

虚拟现实（VR）和增强现实（AR）技术将进一步融入社交化功能中。学员可以通过虚拟社交空间进行面对面的虚拟交流，增强社交互动的真实感和沉浸感。

3. 更丰富的多媒体社交体验

社交化功能将更加注重多媒体体验。除了文字交流外，学员还可以通过语音、视频、图像等多媒体形式进行更丰富的社交互动，提升社交体验的多样性。

4. 跨平台社交

未来的在线培训平台将更加注重跨平台社交。学员可以通过不同设备（PC、平板、手机）无缝切换社交体验，实现更便捷的社交互动行为。

在线培训平台的社交化功能为学员提供了更丰富、更互动的学习体验，有助于促进学员之间的交流合作，提升整体学习效果。设计社交化功能时，需要遵循用户导向的设计原则，注重个性化体验，多样化互动形式，并整合学习与社交。具体功能方面包括在线社交平台、实时聊天与讨论群组、学习圈子和社群、个人动态和学习墙、学员评价与推荐系统等。

优势方面，社交化功能能够促进学习氛围，拓宽学习视野，提升学习效果，并实现个性化推荐。然而，其中也存在挑战，如隐私和安全问题、社交噪声、参与度不均衡、技术和数字鸿沟。为了应对这些挑战，平台可以采取相应的策略，如制定明确的隐私政策、设计智能筛选机制、设立激励机制等。

未来发展趋势包括更智能的社交功能、虚拟现实和增强现实的应用、更丰富的多媒体社交体验以及跨平台社交。这些趋势将能进一步提升在线培训平台的社交性和学习体验。

总体而言，社交化功能不仅是在线培训平台的发展方向，也是满足学员社交需求、提高学习参与度的重要手段。通过不断创新和优化，社交化功能将成为在线培训的核心元素，为学员提供更为丰富、个性化的学习体验。

第三节　移动学习的应用与挑战

一、移动学习平台的设计原则

移动学习平台的设计涉及到用户界面、功能性、互动性、内容呈现等多个方面，目的是在移动设备上提供高效、灵活、用户友好的学习体验。设计者需要考虑到多种因素，以确保平台能够满足不同用户群体的需求，促进学习过程的顺利进行。以下是一些关键的设计原则，帮助设计师创建出功能强大而又简单易用的移动学习平台。

（一）响应式设计

移动学习平台的首要设计原则是响应式设计。由于移动设备的屏幕尺寸和分辨率差异较大，平台必须能够适应不同的屏幕大小和方向。响应式设计可以确保在各种设备上都提供一致的用户体验，无论是在手机、平板还是笔记本电脑上。

（二）用户友好的界面

用户友好的界面设计是移动学习平台成功的关键。界面应该简单直观，提供清晰的导航和易于理解的布局。用户应能够轻松地找到所需的功能和信息，而无需经过复杂的学习过程。图标、按钮和菜单的设计应符合用户的直觉，从而降低学习曲线。

（三）个性化学习体验

个性化学习体验是提高用户参与度和学习效果的关键。移动学习平台应该具备智能推荐系统，根据用户的学科偏好、学习历史和进度，推荐个性化的学习内容。这有助于提高用户的兴趣和参与度，使学习更具针对性和效果。

（四）多模式学习支持

不同用户有不同的学习偏好，因此移动学习平台应该支持多种学习模式。这包括文字、图像、音频和视频等多种形式的学习内容。通过提供多样性的学习资源，平台能够更好地满足用户的需求，使学习过程更为生动和富有趣味性。

（五）跨平台兼容性

移动学习平台设计时必须考虑跨平台兼容性，确保在不同操作系统（iOS、Android 等）和浏览器上都能够正常运行。这会有助于扩大用户群体，使更多人能够方便地使用平台进行学习。

（六）及时反馈和评估

为了提高学习效果，移动学习平台应该提供即时的反馈和评估机制。通过实时的测验、练习和评估，用户能够及时了解自己的学习进展，发现和纠正错误。这有助于激发其学习动力，促使用户更加专注于学习过程。

（七）社交互动和合作

社交互动是学习的重要组成部分。移动学习平台应该支持学生之间的互动和合作，包括讨论论坛、协作项目等功能。社交学习可以促进知识共享，提高学习效果，并增强学生之间的联系。

（八）离线学习支持

考虑到移动设备使用的特殊性，移动学习平台应该提供离线学习支持。用户可以在没有网络连接的情况下访问之前下载的学习资源，这样可以确保学习的连续性和灵活性。

（九）数据安全和隐私保护

在移动学习平台的设计中，数据安全和隐私保护是至关重要的原则。用户的学习数据应该得到妥善保护，平台必须符合相关的隐私法规和标准，确保用户的个人信息不被滥用或泄漏。

（十）不断改进和创新

移动学习平台的设计应该具有不断改进和创新的精神。技术、学科和用户需求都在不断变化，因此平台应该具备灵活性，能够随时跟上新技术和教学方法的发展，以确保始终保持在学习科技的前沿。

综合而言，移动学习平台的设计原则涵盖了多个层面，从界面设计到功能性和用户体验等方面都需要综合考虑。只有在这些设计原则的指导下，移动学习平台才能够为用户提供一流的学习体验，以促进知识的传播和应用。

二、移动学习的安全性与隐私保护

移动学习作为现代教育领域的重要组成部分，为学生提供了更加便捷和灵活的学习方式。然而，随着移动学习平台的广泛应用，安全性与隐私保护问题逐渐引起人们的关注。本节将深入探讨移动学习的安全性与隐私保护问题，分析相关挑战和解决方案，以确保学生和教育机构在移动学习中能够享受到安全可靠的学习环境。

（一）移动学习平台的安全挑战

1. 数据安全

移动学习平台涉及大量的个人学习数据，包括学习记录、测验成绩、个人信息等。这些数据的安全性直接关系到学生的隐私和学校机构的信任。数据泄漏、恶意攻击和未经授权的访问都是可能的威胁，因此保护学习数据的安全性至关重要。

2. 身份认证与访问控制

移动学习平台需要有效的身份认证和访问控制机制，以确保只有合法用户才能够访问敏感信息和学习资源。密码安全、多因素认证等技术需要得到充分的应用，以防止非法访问和身份伪造情况出现。

3. 移动设备安全性

学生通常使用各种类型的移动设备来访问学习平台，这包括手机、平板和笔记本电脑。移动设备的安全性问题涉及到设备的防护、数据的加密、应用的安全性等方面，需要综合考虑，以防范设备级别的攻击和威胁。

4. 网络安全

移动学习依赖于网络连接，因此网络安全问题也是一个重要挑战。恶意软件、网络钓鱼和网络攻击都可能危及学生和教育机构的安全。对通信数据进行加密、建立安全的网络连接是确保网络安全的重要手段。

（二）隐私保护问题

1. 个人信息隐私

学生在移动学习平台上留下的个人信息包括姓名、年龄、联系方式等，需要得到妥善保护。教育机构必须建立合规的隐私政策，明确个人信息的均收集、使用和保护规则，同时采用有效的技术手段确保这些信息不被滥用或泄漏。

2. 学习行为隐私

移动学习平台记录学生的学习行为，包括浏览记录、学习时间、答题情况等。这些学习行为数据可能包含敏感信息，因此需要采取措施确保这些数据的隐私性。用户应该对其学习行为数据拥有一定的控制权，并能够选择是否去分享这些信息。

3. 第三方服务隐私

许多移动学习平台可能整合了第三方服务，如社交媒体登录、外部学习资源链接等。这些第三方服务可能收集用户信息，因此在整合这些服务时，需要仔细考虑隐私保护问题，并确保这些服务的隐私政策与学校的政策保持一致。

（三）移动学习平台的安全与隐私保护解决方案

1. 强化数据加密

对于存储在移动学习平台上的敏感数据，必须采用强大的加密算法进行加密。这包括数据传输过程中的加密，以及数据存储在服务器上的加密。这可以有效地防止未经授权的访问和数据泄漏出去。

2. 完善的身份认证机制

强化身份认证机制，采用多因素认证技术，确保只有合法用户才能够访问移动学习平台。定期更新和强化密码策略，及时撤销失效账户，是保障身份认证安全的重要手段。

3. 隐私政策与用户协议

移动学习平台应制定明确的隐私政策与用户协议，明确个人信息的收集、使用和共享规则。用户在注册和使用平台时应明确同意相关协议，以建立用户对个人信息的知情权和控制权。

4. 安全培训与意识提升

为学生、教育工作者以及平台管理员提供安全培训，提高他们对安全问题的认识和应对能力。教育机构应该制订并推广关于网络安全和隐私保护的培训计划，确保相关人员能够妥善处理各类安全问题。

5. 定期安全审计与漏洞修复

对移动学习平台进行定期的安全审计，发现潜在漏洞并及时修复。实施漏洞修复的过程中，可以采用漏洞奖励计划，鼓励独立安全研究人员发现并报告潜在的安全问题，以便得到及时解决。

6. 匿名化和去标识化处理

为了保护学生的隐私，移动学习平台可以采用匿名化和去标识化的方法处理学习数据。通过将个人身份信息与学习数据分离，平台可以在保障学习效果的同时降低个体隐私的风险。

7. 用户自主权和选择权

为用户提供更多的自主权和选择权，使其能够控制自己的个人信息和学习行为数据。用户应该能够选择是否分享学习行为数据，以及与第三方服务的交互方式。透明的数据使用政策将有助于建立用户信任。

8. 安全监控与应急响应

建立安全监控系统，实时监测平台的运行状况，及时发现异常活动并采取相应的应急响应措施。在发生安全事件时，要能够迅速进行调查、报告和修复，降低潜在的损害。

9. 合规性与法规遵循

移动学习平台必须遵守相关的法规和合规性要求，如欧洲通用数据保护法规（GDPR）、美国儿童在线隐私保护法（COPPA）等。建立符合法规要求的隐私政策和数据处理流程，确保平台在法律框架内运营。

10. 持续改进和学习

安全性和隐私保护是一个不断演进的过程。移动学习平台的设计者和管理者应该保持对新安全威胁和技术进展的敏感性，不断学习并改进平台的安全机制。通过定期的安全演练和模拟攻击，去不断提升平台的应对能力。

移动学习的安全性与隐私保护是保障学生和教育机构权益的基础。只有通过科学合理的安全措施和隐私保护机制，学生和教育机构才能在移动学习中享受到安全、可靠、愉悦的学习环境。在未来，随着技术的不断发展和社会的不断变革，移动学习平台的安全性和隐私保护将面临更多的挑战，需要各方共同努力，不断优化和完善相关政策和技术手段，以推动移动学习的健康发展。

第四节　多媒体教育资源开发与管理

一、多媒体资源在培训中的创新应用

随着科技的迅速发展，多媒体资源在培训领域的应用日益丰富和创新。传统的培训方式逐渐演变为更具互动性、生动性和个性化的多媒体培训模式。本节将深入探讨多媒体资源在培训中的创新应用，从视频、音频、图像等多媒体形式的角度，分析其在提升学习效果、增强参与度和拓展教学方法等方面的创新性应用。

（一）视频资源的创新应用

1.教学视频

传统的教学视频已经普及，但创新在于制作更富有趣味性和互动性的视频内容。采用生动的动画、实景拍摄和特效处理，使教学内容更生动、易懂。同时，视频中引入交互元素，例如在视频中可以设置问答环节，让学生参与其中，提高学习效果。

2.虚拟实境（VR）和增强实境（AR）教学

通过VR和AR技术，学生可以沉浸式地体验虚拟场景，获得更加直观的学习体验。例如，在医学培训中，学生可以通过VR技术进行解剖学学习，或者在AR应用中观察三维模型。这种创新应用极大地拓展了传统教学的边界。

3.用户生成内容

鼓励学员自己制作教学视频，分享学习心得，形成用户生成内容（User-GeneratedContent）。这样的创新应用不仅促进了学员之间的互动和合作，还能够丰富培训内容，使学员可以更深入地理解和吸收知识。

（二）音频资源的创新应用

1.播客（Podcast）

播客作为一种便携式的音频媒体，被广泛运用在培训领域。通过制作专题播客，讲解专业知识、行业动态等，帮助学员在日常生活中进行随时随地的学习。这种形式的创新应用既方便了学员，也提高了学习的灵活性。

2.音频导览

在实地培训或参观活动中，通过音频导览向学员提供实时解说和导引，使学员更好地理解和感知周围环境。这种创新应用将音频与实地体验相结合，提升了学员的学习效果。

3. 语音识别技术

通过语音识别技术，学员可以通过语音进行提问、回答问题，甚至进行语音笔记。这种创新应用使学员从书面输入的限制中被解放出来，更自然地进行交流和学习。

（三）图像资源的创新应用

1. 信息图表和图示

将大量的信息通过图表、图示的方式呈现，帮助学员更好地理解和记忆知识点。这种创新应用使得学员在短时间内获取大量信息，提高了学习的效率。

2. 互动图像

在培训中引入互动图像，例如可拖动的图形、可点击的热区等，使学员能够更主动地参与到图像中，去深入了解图像所代表的内容。这种创新应用增加了学习的趣味性和参与度。

3. 虚拟现实（VR）图像学习

借助 VR 技术，学员可以在虚拟空间中观察和学习图像，例如在建筑培训中通过 VR 技术漫游建筑内部。这种创新应用提供了更为直观和身临其境的学习体验。

（四）创新教学方法的多媒体应用

1. 游戏化教学

将游戏化元素融入培训课程，通过角色扮演、积分系统等方式激发学员的学习兴趣。这种创新应用提高了学员的参与度和动力，使学习过程更富有趣味性。

2. 自适应学习平台

利用多媒体技术，打造自适应学习平台，根据学员的学习进度、兴趣和学科特点，智能地调整学习内容和难度。这种创新应用确保每个学员都能够在适合自己的学习环境中取得最佳效果。

3. 社交学习平台

构建社交学习平台，利用多媒体资源进行学员之间的交流和互动。通过讨论区、即时消息等功能，学员可以实时分享学习心得、解决问题，实现学习社群的建立。这种创新应用促进了学员之间的合作和共享，拓展了学习的社交维度。

（五）多媒体资源在培训中的益处

1. 提高学习效果

多媒体资源能够以更直观、生动的方式呈现知识，帮助学员更好地理解和记忆学习内容。例如，通过视觉、听觉等多种感官的刺激，学员更容易将抽象的概念转化为具体形象理解，提高学习效果。

2. 增强参与度

多媒体资源使得培训内容更具吸引力，学员更愿意投入到学习过程中。例如，通过交互式的视频、音频、图像等形式，学员能够积极参与，提问、回答问题，促进学员的主动学习。

3. 个性化学习

多媒体资源能够为学员提供个性化学习的机会。通过自主选择学习内容、参与互动和制订学习计划，学员能够更好地适应自己的学习风格和节奏，实现个性化学习路径的构建。

4. 提升培训的灵活性

多媒体资源的创新应用使得培训过程更加灵活。学员可以随时随地通过各种设备访问学习内容，适应自己的时间和地点，提高了学习的便捷性和自由度。

5. 拓展教学方法

多媒体资源的创新应用为教师提供了更多灵活的教学手段。教师可以根据学员的需求和特点去选择最适合的多媒体形式，增强教学的灵活性和针对性。

（六）面临的挑战与解决方案

1. 技术设备和网络要求

挑战：多媒体资源的使用需要一定的技术设备和网络支持，但学员的设备和网络环境差异较大。

解决方案：通过提供适应不同设备和网络环境的多媒体资源，例如提供不同分辨率的视频、支持离线学习的功能等，以确保学员能够顺利访问学习内容。

2. 创新内容的制作难度

挑战：制作高质量的创新多媒体内容需要专业的技能和较高的成本。

解决方案：培训机构可以与专业的制作团队合作，也可以利用现有的制作工具和平台，简化内容制作流程，提高制作效率。

3. 学员对多媒体学习的接受程度

挑战：部分学员可能对新的多媒体学习方式产生抵触情绪，导致学习效果降低。

解决方案：在引入多媒体资源时，教育机构可以进行足够的宣传和培训，帮助学员理解多媒体学习的益处，提高其对新学习方式的接受程度。

4. 隐私和安全问题

挑战：在使用多媒体资源的过程中，可能涉及到学员的个人信息，故而隐私和安全问题需要得到重视。

解决方案：建立健全的隐私政策，采取合适的安全措施，确保学员的个人信息得到妥善保护，以建立学员对学习平台的信任。

多媒体资源在培训中的创新应用为学员提供了更富有趣味性和灵活性的学习体验。通过结合视听、互动和社交等多媒体形式，培训不再仅仅是信息的传递，更是一种互动、参与和个性化的学习过程。尽管面临一些挑战，但通过合理的解决方案和不断的创新，多媒体资源在培训领域的应用将会迎来更为广阔的发展前景。

二、开发与管理高质量培训视频

随着数字化时代的发展，培训视频成为一种广泛应用的教育工具。高质量的培训视频不仅能够提升学员的学习体验，还能有效传递知识和技能。本节将深入探讨如何开发和管理高质量的培训视频，涵盖从策划、制作、发布到评估等方面的关键步骤和最佳实践。

（一）策划阶段

1. 定义培训目标

在开始开发培训视频之前，明确培训的目标是关键的一步。了解学员需要掌握的知识、技能，以及培训的期望结果，有助于确定视频的内容和形式。

2. 确定目标受众

不同受众可能有不同的学习需求和背景，因此在策划阶段要明确并定义目标受众。这有助于确定内容的难度、深度和风格，以更好地满足受众的学习需求。

3. 制定详细的大纲和脚本

在培训视频的制作过程中，一个详细的大纲和脚本是不可或缺的。大纲可以帮助确保视频内容的完整性和逻辑性，而脚本则是导演、演员和制片人的指导书。

4. 确定制作团队和资源

根据培训视频的规模和复杂度，确定所需的制作团队和资源。这可能包括导演、摄影师、编辑师、脚本作者等。确保每个团队成员都了解并共享培训目标。

（二）制作阶段

1. 选用适当的设备和技术

选择适当的摄像设备和技术是制作高质量培训视频的关键。高分辨率的摄像机、清晰的音频设备以及合适的视频编辑软件都是保障视频质量的关键因素。

2. 注重视频内容的可理解性

确保视频内容易于理解对于培训视频至关重要。采用简明扼要的语言、清晰的图示和示范，避免过于专业化的术语，以提高受众的理解度。

3. 优化视频的时长

保持视频时长在合理范围内，以避免学员疲劳和失去兴趣。根据内容复杂度和学员的注意力时长，来精心设计视频的时长，通常在 5 到 15 分钟之间较为合适。

4.采用交互元素

在视频中引入交互元素，如问题与答案、弹幕互动等，如此可以提高学员的参与度。这样的设计不仅能够促进学习，还能够检验学员的理解水平。

5.投入专业编辑

视频编辑是确保高质量的制作的重要环节。专业的编辑团队能够通过修剪、剪辑、添加特效等手段，提高视频的流畅性、视觉吸引力和专业感。

（三）发布阶段

1.选择合适的平台

选择一个适合你培训视频的平台进行发布是至关重要的。可以选择在线学习平台、企业内部培训平台、视频分享平台等，根据目标受众的使用习惯和便利性作出相关选择。

2.提供多种访问方式

确保培训视频可以通过多种方式访问，包括在线观看、下载、离线观看等。这有助于满足学员不同的学习需求和网络环境。

3.设计引人入胜的封面和描述

一个引人入胜的封面和简洁明了的描述可以吸引更多的学员点击观看。封面图要生动、有吸引力，并能够反映视频内容的亮点。描述部分则要清晰地表达视频的主题、目标和受众，让学员可以一目了然。

4.考虑移动设备兼容性

鉴于学员可能使用各种设备观看培训视频，确保视频在不同大小的屏幕上都能够正常播放和清晰显示，是非常重要的。视频的制作和发布要考虑移动设备兼容性，以提供更广泛的观看渠道。

5.制订推广计划

制订一份有效的推广计划，包括通过社交媒体、电子邮件、内部通知等方式宣传培训视频。提前建立起学员对视频的期望和兴趣，以增加观看率和学习效果。

（四）评估与改进

1.设定评估指标

在发布后，设定明确的评估指标，以衡量培训视频的效果。这些指标可以包括观看率、学员参与度、学习成果等。通过数据分析，及时了解培训效果。

2.收集学员反馈

积极收集学员的反馈意见，了解他们对培训视频的看法。可以通过在线调查、问卷调查、社交媒体互动等方式，来获取学员的意见和建议。

3. 分析数据并改进

利用收集到的数据和学员反馈，进行深入的分析。了解学员的学习习惯、关注点和不足之处，根据分析结果进行培训视频的改进，增强培训效果。

4. 持续改进

培训视频是一个不断优化的过程。不断收集数据、获取反馈，及时调整培训视频的内容和形式，以适应学员的需求和不断变化的学习环境。

（五）保障质量与可维护性

1. 建立质量管理体系

建立一个完善的质量管理体系，包括从制作到发布的各个环节。确保在每个阶段都有相应的质量控制措施，以保障培训视频的高质量。

2. 制订维护计划

培训视频不是一成不变的，随着知识更新和学员需求的变化，视频内容可能需要进行更新和修改。制订定期的维护计划，及时对视频进行修订，保持内容的新鲜度和准确性。

3. 定期审核与更新

定期对已发布的培训视频进行审核，检查里面是否存在过时的内容、错误的信息或者技术问题。根据审核结果进行更新，以保障培训视频的质量和可维护性。

（六）面临的挑战与解决方案

1. 技术设备和资源限制

挑战：可能受到有限的技术设备和资源的限制，导致视频制作水平有所受限。

解决方案：合理规划使用已有的技术设备和资源，也可以考虑外包制作，以获取更专业的制作水平。

2. 学员学科背景不同

挑战：学员的学科背景、水平不同，制作过程中难以满足所有学员的学习需求。

解决方案：在视频中使用多样的示例和案例，提供不同难度的问题，以满足不同学员的学科水平和需求。

3. 技术更新和适应新平台

挑战：技术迅速更新，新的观看平台不断涌现出来，可能需要不断适应和更新制作流程。

解决方案：保持对新技术和平台的关注，灵活调整制作流程，以适应不断变化的技术环境。

高质量培训视频的开发与管理是一个综合性的工程，需要从策划、制作、发布到评估等多个方面综合考虑。通过精心的策划、专业的制作和科学的评估，可以确保培训视频在提升学员学习体验、传递知识和技能方面发挥最大的作用。同时，及时地维护和更新也是保障培训视频长期有效性的重要手段。随着技术和学习环境的不断变化，不断学习和改进，才能更好地适应未来的培训需求。

三、多媒体资源的更新与维护机制

在数字时代，多媒体资源在教育、培训和信息传播中扮演着重要角色。然而，这些资源并非一劳永逸，而是需要不断去更新和维护，以保持其时效性、准确性和吸引力。本节将深入探讨多媒体资源的更新与维护机制，涵盖了制订更新计划、维护内容质量、技术适应和用户反馈等关键方面。

（一）制订更新计划

1. 确定更新频率

在制订更新计划时，首先需要明确更新的频率。不同类型的多媒体资源可能就有不同的更新周期，例如，新闻报道可能需要每天更新，而培训视频可能每季度或每年更新一次。根据资源类型和使用需求，合理设定更新频率。

2. 考虑内容生命周期

不同类型的多媒体资源有不同的内容生命周期。有些内容可能因为时效性很高而迅速失效，而另一些内容可能更具持久性。因此，在更新计划中要考虑到不同内容的生命周期，及时淘汰过时的内容，注重保留仍然有价值的资源。

3. 整合用户反馈

用户反馈是更新计划的重要参考依据之一。通过收集用户的意见、建议和需求，了解用户对现有资源的满意度和期望，有助于确定更新的方向和重点。建立反馈机制，鼓励用户积极参与其中，形成良好的用户与平台互动。

（二）维护内容质量

1. 定期审核内容

定期对已发布的多媒体内容进行审核是维护质量的基本手段。确保内容准确、完整，并修复可能存在的错误。这包括文本、图像、音频和视频等各个方面。

2. 更新引用和参考资料

多媒体资源中常常涉及到引用和参考资料，如文章、图表、数据等。确保这些引用和参考资料的信息仍然有效，及时更新或更换过时的内容，以保持资源的准确性和权威性。

3. 保持一致的风格和标准

多媒体资源的一致性对于用户体验和品牌形象非常重要。在更新和维护过程中，要确保所有资源保持一致的风格和标准，其中包括排版、字体、颜色等，以提升整体的专业感和可读性。

4. 修复技术问题

随着技术的不断发展，多媒体资源可能受到技术问题的影响，例如兼容性、加载速度等。定期检查并修复这些技术问题，以确保用户能够顺利访问和使用需要的资源。

（三）技术适应与升级

1. 跟踪技术发展趋势

保持对技术发展趋势的敏感性是多媒体资源维护的重要一环。随着新技术的不断涌现，了解并应用先进的技术手段，以提高资源的交互性、体验性和可用性。

2. 优化多媒体格式和编码

随着网络和设备的发展，优化多媒体资源的格式和编码是提升性能和用户体验的关键。采用先进的压缩算法、优化图像和音频质量，以保证在各种网络条件下都能提供良好的播放体验。

3. 移动设备兼容性

确保多媒体资源在不同移动设备上的兼容性是必要的。这包括响应式设计、移动端优化等措施，以确保用户在手机、平板等设备上同样能够顺畅访问和使用资源。

（四）用户培训与支持

1. 提供培训资源

定期提供培训资源，帮助用户更好地利用多媒体资源。这可以包括视频教程、使用指南、常见问题解答等。培训资源的及时更新也是提升用户学习效果的关键。

2. 提供技术支持渠道

建立有效的技术支持渠道，使用户在使用过程中遇到问题时能够及时获得相应的帮助。这可以通过在线聊天、邮件支持、社交媒体等方式实现。

3. 定期举办培训活动

不定期地举办培训活动，帮助用户更好地了解和使用多媒体资源。这可以是在线研讨会、工作坊、线下培训等形式，以提高用户的使用水平和体验。

（五）数据分析与用户反馈

1. 制定关键指标

制定关键的数据指标，例如用户访问量、使用时长、互动率等，以评估多媒体资源的效果。这些指标可以帮助评估资源的受欢迎程度和使用情况，为更新和维护提供数据支持。

2. 利用分析工具

使用专业的数据分析工具，对用户行为和资源使用情况进行深入分析。通过分析用户浏览路径、停留时间、互动行为等，获取更为全面的用户体验数据，为改进和优化提供依据。

3. 用户反馈机制

建立有效的用户反馈机制，鼓励用户提供使用过程中的意见和建议。可以通过在线表单、调查问卷、社交媒体互动等方式，收集用户反馈信息，了解用户需求和痛点。

4. 及时响应用户反馈

及时响应用户的反馈是更新与维护的关键。用户在使用过程中遇到问题或提出建议时，要能够迅速回应并采取相应措施。这有助于建立用户信任，提高用户满意度。

（六）定期内容更新

1. 创新内容形式

定期创新内容形式，不仅包括更新信息，还包括采用新的表现形式和媒体形式。引入互动元素、虚拟现实（VR）或增强现实（AR）等新技术，使多媒体资源则更具吸引力和趣味性。

2. 更新行业动态和趋势

多媒体资源涉及的领域可能涉及行业动态和趋势的变化。定期更新涉及到行业发展的信息，以确保用户能获得最新的、实用的知识。

3. 定期内容推送

通过定期的内容推送，让用户获取到更新的资源信息。这可以通过邮件通知、社交媒体推送、消息提醒等方式实现。定期推送有助于提醒用户关注并使用最新的资源。

（七）版权管理和合规性

1. 确保合规性

在更新与维护过程中，要确保多媒体资源的内容是合法合规的。及时了解并遵守相关法规和政策，以免因版权或其他法律问题引发其他纠纷。

2. 管理授权与许可

对于使用他人创作的内容，要妥善管理授权与许可。保证使用的内容具有合法的授权，以防侵权问题。

3. 定期检查更新

由于法规和政策可能发生变化，要定期检查多媒体资源中的内容，确保其符合最新的法规和合规标准。

（八）面临的挑战与解决方案

1. 技术迭代带来的挑战

挑战：技术的迭代更新可能导致原有多媒体资源不再兼容或者性能下降。

解决方案：定期进行技术升级和兼容性测试，确保多媒体资源能够适应新技术环境，维护其正常运行。

2. 多样性的用户需求

挑战：用户群体多样，其需求和喜好可能相差甚远。

解决方案：通过分析用户数据和收集反馈，定期优化多媒体资源，以满足不同用户群体的需求。可以根据用户反馈，提供个性化的推荐和定制服务。

3. 维护成本的考虑

挑战：维护多媒体资源需要一定的成本和人力资源。

解决方案：合理规划维护资源的成本，采用有效的工作流程和工具，提高维护效率。可以考虑利用自动化工具进行部分维护工作，降低人力成本。

多媒体资源的更新与维护是保持其长期有效性和吸引力的关键环节。通过制订合理的更新计划、维护内容质量、技术适应和用户培训与支持，可以有效应对多样化的挑战。同时，定期的内容更新和法规合规性的管理都是保障多媒体资源可持续利用的不可忽视的方面。在不断变化的数字环境中，灵活适应，持续优化，才能确保多媒体资源在用户中保持其存在的价值和影响力。

第五节　智能化培训评估与反馈

一、智能化评估工具的设计与应用

随着科技的飞速发展，智能化评估工具在各个领域都得到了广泛的应用。这些工具不仅提高了评估的效率，还为决策者提供了更精准的数据支持。本节将深入探讨智能化评估工具的设计原则、应用领域以及其带来的影响。

（一）智能化评估工具的设计原则

1. 用户友好性

智能化评估工具的设计应注重用户友好性，使用户能够轻松使用工具进行评估。直观的界面、清晰的指导和友好的操作流程是保障用户体验的关键。

2. 定制化和灵活性

评估工具应具备一定的定制化和灵活性，能够根据不同场景和需求进行定制。用户可以根据自身的评估目标和指标选择相应的功能和模块，以满足不同层次和类型的评估需求。

3. 数据准确性和可靠性

智能化评估工具的设计必须保证所产生的数据具有高度的准确性和可靠性。这涉及到算法的设计、数据源的可信度等方面的考虑，以确保评估结果对决策具有实际指导意义。

4. 实时性和即时反馈

评估工具应具备实时性，能够迅速处理大量数据并提供即时反馈。这有助于用户及时了解到评估结果，及时调整策略和决策。

5. 数据安全和隐私保护

在设计评估工具时，必须充分考虑数据安全和隐私保护。采取加密技术、权限管理和匿名化处理等手段，确保评估过程中涉及的敏感信息得到妥善保护。

（二）智能化评估工具的应用领域

1. 教育领域

智能化评估工具在教育领域得到广泛应用。通过智能化评估，可以更精准地了解学生的学习水平、兴趣和潜力，为个性化教学提供有力支持。同时，教育管理者也可以利用智能化评估工具对教学质量、师资水平等进行评估和改进。

2. 企业管理

在企业管理中，智能化评估工具可被用于绩效评估、员工培训需求分析、团队协作效能评估等方面。通过大数据和智能算法，企业管理者可以更全面、客观地了解组织内部的运营状况，为战略决策提供一定的科学依据。

3. 健康医疗

在健康医疗领域，智能化评估工具可以用于疾病风险评估、患者健康状况监测等。通过结合传感器技术、大数据分析和人工智能，可以实时追踪患者的生理指标，提供个性化的健康管理建议。

4. 金融领域

在金融领域，智能化评估工具被广泛用于风险评估、信用评分、投资分析等。通过对市场数据、用户行为等大量信息的智能分析，可以更好地预测到金融市场的走势，提高风险控制水平。

5. 市场营销

在市场营销领域，智能化评估工具可以用于目标用户画像、市场细分、广告效果评估等。通过对用户行为和反馈的分析，市场人员可以更有针对性地制定有关营销策略，提高市场推广的效果。

（三）智能化评估工具的设计与应用

在设计智能化评估工具时，需要考虑以下关键方面：

1. 数据采集与处理

智能化评估工具的设计首先要解决的问题是数据采集与处理。这包括确定需要收集的数据类型、选择数据采集方法、建立数据存储结构等。同时，采用先进的数据处理技术，如机器学习和数据挖掘，提高对数据的利用效率。

2. 算法与模型选择

选择合适的算法和模型是智能化评估工具设计的核心。不同的应用场景可能需要不同的算法，如分类算法、回归算法、聚类算法等。在模型选择时，需要考虑算法的性能、准确性、可解释性等因素，并根据具体需求进行调整和优化。

3. 用户交互与反馈

为了提高用户体验，智能化评估工具需要考虑良好的用户交互设计和及时的反馈机制。用户在使用工具时应该能够清晰地了解评估过程，获得实时的结果反馈，并能够根据自身需要进行调整和优化。

4. 隐私与安全

在设计智能化评估工具时，隐私和安全问题是不可忽视的。合理采取数据加密、访问控制、身份验证等手段，保障用户数据的安全性和隐私权。透明地告知用户数据的用途和处理方式，建立用户信任。

5. 可扩展性

智能化评估工具应具备一定的可扩展性，能够适应不断变化的评估需求。在设计时要考虑到未来可能的业务扩展、数据规模的增长等因素，确保工具能够长期有效地被使用。

（四）智能化评估工具的应用案例

1. 智能教育评估

在教育领域，智能化评估工具可用于学生学习行为分析、教学效果评估等。通过收集学生在学习过程中的数据，如学习时间、答题情况等，通过智能算法分析学生的学习习惯和水平，为教师提供个性化的教学建议，同时也为学校领导提供决策支持。

2. 企业绩效评估

企业可以利用智能化评估工具进行绩效评估，包括员工绩效、项目进展、财务状况等。通过对各项数据的智能分析，企业管理者可以更全面地了解企业的运营状况，及时发现问题并采取措施进行调整。

3. 健康管理与风险评估

在健康医疗领域，智能化评估工具可以结合传感器技术和健康数据，对个体的健康状况进行监测和评估。这包括心率、血压、运动量等指标的实时监测，通过智能算法判断患者的健康风险，为医生提供科学依据。

4. 金融风险评估

金融机构可以利用智能化评估工具对客户的信用风险进行评估。通过对客户历史交易数据、信用历史等信息的智能分析，金融机构可以更准确地评估客户的信用状况，制定更科学的贷款额度和利率。

（五）智能化评估工具的未来发展趋势

1. 结合更多数据源

未来智能化评估工具将更多地结合各类数据源，包括社交媒体数据、物联网数据、生物医学数据等。通过综合利用多源数据，提高评估工具的全面性和准确性。

2. 强化机器学习和深度学习

未来的智能化评估工具将进一步强化机器学习和深度学习的应用。这将使评估工具更加具备自主学习和智能决策的能力，能够更好地适应复杂多变的评估场景。

3. 加强可解释性和透明度

随着智能化评估工具的广泛应用，其决策过程的可解释性和透明度变得尤为重要。未来的发展趋势包括加强对算法决策过程的解释能力，使用户能够理解评估结果的产生过程，增强用户对其的信任感。

4. 强化自动化和智能决策

未来智能化评估工具将趋向更高程度的自动化和智能决策。通过整合大数据、云计算等先进技术，评估工具能够更迅速地处理大规模数据，实现更智能的评估和决策。

5. 多模态数据整合

未来的智能化评估工具将更多地整合多模态数据，包括文本、图像、音频、视频等。通过多模态数据的综合分析，评估工具可以提供更全面、深入的评估结果，适用于更广泛的应用场景。

6. 加强隐私保护和伦理规范

随着智能化评估工具的不断普及，对于隐私保护和伦理规范的重视将愈发显著。未来的发展趋势包括建立更为严格的数据隐私保护机制，明确伦理规范，确保评估工具的合法和合规使用。

（六）面临的挑战与应对策略

1. 数据安全与隐私风险

挑战：智能化评估工具涉及大量敏感数据，可能面临数据泄漏和隐私侵犯的风险。

应对策略：采取先进的加密技术、权限管理和匿名化处理，建立健全的数据安全体系，同时加强用户隐私保护意识，明确告知用户数据的用途和处理方式。

2.算法歧视和不公平性

挑战：智能化评估工具的算法可能存在歧视性，导致不公平的评估结果。

应对策略：强调算法的公正性和公平性，采用去偏算法、公平学习等技术手段，确保评估工具对各类用户都具有公正性。

3.缺乏标准和规范

挑战：目前缺乏统一的标准和规范，导致智能化评估工具的设计和应用存在差异。

应对策略：推动相关行业组织和标准化机构建立智能化评估工具的标准和规范，制定统一的行业准则，提高评估工具的质量和可信度。

总体而言，智能化评估工具的设计与应用是一个充满挑战和机遇的领域。只有不断地推动技术创新、加强标准规范制定、强调隐私保护和伦理规范，才能够更好地推动智能化评估工具的发展，为社会的各个领域带来更大的价值。

二、数据分析在培训评估中的角色

随着科技的迅速发展，数据分析在各个领域中的应用越来越广泛，培训评估领域也不例外。数据分析通过收集、处理、分析培训数据，为组织提供深入的见解和决策支持，从而使培训变得更加智能、有效和个性化。本节将深入探讨数据分析在培训评估中的角色，包括其在培训过程中的应用、对培训效果的量化评估、个性化培训的支持以及未来发展趋势。

（一）数据分析在培训过程中的应用

1.培训需求分析

数据分析可以通过收集员工的培训需求、技能缺口等信息，帮助组织更好地了解员工的培训需求。通过分析员工的工作绩效数据、反馈意见以及组织战略目标，可以确定培训的重点领域，确保培训计划与组织的战略方向相一致。

2.培训资源优化

数据分析有助于优化培训资源的配置。通过分析不同培训资源的使用情况、效果和成本，组织可以合理分配培训预算，选择最有效的培训方式、平台和工具。这有助于提高培训的效益，使有限的资源得到最大化的利用。

3.员工参与度分析

数据分析可用于评估员工对培训的参与度。通过监测在线培训平台的使用情况、学习时间、学习轨迹等数据，组织可以了解员工在培训过程中的参与程度。这有助于发现培训过程中的问题并及时调整培训策略，提高员工的学习积极性。

（二）数据分析对培训效果的量化评估

1.学习成效评估

数据分析可用于评估培训的学习成效。通过分析学员的学习成绩、知识掌握程度、在线互动等数据，组织可以量化培训的效果，识别学习成效的高低点，为调整培训内容和方法提供有关的依据。

2.应用能力评估

除了学习成效，数据分析还可以用于评估学员在实际工作中应用所学知识的能力。通过监测员工的工作表现、应用新技能的频率和质量，组织可以更客观地评估培训的实际影响，确保培训不仅仅停留在知识层面，更能够为工作带来实际的改进。

3.ROI（投资回报率）分析

数据分析在培训评估中扮演关键角色的一个方面是 ROI 分析。通过比较培训的成本和带来的效益，包括员工绩效的提升、错误率的降低、项目交付的提前等，组织可以计算培训的投资回报率。这有助于评估培训的经济效益，为未来的培训投资决策提供科学的指导。

（三）数据分析支持个性化培训

1.学员群体分析

数据分析可以帮助组织更细致地了解不同学员群体的特点和需求。通过分析不同部门、岗位、经验水平的学员在培训中的表现，组织可以为不同群体量身定制培训计划，以满足他们的特定需求。

2.推荐系统应用

数据分析可以结合推荐系统，为学员提供个性化的学习资源推荐。通过分析学员的学习历史、偏好和能力水平，推荐系统可以为每个学员定制符合其需求的培训内容，提高学习的效果和效率。

3.实时调整培训路径

基于数据分析的实时反馈，培训系统可以动态调整学员的培训路径。如果某个学员在特定知识点表现出较好的理解，系统可以快速调整培训内容，使学员能够更深入地学习其他关键知识点，以提高整体培训效果。

（四）未来发展趋势

1.深度学习在培训分析中的应用

未来，深度学习技术将更广泛地应用于培训数据分析中。深度学习能够处理更复杂的数据结构，提取更深层次的特征，从而提高对培训效果的分析精度和准确性。

2. 虚拟现实（VR）和增强现实（AR）的整合

虚拟现实和增强现实技术将成为培训数据分析的新兴趋势。通过虚拟现实和增强现实技术，培训者可以提供更丰富、沉浸式的学习体验，并通过数据分析实时监测到学员在虚拟环境中的表现。这有助于更真实地模拟工作场景，提高学员在实际工作中应用所学知识的能力。

3. 情感分析在培训中的运用

情感分析技术的发展将使得培训数据分析更全面。通过分析学员在学习过程中的情感反馈，如满意度、焦虑程度等，组织可以更好地了解学员的学习体验，及时调整培训策略，提高学员自身的参与度和满意度。

4. 区块链技术的应用

区块链技术有望解决培训数据的安全性和透明度问题。通过将培训数据存储在区块链上，可以确保数据的不可篡改性和透明性，从而提高数据的可信度，为培训评估提供更可靠的数据基础。

5. 自然语言处理在学员反馈分析中的运用

自然语言处理技术的进步将有助于更好地分析学员的文字反馈。通过分析学员在培训过程中的评论、提问等文字信息，可以深入挖掘学员的需求和问题，为培训改进提供更具体的建议。

6. 知识图谱的构建

构建培训知识图谱有望成为未来的趋势。通过将培训内容、学员能力、工作任务等信息构建成知识图谱，可以更好地理解这些元素之间的关系，为个性化培训和知识管理提供更为智能化的支持。

（五）挑战与应对策略

1. 数据隐私与安全

①挑战：随着培训数据的不断增加，数据隐私和安全成为一个重要的问题。学员的个人信息、学习记录等都需要得到妥善保护。

②应对策略：采用加密技术、权限管理、匿名化处理等手段，建立健全的数据安全机制，并遵循相关的隐私法规，确保学员的个人信息得到保护。

2. 数据质量与一致性

①挑战：培训数据涉及多个来源，可能存在质量和一致性的问题。不同系统、平台之间的数据格式和标准不一致，都会影响数据的分析准确性。

②应对策略：建立数据标准和规范，确保各系统之间的数据格式一致，加强数据清洗和校验，提高数据质量。

3. 技术与人才需求

①挑战：培训数据分析需要使用先进的技术工具和方法，而组织可能缺乏相关的技术和人才。

②应对策略：加强人才培养，提升团队的数据分析和技术能力。可以通过培训、招聘等方式引入专业人才，同时利用培训和认证课程提升现有员工的技术水平。

4. 用户接受度

①挑战：在推行培训数据分析时，可能会遇到员工对数据分析的抵触情绪，担心隐私泄漏等问题。

②应对策略：加强对员工的培训和沟通，解释数据分析的目的和好处，明确保护隐私的措施，提高员工对数据分析的接受度。

数据分析在培训评估中的角色愈发凸显出来，为组织提供了更深入、全面的洞察力。通过在培训过程中的应用、对培训效果的量化评估、个性化培训的支持，数据分析助力组织更好地理解员工的培训需求、增强培训效果、实现个性化培训。

未来，随着技术的不断进步和新兴趋势的涌现，数据分析在培训评估中的作用将进一步拓展。深度学习、虚拟现实、情感分析等技术的应用将为培训数据分析提供更多可能性。然而，也需要注意挑战与问题，包括数据隐私与安全、数据质量与一致性、技术与人才需求等方面的挑战，通过科技创新、规范制定、人才培养等手段，全面应对这些挑战，使数据分析在培训评估中可以更好地发挥作用。

三、反馈机制与培训效果优化

培训是组织中持续发展和提高员工综合素质的重要手段。然而，培训活动的有效性直接关系到组织的竞争力和员工的职业发展。在培训过程中，反馈机制是一个至关重要的环节，通过及时、有效的反馈，可以促进学员的学习动力，增强培训效果。本书将深入探讨反馈机制在培训中的作用，以及如何通过优化反馈机制来提升培训效果。

（一）反馈机制的定义与作用

1. 反馈机制的定义

反馈机制是指在培训过程中，通过获取学员在学习过程中的表现和成果，向学员提供信息，以便其调整学习策略、改进学习行为的一种机制。反馈可以是正向的鼓励，也可以是负向的指导，通过及时的反馈，以便帮助学员更好地理解和应用所学知识，提高学习效果。

2. 反馈机制的作用

反馈机制在培训中发挥着多方面的作用：

（1）提高学员动机

正向的反馈可以增强学员的学习兴趣和动机，激发他们对培训内容的热情。同时，负向的反馈也能够让学员认识到自己的不足，激发他们改进的欲望，促进学员更有目的地进行学习。

（2）改善学习策略

通过反馈，学员可以了解到自己的学习策略是否有效。及时的反馈可以指导学员调整学习方法，选择更适合自己的学习策略，提高学习效率。

（3）促进自我监控和调整

反馈机制有助于学员进行自我监控，通过对自己学习过程的观察和评估，调整学习计划和行为，使学习更加有针对性和高效率。

（4）促使及时纠错

在培训中，学员可能会出现理解错误或记忆偏差，及时的反馈可以帮助他们及时发现并纠正错误，防止错误积累和延误学习进度。

（二）反馈机制的类型

1. 内部反馈与外部反馈

①内部反馈：指学员通过自我感知和自我评价获取的反馈。例如，学员通过自我检测、自我评分等方式，了解自己在学习过程中的表现和掌握程度。

②外部反馈：来自外部的评价和指导，包括教师的评价、同学的评价、在线学习平台的自动评分等。外部反馈更具客观性和权威性，能够提供更全面的信息。

2. 正向反馈与负向反馈

①正向反馈：指对学员取得的成绩和进展给予鼓励和肯定的反馈。例如，教师对学员正确回答问题给予表扬，同学对同伴的优秀表现表示出赞赏等。

②负向反馈：对学员错误或不足之处提出指导和纠正的反馈。例如，教师指出学员在答题中的错误，同学提出对同伴的建议等。

3. 即时反馈与延迟反馈

①即时反馈：在学员进行学习活动的过程中立即给予的反馈。例如，学员提交在线测试后立即得到系统的自动评分和反馈。

②延迟反馈：是在学员学习活动结束后或一段时间后给予的反馈。例如，学员在期末考试后才得知自己的成绩和教师的评价。

（三）优化反馈机制的策略

1. 制定明确的反馈标准

制定明确的反馈标准是优化反馈机制的首要任务。反馈标准应当清晰、可量化，能够准确反映学员在培训过程中的表现。这有助于确保反馈的客观性和公正性，能够提高反馈的有效性。

2. 个性化反馈

不同学员具有不同的学习风格、能力水平和需求，因此，个性化的反馈更能够满足学员的特定需求。通过利用技术手段，如智能化教学系统、数据分析工具，实现对学员的个性化反馈，提高反馈的针对性和实用性。

3. 提供多层次的反馈信息

在反馈中，不仅要关注学员的学科知识水平，还应关注学员的学习方法、沟通能力、团队协作等方面的综合素质。提供多层次的反馈信息有助于学员全面了解自己的发展状况，有针对性地改进不足之处，促进全面素质的提升。

4. 结合技术手段

利用现代技术手段，如在线学习平台、智能化教育工具、虚拟实验等，提供更及时、精准的反馈。自动化评估系统可以在学员完成任务后立即生成评价，为学员提供即时的正反馈和改进建议。

5. 鼓励同学互评

引入同学互评机制，通过同学之间的相互观察和评价，促进合作学习和团队协作。同学互评既能够减轻教师的评估负担，又能够从多个角度、多个维度为学员相应地提供反馈信息。

6. 注重情感因素

在反馈中融入情感因素，既包括正面的鼓励和肯定，也包括负面的指导和建议。建立积极向上的学习氛围，激发学员的学习热情，使学员能够在愉快的情境中接受反馈，才更有动力改进学习行为。

7. 建立反馈循环

建立良好的反馈循环，使反馈不再是一次性的、孤立的信息传递，而是一个连续不断的过程。学员可以根据反馈信息进行调整，再次参与学习活动，形成良性的学习反馈循环。

（四）反馈机制的挑战与解决策略

1. 学员对负面反馈的抵触心理

①挑战：学员对负面反馈可能产生抵触心理，抵触情绪可能导致学员对反馈信息的拒绝和忽视。

②解决策略：在提供负面反馈时，要注重语气和方式，避免自身过于严厉和负面。同时，强调反馈的目的是帮助学员进步，鼓励他们正视问题并提出改进的办法。

2. 反馈信息的过度或不足

①挑战：提供过多的反馈信息可能让学员感到不知所措，而过少的反馈信息又难

以满足学员的学习需求。

②解决策略：根据学员的学习水平、个性特点以及学科特点，量身定制反馈信息的数量和深度。灵活运用到内外部、正负向、即时延迟等多种反馈手段，使反馈信息更加全面和适应学员的实际需求。

3. 反馈信息的失真

①挑战：反馈信息可能受到主观因素的影响，导致信息失真。教师可能因为个人情感或观点而产生主观偏见，同学之间的评价也可能受到个人关系和其他因素的干扰。

②解决策略：建立多方参与的反馈体系，包括教师、同学、自动评估系统等多方面的评价。通过综合多方反馈信息，可以减少个体主观因素的影响，提高反馈信息的客观性。

4. 反馈机制的持续性

①挑战：一次性的反馈往往难以达到理想的效果，需要建立起反馈机制的持续性，以保持学员的学习动力和积极性。

②解决策略：建立良好的反馈循环，使反馈不仅仅局限于培训的某一环节，而是贯穿整个学习过程。定期组织反馈会议、开展中期总结，利用技术手段提供及时的自动化反馈，确保反馈机制的连续性。

反馈机制是培训中的关键环节，对于提高学员的学习动机、改进学习行为、优化培训效果具有重要意义。通过明确反馈标准、个性化反馈、利用技术手段、注重情感因素、建立反馈循环等策略，可以优化反馈机制，增强培训效果。然而，在优化反馈机制的过程中，也依然需要面对一系列挑战，如学员对负面反馈的抵触心理、反馈信息的过度或不足、反馈信息的失真、反馈机制的持续性等问题。

为应对这些挑战，需要综合运用各项策略，如在提供负面反馈时注意语气和方式，量身定制反馈信息的数量和深度，建立多方参与的反馈体系，以及定期组织反馈会议和开展中期总结等。通过这些措施，可以更好地满足学员的个性化需求，提高反馈的有效性和可操作性。

在未来，随着技术的不断发展和教育理念的不断更新，反馈机制将更加智能化、个性化。利用先进的技术手段，如人工智能、机器学习等，可以实现更精准的评价和更个性化的反馈。同时，重视情感因素、强调学员参与、注重反馈的及时性和循环性，将是未来培训中反馈机制优化的重点方向。

总体而言，反馈机制与培训效果之间存在密切的关系，通过科学合理地建立和优化反馈机制，可以更好地激发学员学习兴趣，引导学员有效学习，提高培训的效果。在实际操作中，需要充分考虑学员的差异性和培训的特点，采取多种手段和策略，不断改进和完善反馈机制，以促进培训的全面提升。

第四章 "互联网＋"时代下的绩效管理

第一节 "互联网＋"绩效管理框架

一、制定"互联网＋"绩效管理框架的原则

随着互联网技术的不断发展，企业在绩效管理方面面临着新的挑战和机遇。"互联网＋"绩效管理框架的设计旨在借助先进的技术手段，提高绩效管理的效率和精确度，使其更加适应现代企业的需求。本节将探讨制定"互联网＋"绩效管理框架的原则，以指导企业更好地实施和优化绩效管理体系。

（一）绩效管理的基本原则

1. 目标导向原则

"互联网＋"绩效管理框架应当以明确的目标为导向。每位员工和每个团队的目标应当与企业战略密切相关，明确反映其在业务发展中的贡献。通过将目标分解到各层级，确保每个人都清楚了解自己的任务和职责，推动整个组织朝着共同的目标努力。

2. 连续改进原则

"互联网＋"绩效管理框架应具备连续改进的机制。通过定期的评估和反馈，发现绩效管理过程中的问题和不足，并进行及时调整和改进。持续的改进可以使绩效管理体系更加适应变化的业务环境，提高其时效性和灵活性。

3. 公平公正原则

公平公正是绩效管理的核心原则之一。"互联网＋"绩效管理框架应当建立起公平的评价体系，确保评价标准明确、公开透明。避免主观评价和不公平的评估方式，保障每个员工在绩效评价中都有平等的机会，提高员工对绩效管理的信任度。

4. 反馈与沟通原则

"互联网＋"绩效管理框架应注重反馈与沟通。及时向员工提供明确的绩效反馈，其中包括表扬和建议改进的方面。通过开展有针对性的绩效谈话，帮助员工理解自己的发展方向，提高其对绩效管理的参与度。

（二）"互联网＋"绩效管理框架设计原则

1. 数据驱动原则

"互联网＋"绩效管理框架的设计应当以数据驱动为核心。通过收集和分析大量的绩效数据，可以更客观、科学地评估员工的表现。利用数据分析技术，发现潜在的绩效趋势和问题，为管理层提供决策支持。

2. 智能化与自动化原则

充分利用互联网技术，实现绩效管理的智能化和自动化。采用人工智能、大数据分析等先进技术，自动收集、整理、分析绩效数据，减轻管理人员的工作负担，提高绩效评估的准确性和效率。

3. 灵活性原则

"互联网＋"绩效管理框架应具备灵活性，能够适应不同业务模式和组织结构的需求。通过模块化设计，使绩效管理系统能够灵活调整，满足不同部门和团队之间的特殊要求。同时，考虑到员工个体差异，提供个性化的绩效管理方案。

4. 移动化原则

随着移动互联网的普及，"互联网＋"绩效管理框架应当支持移动化应用。员工和管理人员可以通过移动设备随时随地查看绩效数据、进行评价和反馈。移动化的绩效管理工具有助于提高工作效率和及时性。

（三）"互联网＋"绩效管理流程的原则

1. 目标设定与规划原则

明确目标设定与规划的过程，确保每个员工的目标与企业战略和部门计划相一致。借助互联网技术，建立在线目标设定平台，实现目标的透明、可追溯、可动态调整。

2. 实时监控与数据分析原则

通过"互联网＋"绩效管理框架，实现对绩效数据的实时监控和数据分析。及时发现员工的绩效变化和趋势，为管理人员提供可操作的信息，支持及时调整业务战略和人才管理策略。

3. 持续反馈与改进原则

建立持续反馈与改进机制，确保员工和管理层之间的双向沟通。通过"互联网＋"绩效管理平台，员工可以随时查看自己的绩效数据和反馈信息，而管理层可以定期与员工进行绩效谈话，给其提供具体的建议和发展方向。持续的反馈有助于员工改进和提高，同时也促使管理层更好地了解员工的需求和困难。

4. 基于数据的奖惩与激励原则

建立基于数据的奖惩与激励机制，通过"互联网＋"绩效管理系统实现自动化的绩效奖惩流程。根据员工的实际绩效数据，给予奖励或制订个性化的培训计划。这样的机制能够更加客观和公正,避免主观因素的介入,提高奖惩激励的精准性。

5.灵活的绩效评价原则

实行灵活的绩效评价原则,根据不同岗位和业务特点采用合适的绩效评价标准。通过"互联网+"绩效管理系统,可以灵活调整权重和评价指标,使绩效评价更符合实际工作情况,故而具有更强的针对性。

(四)"互联网+"绩效管理系统的原则

1.数据安全与隐私保护原则

确保"互联网+"绩效管理系统具备高水平的数据安全与隐私保护措施。采用先进的加密技术,防范数据泄漏风险。同时,明确员工的个人隐私权利,合法并合规地处理员工的绩效数据,建立明晰的数据使用和存储规范。

2.用户友好与体验优化原则

设计用户友好、操作简便的"互联网+"绩效管理系统,提高员工和管理人员的使用体验。系统的界面设计应当清晰直观,功能布局合理,支持多终端访问,保证员工和管理人员能够随时随地便捷使用系统。

3.整合性与兼容性原则

"互联网+"绩效管理系统应具备整合性和兼容性,能够与企业的其他管理系统进行无缝对接。实现与人力资源管理系统、薪酬管理系统等的信息交互,确保绩效数据的一致性,减少数据冗余,提高系统整体的工作效率。

4.可扩展性与定制化原则

设计具有良好可扩展性的系统架构,以适应企业规模的变化。"互联网+"绩效管理系统应支持定制化,根据企业的特殊需求进行功能扩展或调整,以适应不同行业、不同组织的绩效管理要求。

5.数据分析与报告原则

"互联网+"绩效管理系统应具备强大的数据分析和报告功能。通过数据分析,为管理层提供全面、深入的洞察,帮助其制定更科学的绩效管理策略。系统生成的报告应简明扼要,突出关键信息,方便决策者能够迅速了解绩效状况。

(五)"互联网+"绩效管理的实施原则

1.阶段性实施原则

在实施"互联网+"绩效管理时,应采用阶段性的实施策略,逐步推进。这有助于员工适应新的管理方式,减小变革带来的冲击,并在每个阶段获取实际效果,及时调整和优化绩效管理系统。

2.培训与支持原则

提供全员培训与支持,确保员工和管理人员对新的"互联网+"绩效管理系统有清晰的理解和正确的使用方式。培训内容应涵盖系统的操作、数据输入、绩效评价标准等方面，同时为员工提供定期的技术支持，解决在使用过程中遇到的问题。

3. 参与与反馈原则

鼓励员工参与"互联网＋"绩效管理的设计和优化过程，征求他们的意见和建议。建立定期的反馈机制，通过员工满意度调查、意见箱等方式，收集员工对绩效管理系统的反馈意见，及时发现问题并作出改进。

4. 灵活应变原则

在"互联网＋"绩效管理的实施过程中，应保持灵活应变。随着业务和组织的发展，可能需要调整目标、评价标准或绩效管理流程。系统应具备灵活的配置和调整功能，以适应变化的管理需求。

5. 法律合规原则

在设计和实施"互联网＋"绩效管理框架时，必须遵守相关法律法规，尊重员工的合法权益。确保绩效管理的过程和数据处理符合隐私保护、劳动法等相关法规的规定，避免潜在的法律风险。

（六）面临的挑战与解决策略

在推行"互联网＋"绩效管理框架时，可能会面临一些挑战，以下是一些常见的挑战和解决策略。

1. 技术安全隐患

①挑战："互联网＋"绩效管理涉及大量员工的个人数据和业务信息，存在技术安全隐患，如数据泄漏、网络攻击等。

②解决策略：引入高级的数据加密技术、访问权限控制和网络安全设施，建立健全的数据备份和恢复机制，确保数据的安全性。定期对其进行安全审计和漏洞扫描，及时修复潜在的安全问题。

2. 员工隐私担忧

①挑战：员工可能对绩效管理系统涉及个人隐私的问题存在担忧，导致抵触情绪产生。

②解决策略：在设计系统时充分考虑员工隐私权，明确规定数据的收集、使用和存储范围，制定隐私保护政策，并通过培训和沟通，向员工解释绩效管理系统的合法性和合理性，增强员工对系统的信任感。

3. 人力投入和培训成本

①挑战：实施"互联网＋"绩效管理框架需要一定的人力和财力投入，可能对企业会造成一定的负担。

②解决策略：在实施前进行详尽的成本效益分析，充分评估投入与收益的比例。

同时，通过灵活的实施方式，逐步推进，减小一次性投入，降低实施成本。通过培训和知识分享，提高员工对系统的熟悉度，减少培训成本。

4.组织文化适应

①挑战："互联网＋"绩效管理框架可能需要企业进行较大的变革，与传统的组织文化可能存在不适应。

②解决策略：在实施过程中注重组织文化的适应性。通过充分的沟通和解释，向员工说明变革的必要性和意义，引导他们去理解并接受新的绩效管理理念。通过建立与企业文化相契合的绩效管理制度，逐步推动组织文化的转变。

5.技术更新和维护

①挑战："互联网＋"绩效管理系统需要不断进行技术更新和维护，以适应业务发展和新的技术趋势。

②解决策略：建立定期的系统维护计划，保障系统的稳定性和安全性。同时，密切关注新技术的发展趋势，及时进行系统升级和优化。引入敏捷开发方法，更加灵活地适应技术变化，确保系统始终保持高效性和先进性。

（七）未来展望

"互联网＋"绩效管理框架的发展仍将面临着不断的变化和挑战。未来，我们可以期待以下发展趋势。

1.智能化与数据驱动

随着人工智能和大数据技术的不断发展，"互联网＋"绩效管理框架将更加智能化和数据驱动。通过人工智能算法的应用，系统将能够更精准地预测员工的绩效趋势，并提供个性化的发展建议。大数据分析将为企业提供更深入的洞察，支持相关战略决策。

2.移动化与云服务

未来"互联网＋"绩效管理框架将更加移动化，员工和管理人员可以随时随地通过移动设备进行绩效管理工作。云服务的广泛应用将使系统更具灵活性和可扩展性，支持跨地域、跨部门的绩效管理。

3.个性化与定制化

"互联网＋"绩效管理框架将越来越注重个性化与定制化。系统将可以更加灵活地适应不同企业的业务需求，支持不同岗位、不同业务部门的定制化绩效评价标准。员工将能够更好地参与到自己绩效目标的制定和发展计划的定制中。

4.教育培训与绩效挂钩

未来，"互联网＋"绩效管理将更加与教育培训紧密相连。通过与培训系统的整合，绩效管理可以更好地支持员工的学习和发展，激励员工通过学习去提升自己的绩效水平。这将形成一个良性循环，促使企业建立学习型组织。

5. 社交化与团队协作

未来的"互联网＋"绩效管理框架将更加注重社交化和团队协作。通过社交媒体和协作工具的整合，员工可以更好地分享绩效经验和知识，加强团队协作，共同推动团队和组织的绩效提升。

"互联网＋"绩效管理框架的制定和实施是企业迈向现代化管理的必然选择。通过遵循基本的绩效管理原则，设计合理的"互联网＋"绩效管理框架，解决挑战并持续去改进，企业可以更好地激发员工潜能，提高组织的整体绩效。随着科技的不断发展，未来"互联网＋"绩效管理将不断创新，为企业提供更智能、更灵活、更具个性化的绩效管理解决方案。

二、绩效管理与企业战略目标的对齐

绩效管理是组织中至关重要的一项管理活动，通过对员工表现的评估和反馈，旨在提高个体和组织的整体绩效水平。然而，绩效管理不应被视为独立的活动，而是应该与企业战略目标密切对齐。本节将探讨绩效管理与企业战略目标之间的关系，探讨如何确保绩效管理与企业战略目标紧密结合，以实现组织的长期成功。

（一）绩效管理的定义与重要性

1. 绩效管理的定义

绩效管理是一种系统性的过程，旨在提高员工、团队和组织整体的绩效水平。它涉及目标设定、评估、反馈和发展，通过这些步骤来激励员工工作，促使其更好地实现个人目标和组织目标。

2. 绩效管理的重要性

绩效管理对组织的成功至关重要。通过明确的目标设定，员工能够更清晰地了解组织期望的表现。定期地评估和反馈有助于及时纠正问题，提高工作质量。此外，绩效管理还与奖惩机制相结合，激励员工提高业绩，同时为个体发展提供一定的方向。

（二）企业战略目标的制定与意义

1. 企业战略目标的制定

企业战略目标是组织为实现其长期愿景和使命而设定的具体、可测量的目标。这些目标通常涉及市场份额、收入增长、创新、客户满意度等方面，是组织取得成功所必须达到的标准。

2. 企业战略目标的意义

企业战略目标的制定对组织至关重要。它为整个组织提供了一个共同的方向，确保所有部门和员工的工作都是协调一致的。战略目标还有助于组织适应外部环境的变化，保持竞争力，并为未来的可持续发展奠定基础。

（三）绩效管理与企业战略目标的对齐原则

为了确保绩效管理与企业战略目标的紧密结合，以下是一些重要的对齐原则。

1. 目标一致性原则

绩效管理的目标应与企业战略目标一致。这意味着每个员工的个人目标和团队目标都应该直接支持和贡献到实现组织战略目标的过程中。目标的一致性确保了整个组织在同一方向上去努力。

2. 可测量性原则

绩效管理的目标和指标应当是可测量的，以便进行定量评估。企业战略目标通常包含具体的指标，绩效管理的目标应该能够与这些指标相对应。这样一来，组织就可以更容易地追踪和度量绩效的实现情况。

3. 及时性原则

绩效管理的过程应当具备及时性，与企业战略目标的实现时间表相匹配。及时的反馈和调整可以确保组织在追求战略目标的过程中能够做出实时的调整，以适应变化的市场条件和竞争压力。

4. 反馈机制原则

建立有效的反馈机制，确保员工和团队了解他们在实现企业战略目标方面的表现。及时的反馈不仅可以促使个体和团队更加专注于目标的实现，还能够为其提供改进的机会，以确保绩效持续提高。

5. 灵活性原则

绩效管理系统应具备一定的灵活性，以适应战略目标的变化。企业在不同阶段可能需要调整战略方向，绩效管理系统应能够迅速调整目标和评估标准，以确保其与新的战略目标保持一致。

6. 激励与奖惩原则

绩效管理与企业战略目标的对齐还需要激励与奖惩机制的支持。有效的奖励制度和激励机制可以激发员工和团队更好地为实现企业战略目标作出贡献。通过将绩效评价与奖励挂钩，能够加强员工对战略目标的关注和努力。

7. 沟通与透明原则

确保绩效管理过程中的沟通是透明的，员工清晰了解他们的工作如何与企业战略目标相关联。透明的沟通有助于建立员工对组织目标的理解和认同感，从而提高员工对绩效管理的参与度。

（四）绩效管理与企业战略目标的协同作用

1. 对员工的激励

通过将绩效管理与企业战略目标对齐，可以更精准地识别和激励对战略目标贡献显著的员工。激励不仅可以体现在薪酬上，还可以包括晋升机会、专业培训等各个方面，从而促使员工更加努力地为实现战略目标而工作。

2. 提高团队协作

绩效管理的目标设定应当有助于促进团队协作，使团队成员能够共同努力去实现企业战略目标。通过设定团队目标和奖励机制，可以激发成员之间的协作精神，加强团队的整体绩效。

3. 对组织文化的塑造

绩效管理通过对员工行为和价值观的影响，有助于塑造组织文化，使之更符合企业战略目标。通过强调与战略目标相关的行为和价值观，可以建立一种有利于战略实现的工作氛围和文化。

4. 持续改进

通过绩效管理的定期评估和反馈，组织可以不断地对战略目标的实现情况进行监控和评估。这有助于及时发现问题、调整战略方向，并促使组织在变化的市场环境中保持灵活性，实现战略目标的持续改进。

（五）实施绩效管理与战略目标对齐的步骤

为了确保绩效管理与企业战略目标紧密结合，以下是一些实施步骤。

1. 明确企业战略目标

组织需要明确和明确其战略目标。这可能涉及到与高层领导、管理团队的深入沟通，以确保整个组织对战略目标的理解和共识。

2. 制定与目标一致的绩效指标

基于企业战略目标，确定与之相一致的绩效指标。这些指标应该能够量化地反映员工和团队在实现战略目标方面的贡献。

3. 设定个体和团队目标

将组织的战略目标转化为个体和团队层面的具体目标。确保每个员工的目标与组织战略目标保持一致，通过明确的目标设定，推动员工朝着共同的方向而努力。

4. 建立有效的绩效评估体系

建立绩效评估体系，确保能够全面、客观地评估员工和团队的表现。评估体系应该包括与战略目标相关的绩效指标，以便可以更好地对齐。

5. 提供定期的反馈与沟通

定期向员工提供明确的绩效反馈，指导他们在实现目标的过程中不断改进。沟通的内容应涵盖对战略目标的贡献，以增强员工对组织战略的理解和认同。

6. 设计激励机制与奖惩措施

建立激励机制，确保员工在实现战略目标时能够得到公正的奖励。这可能包括薪酬激励、晋升机会、培训发展等方面的奖励。同时，设定奖惩措施，以推动员工更加专注和努力地为战略目标作出贡献。

7. 不断优化与调整

定期评估和调整绩效管理系统，确保其与企业战略目标的对齐仍然有效。在变化的市场环境中，绩效管理系统需要具备灵活性，能够及时适应组织战略调整和新的市场挑战。

8. 培训与发展

为员工提供相关的培训和发展机会，以提升其在实现战略目标方面的能力和水平。培训计划应当根据战略目标的要求，强化员工所需的技能和知识，以更好地支持战略的实现。

（六）面临的挑战与解决策略

在将绩效管理与企业战略目标对齐的过程中，组织可能会面临一些挑战，以下是一些常见的挑战和解决策略。

1. 指标选择的挑战

①挑战：选择与企业战略目标直接相关的绩效指标可能是一个挑战，因为需要确保这些指标既能反映个体和团队的表现，又与整体战略保持一致。

②解决策略：在选择绩效指标时，与相关部门和团队深入沟通，确保选定的指标是全面而有效的。并可以结合 SMART 原则，确保指标具有具体性、可衡量性、达到性、相关性和时限性。

2. 目标设定的难题

①挑战：设定个体和团队目标可能会面临难题，因为需要平衡挑战性和可达性，确保目标既能激发积极性，又不至于过于艰巨而难以完成目标。

②解决策略：采用参与式的目标设定过程，鼓励员工参与目标的制定，以确保目标在挑战性和可实现性之间取得平衡。同时，定期审查和调整目标，以适应变化的工作环境和业务需求。

3. 反馈和沟通的困难

①挑战：提供及时、有效的反馈和沟通可能是一个挑战，尤其是在大型组织中，信息传递可能会受到一定的阻碍。

②解决策略：制订清晰的沟通计划，确保信息能够迅速传达到所有相关方。借助技术工具，如绩效管理软件，提供实时的反馈和沟通渠道，以确保信息的及时性和透明度。

4. 绩效评估的公正性

①挑战：确保绩效评估的公正性可能是一个挑战，尤其是在考核标准的制定和评

定过程中，可能受到主观因素的影响。

②解决策略：制定明确的评估标准，确保评估过程是透明和公正的。培训评估人员，使其能够客观、公正地进行评估。采用多层次的评估机制，减少主观因素对其的影响。

5.激励体系的设计难题

①挑战：建立有效的激励体系可能会面临难题，因为不同员工对激励的需求可能不同，激励措施需要具有一定的灵活性。

②解决策略：了解员工的需求和动机，设计多元化的激励措施。采用差异化的激励方式，以满足不同员工群体的需求。定期调查员工对激励体系的满意度，再去进行必要的调整。

（七）未来展望

随着企业环境的不断变化和竞争的加剧，绩效管理与企业战略目标的对齐将继续发展和演变。未来，我们可以期待以下趋势。

1.数据驱动的绩效管理

随着大数据和人工智能技术的发展，绩效管理将更加注重数据的分析和利用。通过对大量数据的挖掘和分析，组织可以更精确地评估员工的表现，识别绩效改进的机会，并做出更明智的决策。数据驱动的绩效管理将使组织能够更快速地适应变化，更有效地实现战略目标。

2.进一步个性化的绩效管理

未来的绩效管理将更加个性化，更充分考虑员工的个体差异。个性化的目标设定、个性化的发展计划以及个性化的激励机制将成为绩效管理的重要组成部分。这有助于更好地满足员工的需求，激发其潜力，使其更好地服务于战略目标。

3.强化反馈和发展导向

未来的绩效管理将更加强调对员工的定期反馈和发展支持。强调发展意味着不仅要关注问题和缺陷，更注重发现员工的优势和潜力，并提供相应的培训和发展机会。这种发展导向的绩效管理有助于建立学习型组织，使员工能够不断提升自己的能力。

4.敏捷的目标管理

随着业务环境的不断变化，未来的绩效管理将更加灵活和敏捷。传统的一年一度的目标设定和评估可能变得过时，组织需要更频繁地进行目标调整和评估，以确保绩效管理与战略目标保持一致。

5.跨功能的绩效管理

未来，绩效管理将更加跨足不同职能和部门。组织的战略目标通常涉及多个方面，需要不同部门和团队的紧密协作。因此，绩效管理将更强调跨功能的合作和协同，以确保整个组织能够以协同一致的方式工作，来实现共同的战略目标。

绩效管理与企业战略目标的对齐是组织取得成功的关键一环。通过确保绩效管理与战略目标一致，组织可以更好地激励员工，提高整体绩效水平。在未来，绩效管理将继续发展，借助技术的进步和组织管理理念的演变，将更加精细化、智能化，以更好地支持组织实现其长期战略目标。同时，组织需要灵活应对挑战，不断优化绩效管理体系，以适应变化的市场环境和业务需求。通过持续的努力和创新，绩效管理将继续为组织的可持续发展和成功作出贡献。

三、绩效管理的持续改进机制

绩效管理是组织中至关重要的一项管理活动，通过对员工表现的评估和反馈，旨在提高个体和组织整体的绩效水平。然而，绩效管理并非一成不变，它需要去不断调整和改进，以适应变化的组织环境和业务需求。本节将探讨绩效管理的持续改进机制，包括改进的原因、方法和实施步骤。

（一）绩效管理的重要性

绩效管理对组织的成功至关重要。它不仅有助于激发员工的积极性和创造力，还能提高整体工作质量，促进组织的创新和发展。通过设定明确的目标、定期的评估和有效的反馈，绩效管理可以帮助组织更好地应对变化，提高竞争力，实现长期的可持续发展。

（二）绩效管理的改进动力

为何需要对绩效管理进行持续改进？有多种动力推动组织不断优化其绩效管理系统。

1. 适应变化的组织需求

组织处于不断变化的环境中，业务模式、市场需求和竞争态势都可能发生变化。绩效管理系统需要能够灵活适应这些变化，确保仍然能够有效支持组织的战略目标和业务发展。

2. 激发员工动力

传统的绩效管理可能无法激发员工的动力和激情。只有通过不断改进绩效管理，可以创造更具吸引力的激励机制，激发员工的积极性，提高其工作效率和创造力。

3. 提高绩效公正性

公正性是绩效管理的关键要素之一。改进绩效管理有助于确保评估过程公正、透明，避免主观因素的介入，从而提高员工对绩效评估的信任度，促使他们可以更加投入工作。

4. 采用新技术和工具

随着科技的发展，新的绩效管理工具和技术不断涌现。通过采用先进的技术和工具，组织可以提高绩效管理的效率和准确性，为员工提供更好的使用体验。

5. 促进学习和发展

持续改进绩效管理有助于将其与学习和发展紧密结合。通过设定发展性目标、提供培训机会，可以促使员工在工作中不断学习和成长，从而更好地支持组织的战略发展。

（三）绩效管理的持续改进方法

1. 定期评估和反馈

定期评估和反馈是绩效管理持续改进的基础。通过定期审查绩效管理系统的运作情况，组织可以识别存在的问题和潜在的改进空间。这种评估不仅包括系统本身，还应包括对员工评价和反馈过程中的检讨。

2. 制定明确的改进目标

明确的改进目标是持续改进的关键。组织需要设定明确、可衡量的改进目标，以便能够更好地衡量改进的效果。例如，可以设定提高员工满意度、减少评估偏见等具体目标。

3. 引入 360 度反馈

引入 360 度反馈机制是一种促进全面评估的方法。通过不仅仅由上级进行评价，还包括同事、下属和自评，可以更全面地了解员工的绩效情况。这有助于减少单一视角带来的偏见，而提高评估的客观性。

4. 利用技术和数据分析

利用先进的技术和数据分析工具，可以更精确地评估员工的绩效，发现潜在问题，并为改进提供有力的支持。例如，通过人工智能算法对大数据进行分析，可以更准确地识别员工个人的优势和发展领域。

5. 持续培训和发展

员工培训和发展是绩效管理持续改进的重要环节。确保评估员工绩效的评估者具有足够的培训和能力，以提高评估的准确性和公正性。同时，为员工提供与绩效改进相关的培训和发展机会，使其能够更好地理解组织期望，提升工作技能，从而更好地实现个人和组织的目标。

6. 建立反馈文化

建立鼓励反馈的文化是改进绩效管理的关键。组织应该鼓励员工之间开展有效的沟通和反馈，让反馈不仅仅是评估工具，更是学习和改进的机会。通过建立开放、透明的沟通氛围，可以及时发现问题并加以解决。

7.参与员工和管理层

绩效管理的改进不仅仅是管理层的责任，还需要员工的积极参与。组织可以设立专门的绩效管理委员会或小组，由员工和管理层共同参与绩效管理系统的设计和改进过程。这有助于确保改进措施能够真正满足员工和组织的需求。

8.持续监测和调整

改进绩效管理是一个动态的过程，需要去持续监测和调整。组织应建立监测机制，定期收集和分析与绩效管理相关的数据和反馈，及时发现问题并采取纠正措施。通过去及时调整和优化，确保绩效管理系统能够保持与组织目标的一致性。

（四）持续改进的实施步骤

为了实施绩效管理的持续改进，以下是一些具体的步骤。

1.明确改进目标

首先，组织需要明确改进的具体目标。这可能涉及到减少评估偏见、提高员工满意度、加强绩效反馈等方面。明确的目标有助于确定改进方向和衡量改进的效果。

2.评估现行绩效管理系统

对当前的绩效管理系统进行全面评估，包括流程、工具、评价标准等方面。通过问卷调查、面谈、数据分析等手段，去了解员工和管理层对现行系统的看法和反馈。

3.制订改进计划

基于评估的结果，制订绩效管理的改进计划。这可能包括调整评价标准、引入新的评价工具、改进反馈机制等方面。改进计划需要具体、可操作，并考虑到员工和管理层的需求。

4.实施改进措施

将改进计划付诸实践，逐步实施改进措施。这可能需要培训评估人员、更新绩效管理软件、制定新的评价流程等。实施阶段需要与员工和管理层保持充分沟通，确保改进过程的透明和公正。

5.收集反馈和数据

在改进措施实施后，及时收集员工和管理层的反馈，并持续监测相关数据。这可以通过员工满意度调查、绩效数据分析等手段进行。通过收集多角度的反馈，了解改进效果，及时发现潜在的问题。

6.进行调整和优化

基于反馈和数据的收集，进行调整和优化。这可能涉及到进一步修改评价标准、调整培训计划、优化反馈机制等。调整和优化是一个迭代的过程，通过不断地调整，使绩效管理系统更符合组织的实际情况和需求。

7. 提供持续的培训和支持

在改进绩效管理的过程中，确保为评估人员和员工提供持续的培训和支持。培训可以涵盖新的评价工具的使用方法、评估标准的理解，以及如何有效地进行绩效反馈等内容。通过不断提升相关人员的能力，可以更好地执行绩效管理的改进策略。

8. 促进员工参与

鼓励员工参与绩效管理的改进过程。可以通过设立专门的反馈渠道、组织座谈会、员工满意度调查等方式，了解员工对改进措施的看法和建议。员工参与是确保改进措施能够真正落地的重要因素。

9. 定期审查和更新

定期审查绩效管理系统的改进效果，对已实施的措施进行总结和评估。这可以通过定期的绩效管理评估会议、数据分析、反馈收集等方式进行。根据审查结果，及时更新和调整改进计划，以确保绩效管理系统持续适应组织的需求。

绩效管理的持续改进是组织确保其绩效管理系统始终有效的关键。通过明确改进目标、评估现行系统、制订改进计划、实施改进措施等步骤，组织可以不断优化绩效管理，适应变化的组织需求和员工期望。

成功的绩效管理持续改进需要组织建立一个开放、透明、反馈导向的文化。员工和管理层的积极参与、培训和支持，以及定期的审查和更新，都是确保改进措施成功实施的关键因素。

通过不断改进绩效管理，组织能够提高员工工作满意度、激发员工的积极性，从而更好地实现个体和组织的长期目标。这也将使组织在竞争激烈的市场中保持自身灵活性，适应不断变化的环境，取得可持续的成功。

第二节　数据驱动的绩效评估

一、制定基于数据的绩效指标

在当今数字化和信息化的时代，数据成为组织管理和决策的关键资源之一。在绩效管理领域，制定基于数据的绩效指标是一种有效的方式，可以帮助组织更全面、客观地评估个体和团队的工作表现，以支持组织的战略目标。本节将探讨制定基于数据的绩效指标的重要性、方法和实施步骤。

（一）基于数据的绩效指标的重要性

1. 数据驱动决策

基于数据的绩效指标能够提供客观、可量化的信息，为管理者提供数据支持，从而做出更准确、更有针对性的决策。数据驱动的决策有助于避免主观判断和个人喜好的干扰，提高决策的科学性和准确性。

2. 量化绩效评估

通过数据量化绩效，可以更全面、客观地评估个体和团队的工作表现。这有助于消除主观评价的不确定性，使绩效评估更为公正和透明。同时，量化的绩效指标也更容易被员工理解和接受。

3. 持续改进和优化

基于数据的绩效指标不仅可以用于评估过去的表现，还可以为持续改进和优化提供一定的方向。通过不断收集、分析和解读数据，组织可以识别问题、发现机会，并及时调整工作策略，以适应变化的环境和市场需求。

4. 提高员工激励

明确的、可量化的绩效指标有助于建立激励体系。员工通过实现或超越设定的数据指标，可以获得相应的奖励和认可，从而激发其积极性和工作动力。这种激励机制更具有针对性和公正性。

（二）制定基于数据的绩效指标的方法

1. 明确战略目标

在制定基于数据的绩效指标之前，首先需要明确组织的战略目标。绩效指标应与组织的长期和短期目标保持一致，确保绩效评估对于实现组织战略至关重要。

2. 识别关键业务指标（KPIs）

关键业务指标（KeyPerformanceIndicators，KPIs）是反映组织绩效的关键数据指标。通过分析组织战略目标，确定对于实现这些目标至关重要的KPIs。例如，销售额、客户满意度、生产效率等都可以作为KPIs。

3. 确定可量化的绩效指标

将KPIs转化为可量化的绩效指标。确保每个指标都能够通过数据来度量和衡量。例如，将销售额转化为月度或季度的百分比增长率，将客户满意度转化为调查得分等。

4. 确定数据收集和分析方法

明确收集和分析数据的方法。这可能包括建立数据收集系统、使用业务智能工具、制定调查问卷等。确保数据的采集方法科学、全面，以保证数据的准确性和可靠性。

5. 制定指标权重和评分体系

对不同的绩效指标进行权衡和赋权，确定其在总体绩效评估中所占的权重。同时，制定相应的评分体系，将不同的绩效水平映射到具体的得分范围，以实现绩效的分级和区分。

6. 制定目标和标准

为每个绩效指标设定具体的目标和标准。目标应该具有挑战性但依旧可达成，标准应该能够客观、公正地衡量员工的工作表现。确保目标和标准与组织的战略目标一致。

7. 建立数据可视化和报告机制

建立数据可视化和报告机制，以便管理层和员工能够直观地了解绩效数据。利用仪表盘、图表、报告等方式，清晰展示绩效指标的趋势和变化，方便决策和沟通。

（三）持续改进基于数据的绩效指标的实施步骤

1. 定期审查和更新绩效指标

建立定期审查绩效指标的机制，以确保其仍然与组织的战略目标保持一致。随着组织环境的变化，可能需要对绩效指标进行调整和更新，以适应新的业务需求。

2. 进行员工培训并提供员工培训，确保他们理解和接受基于数据的绩效指标体系。

培训内容可以包括绩效指标的计量方法、数据收集工具的使用、目标设定和达成等方面。通过员工培训，可以增强其对绩效评估的参与度和理解度。

3. 收集和分析数据

建立健全的数据收集和分析体系，确保能够及时获得准确的绩效数据。使用先进的数据分析工具和技术，帮助组织去更好地理解数据趋势、发现潜在问题，并为决策提供有力的支持。

4. 提供实时反馈

实时反馈是基于数据的绩效管理的重要组成部分。通过建立实时的反馈机制，员工能够及时了解自己的工作表现，从而更好地调整工作策略、提高工作效率。实时反馈也有助于员工自身解决问题，防止问题进一步恶化。

5. 制订改进计划

根据数据分析和绩效评估结果，制订改进计划。这可能涉及到调整绩效指标的权重、修改目标和标准，或者采取针对性的培训和发展措施。改进计划应该具体、可操作，并与组织的长期目标保持一致。

6. 促进团队协作

基于数据的绩效指标不仅仅关注个体表现，也强调团队协作和整体绩效。建立团队协作的文化，通过共享数据和成果，激发团队成员之间的合作和共同努力。这有助于实现组织整体绩效的提升。

7. 调整绩效激励体系

根据数据分析的结果，调整绩效激励体系。通过设定更具挑战性的目标、提高绩效奖励的灵活性，激发员工更高的工作动力。确保绩效激励与绩效指标的实际达成情况相匹配。

8. 鼓励员工自我管理

基于数据的绩效管理强调员工的自我管理和自我监督。通过提供足够的绩效数据和工具，鼓励员工对自己的工作进行自我评估和自我调整。这有助于形成一种学习型组织，促使员工能不断提高自己的绩效水平。

（四）面临的挑战和应对策略

在制定和实施基于数据的绩效指标时，组织可能面临一些挑战。以下是一些常见挑战及相应的应对策略。

1. 数据质量问题

①挑战：数据的质量直接影响绩效指标的准确性。数据不准确或不完整可能导致错误地评估和决策。

②应对策略：加强数据质量管理，确保数据的准确性、完整性和及时性。建立数据审核和验证机制，对数据来源和采集过程进行实时监控。

2. 员工抵触情绪

①挑战：引入基于数据的绩效指标可能引发员工的抵触情绪，他们可能感觉被过度监控，影响工作积极性。

②应对策略：通过员工培训，清晰地解释基于数据的绩效管理的目的和好处。强调数据是客观、公正的评估工具，这样有助于激励员工提高工作表现。

3. 盲目追求数据量化

①挑战：过于追求数据量化可能忽略了一些无法用数字衡量的重要因素，如创新能力、团队协作等。

②应对策略：在制定绩效指标时，综合考虑量化和非量化因素。建立全面的绩效评估体系，确保数据量化和非量化指标的平衡。

4. 技术和系统限制

①挑战：绩效管理所需的技术和系统可能需要组织投入大量资源，而一些组织可能缺乏相应的技术基础。

②应对策略：逐步引入技术和系统，根据组织实际情况选择合适的工具。可以先从简单的数据收集和分析工作开始，然后逐步引入更复杂的技术和系统。采用云计算、业务智能工具等现代技术，可以帮助组织更高效地进行数据收集、存储和分析。

5. 评估指标的合理性和有效性

①挑战：在制定和使用基于数据的绩效指标时，可能面临指标不合理或不够有效的问题。

②应对策略：定期评估和审查绩效指标的合理性和有效性。通过收集反馈、进行数据分析，不断优化和调整指标体系，确保其能够真实反映出组织和员工的实际表现。

制定基于数据的绩效指标是组织实现有效绩效管理的关键一环。通过明确战略目标、识别关键业务指标、确定可量化的绩效指标等步骤，组织可以建立科学、客观的绩效评估体系。同时，持续改进和实施的步骤，有助于确保绩效管理体系始终适应组织的需求和环境变化。

面对挑战，组织需要注重数据质量管理、员工培训和沟通，以及合理平衡量化和非量化因素。采用先进的技术和系统，逐步推进数字化转型，也是应对技术和系统限制的有效策略。

最终，基于数据的绩效指标的制定和实施需要综合考虑组织文化、员工参与度和实际业务需求。通过建立科学、灵活、可持续的绩效管理体系，组织才可以更好地实现战略目标，激发员工潜力，保持竞争力，取得长期的成功。

二、数据分析在绩效评估中的应用

在当今信息时代，数据不仅仅是组织的宝贵资产，更成为决策和管理的关键支持。在绩效评估领域，数据分析的应用逐渐成为一种不可或缺的手段，能够为组织提供更准确、客观、科学的评估结果。本书将探讨数据分析在绩效评估中的应用，包括其方法、优势、挑战以及成功实施的关键因素。

（一）数据分析在绩效评估中的方法

1. 建立数据收集体系

在进行数据分析之前，首先需要建立完善的数据收集体系。这包括确定需要收集的数据类型、建立数据收集流程、选择合适的数据源和工具等。数据收集的质量和完整性直接影响后续的数据分析效果。

2. 确定关键业务指标（KPIs）

关键业务指标是衡量绩效的关键数据点，是进行数据分析的基础。确定与绩效评估相关的KPIs，例如销售额、客户满意度、生产效率等，确保这些指标是直接关联到组织的战略目标和业务运营。

3. 选择适当的数据分析工具

根据数据的特点和分析需求，选择适当的数据分析工具。常用的工具包括Excel、Python、R、Tableau等，不同工具有各自的优势和适用场景。选择合适的工具有助于提高数据分析的效率和准确性。

4. 数据清洗和预处理

在进行数据分析之前，通常需要对数据进行数据清洗和预处理。这包括处理缺失值、异常值、重复值等，确保数据的准确性和一致性。同时，进行数据转换和标准化，以便更好地应用于分析模型当中。

5. 应用统计分析方法

统计分析是数据分析的重要手段之一。通过应用统计学方法，可以发现数据之间的关系、趋势和规律。常用的统计分析方法包括描述统计、回归分析、方差分析等，这些方法有助于从数据中提取出有用的信息。

6. 机器学习应用

随着人工智能和机器学习的发展，机器学习应用在绩效评估中也逐渐成为一种趋势。通过建立预测模型、分类模型等，可以更精准地预测未来的绩效趋势，识别影响绩效的关键因素，从而优化绩效管理策略。

（二）数据分析在绩效评估中的优势

1. 客观、科学地评估

数据分析能够提供客观、科学的绩效评估结果。相较于主观的评估方法，数据分析基于实际数据，消除了主观偏见和情感因素，使评估更为公正和可信。

2. 全面的绩效视角

通过数据分析，可以获得全面的绩效视角。不仅可以关注个体的表现，还能够分析团队、部门或整个组织的绩效状况。这有助于管理层更好地了解组织的整体运行情况，及时发现问题和机会。

3. 可量化的结果

数据分析产生的结果是可量化的，能够用具体的数字表述绩效水平。这种可量化的结果便于比较、分析和通报，也更容易为员工理解和接受。同时，可量化的结果有助于建立激励机制和设定明确的目标。

4. 实时性和及时性

与传统的绩效评估方法相比，数据分析能够提供更实时、及时的评估结果。通过实时监控和分析数据，管理层可以随时了解绩效状况，及时调整战略和决策，以便更好地应对市场变化和业务需求。

5. 深度挖掘潜在因素

数据分析可以深度挖掘潜在的影响因素。通过分析大量数据，可以发现影响绩效的隐藏因素，例如员工满意度、工作环境、培训水平等。这有助于制定更有针对性的绩效管理策略。

（三）数据分析在绩效评估中的挑战

1. 数据质量问题

数据质量是数据分析面临的首要挑战之一。如果数据质量不好，分析结果将失真。

数据质量问题可能包括缺失值、不一致的数据格式、错误的数据录入等。解决这些问题需要投入大量的时间和资源，确保数据的准确性和完整性。

2. 隐私和安全问题

在进行绩效评估数据分析时，涉及到大量员工个人信息。隐私和安全问题是一个值得关注的方面。组织需要确保员工的个人隐私能够得到充分保护，采取适当的数据安全措施，如数据加密、访问控制等。合规性和道德标准也需要被纳入考虑，以确保数据的使用是合法和道德的。

3. 复杂性和技术难度

数据分析往往涉及到复杂的统计方法和机器学习算法，这对于一些组织来说可能是技术上的挑战。需要具备一定的技术人才和专业知识，同时还要投资于先进的数据分析工具和技术。

4. 沟通和解释结果

数据分析的结果通常需要解释和沟通给非专业人士，这可能是一个挑战。管理层、员工等不一定具备专业的数据分析知识，因此就需要通过可视化工具、简明扼要的解释等方式，确保数据分析的结果能够被理解和接受。

5. 变化管理

引入数据分析作为绩效评估的一部分可能需要进行组织文化的变革和员工的变化管理。有些员工可能对这一新的方法产生抵触情绪，因此组织需要投入时间和资源来培训和教育员工，以便他们能够理解并接受这一变化。

（四）成功实施的关键因素

1. 高层支持和领导力

数据分析在绩效评估中的成功应用需要得到高层领导的支持。高层领导的支持包括提供足够的资源、制定明确的战略方向、倡导数据驱动的决策文化等。领导力的关键作用在于推动组织的数字化转型。

2. 专业的数据团队

组织需要拥有一支专业的数据团队，包括数据分析师、数据科学家等。这个团队需要具备良好的统计学和机器学习知识，能够运用先进的技术和方法来进行数据分析。同时，数据团队还需要与业务团队紧密合作，了解业务需求和背景。

3. 清晰的业务目标

在进行数据分析之前，组织需要明确绩效评估的业务目标。清晰的业务目标有助于确定需要关注的 KPIs，引导数据分析的方向。业务目标也需要与组织的整体战略目标保持一致。

4. 有效的数据管理和治理

建立有效的数据管理和治理体系对于成功实施数据分析至关重要。这包括确保数据质量、隐私保护、安全性，建立一致的数据定义和标准等。有效的数据管理有助于确保数据的可信度和可用性。

5. 持续地培训和学习文化

由于数据分析技术的不断发展，组织需要建立持续的培训和学习文化。员工需要不断提升数据分析技能，以适应新的工具和方法。培训可以通过内部培训、外部培训、在线课程等方式进行。

6. 敏捷和灵活性

数据分析在绩效评估中的应用需要组织具备敏捷和灵活的特质。这包括快速适应变化、及时调整分析方法、灵活运用新技术等。灵活性有助于组织更好地应对不断变化的业务环境。

数据分析在绩效评估中的应用为组织提供了更为全面、客观和科学的评估手段。通过建立完善的数据收集体系、选择合适的分析方法、解决数据质量问题等措施，组织可以更好地理解和优化绩效。

三、数据隐私保护与合规性考虑

在数字化时代，中国作为全球最大的互联网市场之一，数据的收集、处理和应用在企业运营中变得愈发重要。然而，随着数据使用的增加，数据隐私保护问题日益引起关注。为了确保个人权益和建立信任，中国制定了一系列相关法规和规范，要求企业在数据处理中加强隐私保护，确保合规性。本节将深入探讨中国数据隐私保护的法规框架、企业应对的挑战和解决方案，以及合规性的最佳实践。

（一）中国数据隐私保护法规框架

1.《中华人民共和国个人信息保护法》

为了加强对个人信息的保护，中国国家人大于 2021 年 8 月 20 日通过了《中华人民共和国个人信息保护法》（以下简称《个人信息保护法》），该法于 2021 年 9 月 1 日正式生效。《个人信息保护法》成为中国个人信息保护的法律基石，强调了个人信息的合法、正当、必要原则，规定了个人信息处理的相关权限和义务，以及违法行为的法律责任。

2.《网络安全法》

《网络安全法》是中国于 2017 年颁布的一项法规，其中包含了对网络运营者和个人信息保护的相关规定。法规要求网络运营者采取技术和其他必要措施，防范个人信息泄漏、毁损和丢失。此外，法规还规定了对于个人信息的采集、使用等方面的要求，以保障网络空间的安全和个人信息的隐私。

3.《消费者权益保护法》

《消费者权益保护法》对于消费者的个人信息保护提供了法律支持。根据法规，企业在提供商品和服务时，应当明示收集个人信息的目的、方式和范围，并经过个人同意。同时，法规规定了在信息泄漏、滥用等情况下企业应承担的法律责任。

（二）中国数据隐私保护的挑战

1. 复杂的法规体系

中国的数据隐私法规体系较为庞大，包括了多个法规和规范文件。企业需要对这些法规进行全面了解，并确保其业务运作符合各项法规的要求，这对于企业而言是一项挑战。

2. 跨境数据传输限制

《个人信息保护法》要求将涉及个人重要信息的跨境数据传输，进行安全评估并取得国家网信部门批准。这给涉及国际业务的企业增加了合规的复杂性，需要企业在合规性和业务效率之间进行相应的平衡。

3. 数据安全风险增加

随着互联网技术的发展，企业在日常运营中收集和处理的数据量不断增加。同时，数据泄漏、黑客攻击等安全风险也在不断升级。企业需要加强对数据的安全管理，确保数据不被未经授权的访问。

4. 个人信息保护意识不足

在一些企业和个人中，对于个人信息保护的认识仍然相对薄弱。缺乏足够的隐私保护意识可能导致在数据处理中出现疏忽，增加了数据泄漏的风险。

（三）中国数据隐私保护的解决方案

1. 建立全面的合规团队

企业应建立专业的合规团队，负责了解并遵守相关法规。合规团队可以包括法务专业人员、数据隐私专家和网络安全专家等，协同合作以确保企业的数据处理活动符合法规要求。

2. 引入隐私保护技术

隐私保护技术，包括数据加密、身份验证、访问控制等，可以帮助企业保障个人信息的安全。通过引入这些技术，企业可以在数据处理过程中最大限度地减少潜在的隐私泄漏风险。

3. 制定和推行内部隐私政策

企业应制定明确的内部隐私政策，规范员工在处理个人信息时的行为规范。这包括数据收集、存储、共享和处理的流程，以及员工在处理数据时应遵循的操作规程。

4.进行员工培训

提高员工对数据隐私保护的认识至关重要。企业可以通过定期的培训和教育活动，向员工传达数据隐私保护的重要性、法规要求以及内部政策。这有助于确保员工具备足够的隐私保护知识，降低内部数据泄漏的风险。

5.预防性隐私风险评估

在数据处理活动开始之前，企业可以进行预防性的隐私风险评估。通过评估数据处理过程中可能涉及的隐私风险，企业能够及时采取有关措施，减少数据泄漏的可能性。这包括对数据流程、数据存储和数据传输进行全面的风险评估。

6.强化数据安全管理

数据安全管理是保障数据隐私的关键环节。企业应建立完善的数据安全管理体系，包括加密技术、访问控制、网络安全等方面的措施，确保数据在存储和传输过程中不受到未经授权的访问和窃取。

7.合规审计与监控

企业可以通过内部审计和监控机制，不断检查和评估其数据处理活动的合规性。定期进行合规性审计，发现和纠正潜在的问题，确保企业在整个数据生命周期中都能够遵守相关法规和内部政策。

8.透明度与用户参与

透明度是数据隐私保护的核心原则之一。企业应当通过明示和透明的方式告知用户其个人信息被收集的目的、范围和使用方式，并在获得用户同意的前提下再进行数据处理。此外，鼓励用户参与，允许他们对个人信息的控制和管理，建立互相信任的关系。

（四）合规性的最佳实践

1.定期更新隐私政策

随着法规的变化和业务的发展，企业的隐私政策应该是一个动态的文件。定期审查和更新隐私政策，确保其与最新的法规要求和企业实际情况相符，同时及时通知用户有关政策的变更。

2.合作与共享最佳实践

企业在与第三方合作或共享数据时，应当审查合作伙伴的隐私保护措施，并确保他们符合相同的高标准。建立合作伙伴管理机制，与合作伙伴之间签署明确的数据处理协议，明确双方的责任和义务。

3.积极响应用户请求

企业应当建立用户的数据访问和管理机制，及时响应用户的隐私请求。这包括提供用户访问、更正、删除个人信息的渠道，保障用户在数据处理中的权益。

4. 全员合规培训

隐私保护是每个员工的责任。全员合规培训可以帮助员工深入了解隐私保护的法规要求、企业政策以及个人在日常工作中的责任。培训内容应该涵盖隐私的概念、法规规定、数据处理流程等方面。

5. 公开透明报告

为增加企业的透明度，公开透明报告是一种良好的做法。企业可以定期发布有关数据处理活动、隐私保护措施、数据安全状况等方面的报告，向公众展示其在隐私保护方面的承诺和实践。

中国作为一个充满活力的数字经济市场，数据隐私保护已经成为企业不可忽视的一个重要议题。遵守相关法规、加强内部管理、采用隐私保护技术，是确保企业数据隐私合规性的关键步骤。通过制定合规性的最佳实践，企业能够在保护用户隐私的同时，建立信任、提升品牌形象，迈向可持续发展的道路。

第三节　网络化的绩效反馈与改进机制

一、在线绩效反馈工具的设计

绩效反馈是组织管理中至关重要的一环，它不仅是员工个人发展的指南，也是组织整体绩效提升的关键。随着数字化和在线化的发展，许多组织选择采用在线绩效反馈工具，以提高效率、透明度和个性化。本节将探讨在线绩效反馈工具的设计原则、功能模块、用户体验优化以及实施过程中的挑战与解决方案。

（一）在线绩效反馈工具的设计原则

1. 用户友好性

在线绩效反馈工具的设计应注重用户友好性，确保用户能够轻松地使用和理解系统。直观的界面、清晰的导航以及简单易懂的操作流程都是有关用户友好性的关键因素。

2. 个性化定制

不同组织和团队对于绩效评估的需求各不相同，因此在线绩效反馈工具应该具备一定的个性化定制功能。这包括可以根据组织的特定评价标准、业务流程和文化进行定制，以满足不同用户群体的需求。

3. 实时性与及时反馈

绩效反馈应该是一个持续的过程，而不是一年一度的事件。在线绩效反馈工具应当支持实时性反馈，让员工能够随时了解自己的表现，并及时调整自己的工作方向。及时的反馈有助于提高员工的工作效率和学习曲线。

4. 多维度评估

绩效评估不应该仅仅局限于单一的维度，而是应该涵盖多个方面，包括工作成果、团队合作、领导力等。在线绩效反馈工具应当支持多维度的评估，以更全面地了解员工的表现。

5. 数据安全与隐私保护

绩效数据涉及到员工的个人信息，因此在线绩效反馈工具必须具备强大的数据安全和隐私保护机制。采用加密技术、访问控制、身份认证等手段，确保绩效数据不受未授权的相关访问和泄漏。

（二）在线绩效反馈工具的功能模块

1. 目标设定与跟踪

在线绩效反馈工具应当包括目标设定与跟踪功能，帮助员工和管理层共同设定明确的绩效目标，并能够实时追踪目标的完成情况。这有助于提高员工的工作动力和明确工作方向。

2. 实时反馈与评价

工具应当支持实时的反馈与评价功能，让员工能够在工作过程中获取及时的反馈。这有助于员工及时调整工作方式，提高工作效率。同时，实时评价也可以减少传统年度评估带来的压力。

3. 360 度评估

采用 360 度评估可以从多个角度全面评估员工的表现，包括同事、下属、领导等不同视角的评价。在线绩效反馈工具应当支持 360 度评估，以获取更全面、客观的绩效数据。

4. 学习与发展计划

基于绩效反馈的结果，工具应当提供个性化的学习与发展计划。这包括推荐培训课程、发展路径，帮助员工提升自身的职业素养和技能水平。

5. 数据分析与报告

工具应当具备强大的数据分析与报告功能，以帮助管理层深入了解整体绩效状况。通过可视化的报告，管理层可以更好地制定战略决策，优化组织绩效。

6. 员工参与与反馈

在线绩效反馈工具应当鼓励员工参与评估过程，并提供反馈的机会。员工参与感足够高，会增强绩效评估的公正性和员工对评估结果的认可度。

（三）在线绩效反馈工具的用户体验优化

1. 界面简洁直观

在线绩效反馈工具的界面应当更简洁直观，用户能够迅速理解和熟练操作。避免烦琐的操作步骤和复杂的设计，确保用户体验流畅。

2. 响应式设计

由于员工可能使用不同的设备访问在线绩效反馈工具，响应式设计能够确保在不同屏幕大小和设备上都能提供良好的用户体验。

3. 个性化推荐

根据员工的职务、工作内容和发展方向，工具可以提供个性化的绩效反馈和发展建议。这有助于提高员工的参与度和对绩效反馈的接受程度。

4. 及时通知与提醒

为了保持实时性，工具应当支持即时通知与提醒功能。这包括目标完成情况、新的反馈信息、学习计划更新等方面的通知，以确保员工能够及时了解相关动态。

5. 用户培训与支持

在线绩效反馈工具的设计应当考虑到员工的培训和支持需求。提供详细的用户手册、在线培训视频和及时的客户支持，帮助员工更好地使用工具，并解决在使用过程中可能遇到的问题。

6. 反馈渠道

为了不断优化工具，建立用户反馈渠道是必要的。工具应当要提供便捷的反馈通道，让用户能够分享他们的体验、意见和建议，从而不断改进工具的功能和用户体验。

（四）实施过程中的挑战与解决方案

1. 员工抵触情绪

员工可能对新的绩效反馈工具产生抵触情绪，担心其会引入更多的压力和不确定性。解决方案包括通过培训和沟通，明确工具的目的、使用方法，以及强调工具的积极影响，降低员工的抵触情绪。

2. 数据安全与隐私担忧

员工可能对绩效数据的安全性和隐私保护存在担忧，担心敏感信息被滥用或泄漏。解决方案包括加强对数据安全措施的宣传，明确工具的隐私政策，强调对员工个人信息的严格保护工作。

3. 技术集成问题

将在线绩效反馈工具与现有的人力资源管理系统、企业内部通信工具等进行集成可能会面临技术难题。解决方案包括在选择工具时考虑其易集成性，与相关系统提供商进行紧密合作，确保顺利的技术集成。

4. 组织文化适应

如果绩效反馈工具与组织文化不相符，员工可能难以接受。解决方案包括在设计工具时充分考虑组织文化，定期与员工沟通，以促使工具的逐渐融入组织的文化中。

在线绩效反馈工具的设计是组织绩效管理的关键环节。通过遵循用户友好性、个性化定制、实时性与及时反馈、多维度评估、数据安全与隐私保护等设计原则，以及包括目标设定与跟踪、实时反馈与评价、学习与发展计划等功能模块，可以构建一个高效且受员工欢迎的在线绩效反馈工具。

在设计过程中，优化用户体验、解决实施过程中的挑战是同样重要的。通过简洁直观的界面设计、个性化推荐、即时通知与提醒、用户培训与支持等手段，可以提高员工在其中的使用体验和参与度。

最终，组织在实施在线绩效反馈工具时需要认真评估组织内外的情境，积极解决员工的抵触情绪、数据安全与隐私担忧、技术集成问题以及组织文化适应等方面的挑战。只有在全面考虑并妥善处理这些问题的基础上，在线绩效反馈工具才能真正发挥其在提升组织绩效和促进员工发展方面的作用。

二、实时反馈与绩效改进的关系

在当今竞争激烈的商业环境中，组织不仅需要高效运作，还需要不断优化和提升员工的绩效水平。实时反馈作为一种管理工具，逐渐成为组织中绩效管理的重要组成部分。本节将深入探讨实时反馈与绩效改进之间的关系，分析实时反馈对于员工绩效的影响，以及如何通过实时反馈促进绩效的持续提升。

（一）实时反馈的定义与重要性

1. 实时反馈的概念

实时反馈是指在员工进行工作、完成任务或表现出色的过程中，及时提供一些信息和意见，以帮助他们更好地理解自己的表现并做出改进。与传统的年度评估不同，实时反馈强调及时性和频繁性，使员工能够在工作过程中不断调整、学习和成长。

2. 实时反馈的重要性

①促进学习与成长：实时反馈为员工提供了在工作中学习的机会。通过及时了解自己的表现，员工可以及时调整工作方法，纠正错误，提升工作效率和质量。

②增强员工参与感：实时反馈能够激发员工的工作积极性和主动性。员工感受到组织对他们工作的关注，从而会更有动力投入到工作中，提高工作满意度。

③建立透明文化：实时反馈有助于建立开放、透明的组织文化。员工了解自己的绩效情况，也能更好地理解组织的期望，促进组织内外的沟通与理解。

④提高绩效管理效能：实时反馈可以替代传统的年度评估，使绩效管理更加灵活和高效。组织可以更及时地了解员工的表现，有针对性地进行培训和发展规划。

（二）实时反馈对绩效的直接影响

1. 提高工作表现

实时反馈使员工能够迅速了解自己的工作表现，包括优点和不足。通过及时的正面反馈，员工会感到受到认可，从而激发工作动力；而通过及时的改进建议，员工能够快速纠正存在的错误，提高工作质量。

2. 增强自我意识

实时反馈帮助员工建立更清晰的自我意识。他们能够更全面地了解自己的职业素养、工作方式和与团队协作的能力。这有助于员工更好地规划自己的职业发展路径，明确个人的发展方向。

3. 促进团队协作

实时反馈不仅关注个体表现，还关注团队协作。通过及时了解团队成员的工作状态和互动情况，团队可以更加灵活地调整工作流程，加强协作，提高整体绩效水平。

4. 提高员工满意度

得到实时反馈的员工通常更加满意。他们感受到组织对他们的关心和支持，从而更愿意为组织付出更多努力。这有助于提高员工的忠诚度和留存率。

（三）实时反馈与绩效改进的互动作用

1. 连续改进循环

实时反馈与绩效改进形成了一个连续的改进循环。通过实时了解自己的表现，员工可以快速做出调整和改进；而组织通过不断提供实时反馈，也可以在员工成长的过程中及时调整培训和发展计划，从而形成一个良性的互动过程。

2. 强化绩效目标的达成

实时反馈有助于强化绩效目标的达成。通过设定清晰的绩效目标并及时进行反馈，员工能够更好地专注于目标的实现。而组织通过实时了解目标的完成情况，可以更及时地调整战略和资源分配。

3. 促进个体与组织的共同成长

实时反馈不仅关注个体的成长，也关注组织整体的发展。通过反馈员工的表现和需求，组织可以更灵活地调整管理策略、提升工作效率，从而实现个体与组织共同成长。

4.提高绩效管理的智能化水平

实时反馈的数据可以被用于智能化的绩效管理。通过大数据分析和人工智能技术，组织可以深入挖掘员工的潜力和需求，为绩效管理提供更智能化的决策支持。提升组织的敏捷性

实时反馈使组织更加敏捷，能够更迅速地适应市场和业务变化。通过实时了解员工的表现和需求，组织可以迅速调整战略、优化流程，提高对外部环境的适应性。

建立持续学习的文化

实时反馈促进了组织内部的持续学习文化。员工在不断接收和应用反馈的过程中，形成了持续学习的习惯。这种文化有助于组织的创新和发展，使其能够更好地适应不断变化的商业环境。

提高管理效能

实时反馈使管理者能够更准确地了解员工的表现和需求，从而更科学地制定管理策略。管理者可以通过实时反馈更迅速地发现和解决问题，提高管理效能，推动团队的整体绩效。

（四）实时反馈的关键要素

1.及时性

实时反馈的关键要素之一是及时性。反馈信息应该在员工完成任务或表现出色的同时提供，以确保员工能够在工作过程中即时获得对自己表现的清晰认知。

2.频繁性

频繁的反馈有助于建立一个连续的改进循环。通过经常性的反馈，员工能够更全面地了解自己的表现，并能够更灵活地应对工作中的挑战。

3.个性化

实时反馈应该是个性化的，根据员工的个体差异和发展需求提供差异化的指导。个性化的反馈更容易引起员工的共鸣，增强其对反馈的接受度。

4.构建正向文化

实时反馈的效果与组织文化密切相关。构建一个注重正向反馈、鼓励学习和成长的文化，能够更好地推动员工的绩效改进。

（五）实时反馈的挑战与解决方案

1.反馈过载

过多的实时反馈可能会导致员工感到不堪重负，产生信息过载的问题。解决方案包括合理设置反馈频率，确保反馈信息的关键性和实用性，避免无效信息的干扰。

2.技术支持与培训

实时反馈工具的使用需要员工具备相关技能，而一些员工可能对新技术不够熟悉。

企业需要提供足够的技术支持和培训，帮助员工更好地理解和使用实时反馈工具。

3. 文化适应问题

实时反馈需要建立在开放、透明和信任的文化基础上。如果组织文化不够支持实时反馈，可能会遇到员工抵触情绪。解决方案包括逐步培养开放文化，通过领导示范、激励机制等手段促进员工对文化的适应。

4. 隐私和保密性考虑

实时反馈涉及到员工的个人表现和发展需求，因此隐私和保密性是一个重要的考虑因素。确保实时反馈工具具备强大的数据安全和隐私保护机制，同时在员工中进行充分的沟通，明确反馈信息的使用范围和目的。

实时反馈与绩效改进之间存在密切的关系，它不仅是提高员工工作表现的关键因素，也是推动组织绩效不断提升的重要手段。通过及时、频繁、个性化的反馈，实时反馈有助于员工增强自我意识、改进工作方式、提高团队协作效率。而实时反馈与绩效改进形成的互动作用，不仅有助于实现组织与员工的共同成长，还推动了绩效管理的智能化和组织的敏捷性。

然而，实时反馈的成功实施也面临一系列挑战，其中包括反馈过载、技术支持与培训、文化适应问题以及隐私和保密性考虑等。解决这些挑战需要组织在实施实时反馈时精心规划，充分考虑员工的需求和文化特点，确保实时反馈工具能够真正发挥其在绩效改进中的作用。通过不断优化实时反馈机制，组织可以建立一种学习型的文化，推动员工的不断进步和创新，从而实现整体绩效的提升。

三、基于网络的绩效讨论与团队合作

随着信息技术的飞速发展，基于网络的绩效讨论和团队合作成为现代组织管理中不可或缺的一部分。网络技术的广泛应用为跨地域、跨时区的团队协作提供了可能性，而基于网络的绩效讨论则为更加及时、高效的绩效管理提供了新的方式。本节将深入探讨基于网络的绩效讨论与团队合作的关系，分析其对于组织和团队绩效的影响，并探讨实践中的关键挑战和解决方案。

（一）基于网络的绩效讨论

1. 概念与定义

基于网络的绩效讨论是指利用网络平台进行绩效评估、反馈和讨论的过程。通过电子邮件、在线会议、即时通信工具等网络技术，组织可以方便地进行跨地域、跨部门的绩效讨论，使评估和反馈变得更加及时和灵活。

2. 特点与优势

实时性和高效性：基于网络的绩效讨论能够实现实时的信息传递，不受地域和时区的限制，使得评估和反馈更加及时、高效。

跨地域协作：面对分布在不同地理位置的团队成员，基于网络的绩效讨论可以促进跨地域协作，加强团队之间的沟通和合作。

文档化和可追溯：网络平台可以记录绩效讨论的过程和结果，形成可追溯的文档，方便后续查阅和分析。

多媒体支持：基于网络的绩效讨论可以结合多媒体元素，如图表、视频等方式，提供更生动直观的反馈和数据支持。

（二）基于网络的团队合作

1. 概念与定义

基于网络的团队合作是指通过网络技术促进分散在不同地区、部门或国家的团队成员之间的协作与合作。通过云协作工具、项目管理软件等网络平台，团队成员可以实现信息共享、任务分配、进度跟踪等协同工作。

2. 特点与优势

异地协作：基于网络的团队合作能够打破地理限制，使得异地团队成员能够高效地一起协同工作，共同完成任务。

实时沟通：利用在线聊天、视频会议等工具，团队成员可以进行实时沟通，促进信息交流和问题解决。

文件共享与版本控制：通过云存储和协作平台，团队成员可以方便地共享文件，进行版本控制，避免信息的冗余和混乱。

任务管理与追踪：基于网络的团队合作工具通常包含任务管理功能，可以对任务进行分配、跟踪和汇报，提高任务执行的透明度和效率。

（三）基于网络的绩效讨论与团队合作的关系

1. 互为支撑

基于网络的绩效讨论和团队合作互为支撑，相互促进组织的高效运作。在团队合作的过程中，绩效讨论可以作为一个重要环节，通过对团队成员的表现进行评估和反馈，进一步去优化团队协作方式。

2. 绩效讨论的团队维度

基于网络的绩效讨论不仅关注个体的表现，还可以在团队维度上进行讨论。通过分析团队整体的绩效数据，可以发现团队的优势和不足，从而有方向指导团队协作的改进和优化。

3. 团队合作的绩效支持

团队合作过程中的绩效支持包括通过协作工具进行任务管理、实时沟通，以及通过团队协作平台对团队的整体绩效进行监测和评估。

4. 团队合作中的绩效支持

团队合作不仅仅是完成具体任务，还涉及如何更好地协同工作、提高工作效率以及实现团队共同目标。基于网络的团队合作可以通过以下方式支持团队的整体绩效。

①任务分配与优化：团队协作工具可以帮助团队领导或项目经理更有效地分配任务，根据成员的专业能力和工作负荷合理安排工作，从而提高团队的整体绩效。

②实时沟通与协作：通过在线聊天、视频会议等工具，团队成员可以进行实时沟通，及时解决问题，避免信息滞后，提高协作效率。

③文件共享与协同编辑：在线文档共享和协同编辑工具使得团队成员可以同时编辑文档，随时随地获取最新版本，避免版本混乱，提高工作效率。

④项目进度可视化：利用项目管理软件，团队成员可以清晰地了解项目的进展和任务的完成情况，从而更好地协调工作，预防和解决潜在的问题。

⑤团队绩效分析：在线协作平台通常提供对团队绩效的数据分析功能，包括任务完成时间、团队成员参与度等，帮助团队领导全面了解团队的表现，为团队绩效的持续改进提供依据。

5. 绩效讨论促进团队文化

基于网络的绩效讨论还有助于促进良好的团队文化。通过绩效讨论，团队成员可以更直接地了解彼此的工作表现，建立透明度和互相信任。这有助于形成积极向上的团队文化，鼓励成员分享经验、学习和成长。

（四）实践中的关键挑战与解决方案

1. 跨时区和跨文化沟通

在全球化背景下，团队成员可能分布在不同的时区和具有不同的文化背景，这带来了跨时区和跨文化沟通的挑战。解决方案包括以下内容。

制定明确的工作时间安排，尽量选择适合所有成员的时间段进行会议和讨论。

提供跨文化培训，增加成员对不同文化习惯和工作方式的包容与理解，促进团队协作。

使用多语言支持的工具，确保信息传递的准确性和清晰度。

2. 数据安全与隐私保护

在线绩效讨论和团队合作涉及到大量的敏感信息和机密性文件，数据安全与隐私保护成为亟待解决的问题。解决方案包括以下内容。

选择安全性高的协作工具和平台，确保数据加密和访问控制。

制定明确的数据隐私政策，告知团队成员他们的数据将如何被使用和保护。

定期进行安全性培训，提高团队成员的安全意识，减少潜在的安全风险。

3. 技术工具的培训与接受度

尽管现代技术工具提供了丰富的功能，但团队成员可能对新工具的使用不熟悉，这可能影响到绩效讨论和团队合作的效果。解决方案包括以下内容。

提供全面的技术培训，确保团队成员能够熟练使用协作工具。

设计用户友好的界面，降低学习曲线，提高工具的易用性。

收集用户反馈，根据实际使用情况不断优化工具的功能和体验。

4.团队协作的文化建设

建立积极的团队协作文化需要时间和努力，特别是在跨地域团队中。解决方案包括以下内容。

设立共同的团队目标，使成员能够共同努力追求共同的目标。

鼓励团队成员分享工作经验和成功案例，促进互相学习和支持。

建立开放的沟通氛围，鼓励成员提出自己的建议和反馈，共同改进工作流程。

基于网络的绩效讨论与团队合作相辅相成，在现代组织管理中发挥着重要作用。通过借助网络技术，组织可以实现跨地域、跨时区的高效协作，促进实时的绩效讨论，提高团队的整体绩效水平。然而，实践中仍面临着一些挑战，如跨时区沟通、数据安全与隐私保护、技术工具的培训等。解决这些挑战需要组织在实施过程中精心规划，并采取一系列有效的解决方案。通过解决这些挑战，组织可以更好地利用基于网络的绩效讨论和团队合作，实现更高效的管理和更优越的团队绩效。

在未来的发展中，基于网络的绩效讨论与团队合作将继续发挥关键作用。随着技术的不断演进，更智能、更强大的协作工具将不断涌现，为组织提供更多可能性。同时，组织需要注重建设团队文化，鼓励开放沟通和知识分享，以促进良好的团队协作氛围。

第四节 激励与奖励在"互联网＋"绩效管理中的创新应用

一、制定激励与奖励体系的原则

激励与奖励体系是组织管理中重要的一环，它能够有效激发员工的积极性、提高工作满意度、促进个体和团队的绩效提升。一个科学合理的激励与奖励体系不仅能够吸引和留住优秀的人才，还能够推动组织实现战略目标。在制定激励与奖励体系时，需要考虑多方面的因素，确保其公平、可行、激励力强。本节将探讨制定激励与奖励体系的原则，为组织建立一个有力的激励机制提供相应指导。

（一）公平公正原则

激励与奖励体系的首要原则是公平公正。公平公正体现了对员工平等对待的原则，避免了主观偏见和不公平现象的发生。在激励与奖励的分配过程中，应该考虑员工的贡献、表现、责任等方面，确保奖励的公正性。为此，可以采取以下措施。

①透明的评估标准：制定清晰明确的绩效评估标准，让员工明白奖励是基于何种标准和依据来分配的。

②客观的评价体系：建立客观、科学、可量化的绩效评价体系，减少主观因素的介入，确保员工在评价中得到公正对待。

③公开透明的奖励机制：将奖励机制公开，让员工清楚了解可能获得的奖励和激励，避免信息不对称导致的不满和矛盾。

（二）针对个体差异的个性化激励原则

人员在能力、兴趣、动机等方面存在差异，因此激励与奖励体系需要考虑个体差异，实现个性化激励。这一原则有助于更好地满足员工的需求，激发其潜能。实施个性化激励的方式包括以下内容。

①个性化目标设定：制定符合员工实际情况和发展需求的个性化工作目标，帮助员工更好地发挥潜力。

②差异化奖励机制：针对不同员工的贡献和表现，设计差异化的奖励机制，让每个人都有机会获得符合其付出的奖励。

③定制化培训与发展：提供定制化的培训和发展计划，帮助员工提升个人能力，更好地适应职业发展的需要。

（三）激励与奖励与组织目标的一致性原则

激励与奖励体系应与组织的战略目标和价值观一致，确保员工的行为和努力是朝着组织整体目标的方向发展的。通过保持一致性，激励与奖励体系可以更好地推动组织的发展，实现长期可持续的成功。实现激励与奖励与组织目标一致的方式包括以下内容。

①目标对齐：确保员工的个人目标和奖励机制与组织的战略目标保持一致，使个体的努力为整体目标服务。

②价值观引导：激励与奖励体系应与组织的价值观相契合，避免奖励行为与组织价值观相悖。

③长期导向：设计长期激励与奖励机制，促使员工形成可持续的积极行为，服务于组织的长期发展战略。

（四）可度量与可管理原则

激励与奖励体系需要是可度量与可管理的，以便组织能够有效地跟踪、评估和调整激励方案。这一原则有助于确保激励的有效性和效率。确保可度量与可管理的方式包括以下内容。

①设定明确的指标：制定可度量的绩效指标，确保激励与奖励的目标是清晰可见的。

②定期评估与调整：建立定期的评估机制，及时调整激励与奖励体系，以适应组织和员工的变化。

③数据支持决策：利用数据分析工具，收集并分析员工绩效数据，为激励与奖励的决策提供相应的科学依据。

（五）激励与奖励的综合性原则

激励与奖励体系应当是综合性的，涵盖多方面的激励手段，旨在全面激发员工的积极性和创造力。通过综合性的设计，可以更全面地满足员工的多元需求，提高激励效果。在实现综合性激励与奖励的过程中，可以采取以下策略。

①薪酬激励：设计合理的薪酬体系，包括基本工资、绩效奖金、福利等。薪酬激励是激励体系中的核心组成部分，直接关系到员工对工作的投入和积极性。

②职业发展机会：提供员工有前途的职业发展路径，包括晋升机会、岗位轮岗、培训计划等。通过为员工提供发展机会，激发其对工作的长期投入。

③股权激励：对于关键岗位的员工，可以考虑采用股权激励，使其分享公司的成长和利润。这可以激发员工的企业家精神和责任感。

④工作环境与文化：创造积极向上的工作环境和文化，注重员工的工作满意度。一个良好的工作环境能够提高员工的工作幸福感，从而增强其对工作的投入。

⑤表彰与赞扬：及时表彰和赞扬员工的卓越表现，让员工感受到自己的价值和贡献被认可。这种正向反馈对于激发员工的积极性非常重要。

⑥团队建设与社交激励：强调团队合作，建立团队激励机制。通过团队建设活动和社交活动，加强员工之间的合作与沟通，激发集体的力量。

（六）持续性改进原则

激励与奖励体系是一个动态的系统，需要不断地进行评估和改进。持续性改进原则确保激励体系能够适应组织和员工的变化，保持其激励效果的长期稳定。实现持续性改进的方法包括以下内容。

①定期回顾和调整：设定固定的评估周期，定期对激励与奖励体系进行回顾和评估，及时发现问题并进行调整。

②员工反馈机制：建立员工反馈机制，收集员工的意见和建议，了解其对激励体系的感受和期望，从而进行相应的改进。

③学习借鉴他人经验：关注激励与奖励领域的最新发展，学习借鉴其他组织的成功经验，吸取行业最佳实践。

④关注员工需求的变化：随着员工个体差异、职业发展阶段和生命周期的变化，激励与奖励体系也需要相应调整，以更好地满足员工的需求。

（七）法律合规原则

在制定激励与奖励体系时，必须遵循法律法规，确保其合法性和合规性。法律合规原则保障了激励与奖励的公正性和合法性，防范了可能带来的法律风险。实现法律合规原则的方法包括以下内容。

①明确法律规定：了解与激励与奖励相关的劳动法、薪酬法律法规，确保激励措施不违反法律法规。

②建立合规审查机制：在设计激励与奖励方案时，建立合规审查机制，确保方案不涉及法律禁忌，并能够通过法律合规性的检验。

③及时调整合规风险：定期进行法律合规性评估，及时调整激励与奖励方案，以应对法律环境的变化。

制定激励与奖励体系的原则是组织管理中至关重要的一环。一个科学合理的激励与奖励体系能够在吸引、激发员工方面发挥关键作用，推动组织达到更高的绩效水平。在设计激励与奖励体系时，公平公正、个性化激励、一致性、可度量可管理、综合性、持续性改进和法律合规原则是不可或缺的指导原则。通过综合考虑这些原则，组织可以建立起一个既有力又灵活的激励与奖励体系，为员工的个人成长和组织的长期发展创造良好的激励环境。

二、持续激励与员工满意度的关系

（一）概述

员工满意度是衡量员工对组织工作环境、薪酬待遇、职业发展机会以及工作与生活平衡等方面感受的指标。持续激励作为一种组织行为，旨在通过奖励、认可、培训等手段，激发员工的积极性和工作动力。本书将探讨持续激励与员工满意度之间的关系，分析持续激励对员工满意度的影响，以及构建有益于员工满意度的持续激励策略。

（二）持续激励对员工满意度的正面影响

1. 薪酬与福利激励

薪酬与福利是最直接的激励手段之一。当组织能够提供具有竞争力的薪资水平和丰富多样的福利待遇时，员工会感到其努力得到了满意的回报，从而提高了满意度。持续的薪酬调整和福利优化能够满足员工的物质需求，降低员工对薪酬不满的可能性。

2. 职业发展与晋升机会

为员工提供职业发展和晋升机会是一种重要的持续激励。员工希望能够在组织中获得发展和提升的机会，通过参与培训、项目经验积累等方式，不断提升自身能力和水平。当员工感知到组织为其提供了充分的职业发展支持时，其对工作的满意度会显著提高。

3. 工作认可与表彰

持续的工作认可和表彰能够让员工感受到自己的努力和贡献被组织认可。这可以通过定期的表彰会、员工奖励计划以及实时的反馈机制来实现。当员工感受到自己的付出得到了应有的肯定时，其对组织和工作的投入度会提高，从而增强其满意度。

4. 工作平衡与弹性安排

组织为员工提供工作与生活平衡的政策和弹性工作安排，也是一种重要的持续激励。员工在能够更好地平衡工作和个人生活的情况下，会更加满意组织。这包括弹性的工作时间、远程办公政策以及关注员工福祉的各类支持措施。

（三）持续激励对员工满意度的负面影响

尽管持续激励通常对员工满意度有积极作用，但在某些情况下，激励策略也可能带来负面影响。以下是一些可能存在的负面影响。

1. 奖励不公平引发的不满

如果激励机制设计不公平，导致一些员工感受到了不公正的待遇，可能会引发员工的不满。例如，相同工作量和贡献的员工却获得不同水平的奖励，会导致不公平感，从而降低整体的员工满意度。

2. 过度竞争引发的压力

一些过度强调个体竞争的激励策略可能导致员工间的激烈竞争，而非合作。这种竞争可能会增加员工的工作压力，使工作环境紧张，从而影响员工的满意度。

3. 奖励短期导向

如果激励主要侧重于短期目标而非长期发展，可能导致员工只关注眼前的奖励，而忽略了长期的职业发展。这可能会使员工对组织的未来产生怀疑，降低满意度。

（四）构建有益于员工满意度的持续激励策略

为了确保持续激励能够最大化地提升员工满意度，组织可以采取以下策略：

1. 制定公平合理的激励机制

确保激励机制的设计是公平合理的，避免因主观原因而导致不公正的奖励分配。建立明确的评价标准和流程，让员工感受到奖励是基于公正的标准。

2. 强调团队合作与共赢

设计激励机制时，应注重团队合作与共赢，避免过度竞争。强调团队目标的实现对每个成员都有益，有助于建立积极的合作氛围。组织可以设计奖励机制，既关注个体的贡献，又强调整个团队的协同工作。这种方式可以鼓励团队成员共同努力，推动团队整体的绩效提升，从而增强员工的满意度。

3. 设计长期导向的激励计划

将激励计划设计成长期导向，强调员工的职业发展和个人成长。长期导向的激励计划有助于培养员工对组织的忠诚度，使其更愿意为组织的长远目标努力。例如，提供长期股权激励计划或者职业发展规划，激励员工在组织中建立长期的职业生涯。

4. 强化员工参与和反馈机制

建立员工参与和反馈机制，让员工参与到激励方案的设计和评估中。通过员工的参与，可以更好地了解他们的需求和期望，从而制定更符合实际情况的激励策略。定期收集员工的反馈，及时调整激励计划，确保其符合员工的期望，提高员工自身满意度。

5. 提供全方位的支持与福利

除了薪酬和晋升机会外，组织还应提供全方位的支持与福利，以提高员工的整体满意度。这包括健康福利、培训发展、工作灵活性等方面的支持。员工在感受到组织对其全面关注时，更容易形成对组织的积极认同感，提高满意度。

6. 建立健全的工作文化

持续激励的成功与否还与组织的工作文化密切相关。建立积极、开放、包容的工作文化，鼓励员工发表意见、分享想法，创造轻松愉悦的工作氛围。一个良好的工作文化有助于提高员工的满意度，使其更愿意为组织做出更多的贡献。

持续激励与员工满意度之间存在密切的关系，一个科学合理的激励体系能够有效提高员工的满意度。通过公平公正的激励机制、强调团队合作、长期导向的激励计划、员工参与和反馈机制、全方位的支持与福利以及健全的工作文化等手段，组织可以建立一个有利于员工满意度提升的激励环境。

然而，需要注意的是，激励不是一劳永逸的事情，组织还需要不断调整和改进激励策略，以适应员工个体差异、组织变革等因素的影响。同时，组织在制订激励计划时应当审慎考虑可能带来的负面影响，力求使激励计划更加全面、科学、合理。通过持续激励的努力，组织可以提高员工的工作积极性、提升团队绩效，实现组织与员工共赢的局面。

第五节　绩效管理软件系统的设计与实施

一、选择适用于"互联网＋"绩效管理的软件

（一）概述

随着互联网技术的飞速发展，绩效管理也在不断演变和创新。传统的绩效管理方式已经不能满足快速变化和高度互联的工作环境，因此，许多组织转向"互联网＋"绩效管理的模式，借助先进的软件技术提升管理效能。本节将探讨在"互联网＋"绩效管理背景下，如何选择适用的软件，并分析一些具有代表性的"互联网＋"绩效管理软件。

（二）"互联网＋"绩效管理的背景

"互联网＋"绩效管理是将互联网技术应用于传统绩效管理的过程中，通过数字化、网络化的手段，实现绩效管理的创新和提升。这一模式旨在解决传统绩效管理中存在的问题，如信息不对称、周期长、反馈滞后等，使绩效管理更加灵活、高效、透明。

在"互联网＋"绩效管理的框架下，软件平台成为实现全过程数字化管理的核心工具。一款适用的绩效管理软件应当具备以下特点。

①实时性：能够提供实时的绩效数据和反馈，使管理者和员工能够随时了解当前绩效状态。

②个性化：支持个性化的绩效考核指标和计划，满足不同员工的工作特点和发展需求。

③互动性：提供互动平台，促进员工与管理者之间的及时沟通和信息交流。

④数据分析：具备强大的数据分析功能，帮助组织深入了解绩效数据背后的趋势和规律，从而制定更科学的绩效管理策略。

⑤可扩展性：具有良好的可扩展性，能够适应组织规模的变化和业务需求的调整。

（三）选择"互联网＋"绩效管理软件的关键因素

在选择适用于"互联网＋"绩效管理的软件时，需要考虑一系列关键因素，以确保软件能够满足组织的实际需求并有效提升绩效管理效能。

1.用户友好性

软件的用户友好性是一个至关重要的因素。一个直观、易用的界面能够降低员工的学习成本，提高其使用软件的积极性。此外，友好的用户界面也有助于管理者更轻

161

松地进行绩效数据的查看和分析。

2. 实时性与反馈机制

选择的软件应当具备实时性，能够及时更新绩效数据。同时，软件还应该提供强大的反馈机制，包括对员工绩效的实时评价、360 度评价等功能，以促进员工与管理者之间的即时沟通。

3. 数据安全性

由于绩效数据涉及到员工个人隐私和公司机密，选择软件时必须确保其具备高水平的数据安全保护措施。这包括数据加密、权限管理、防火墙等多层次的安全性保障。

4. 可定制性

不同组织对绩效管理的需求各异，因此软件应该具有一定的可定制性，能够根据组织的特点和需求进行个性化配置。这里面涵盖了考核指标、绩效评价体系、报告格式等方面的定制。

5. 数据分析与报告功能

一款优秀的"互联网＋"绩效管理软件应当具备强大的数据分析和报告功能，能够帮助管理者深入了解员工绩效的各个方面，发现问题并及时作出决策。

6. 整合性与兼容性

选择的软件应当具备良好的整合性，能够与组织已有的人力资源管理系统、企业资源计划系统等进行无缝对接。兼容性也是一个重要的考量因素，软件应当能够在不同的操作系统和设备上运行，以适应员工和管理者的多样化需求。

7. 云计算与移动端支持

随着云计算技术的发展，选择基于云的绩效管理软件能够提供更大的灵活性和可扩展性。同时，移动端的支持也是必不可少的，员工和管理者都可以随时随地通过手机或平板访问绩效管理系统，实现移动办公。

8. 成本与 ROI

考虑软件的成本是选择的一个关键点。除了软件购买成本外，还需要考虑软件实施、培训、维护等方面的费用。与此同时，需要评估选择软件能够为组织带来的实际回报（ROI），确保投入产出比是合理的。

9. 支持与服务

选择一家有着良好支持与服务体系的软件供应商是至关重要的。及时的技术支持和培训服务能够帮助组织更好地使用软件，解决可能出现的问题。

（四）具有代表性的"互联网＋"绩效管理软件

以下是一些在"互联网＋"绩效管理领域具有代表性的软件，它们在不同方面拥有独特的优势。

1. 阿里云智能人事

阿里云智能人事是一套基于云计算的人力资源管理解决方案，其中包括了绩效管理模块。它支持实时的绩效数据和反馈，具有良好的用户界面和移动端支持。阿里云智能人事还整合了人工智能技术，提供智能化的绩效分析和预测功能。

2. 用友云HR

用友云HR是一款全面的人力资源管理软件，其绩效管理模块涵盖了目标设定、考核评价、奖惩管理等方面。用友云HR具有良好的可定制性，能够根据组织的需求进行个性化配置。它支持数据分析和报告功能，帮助管理者更好地了解员工绩效状况。

3. 考勤宝

考勤宝是一款专注于绩效管理的软件，致力于提供简单易用的绩效解决方案。它具有实时性和用户友好性，支持移动端访问。考勤宝主打轻量化和快速实施，适用于中小型企业。

4. 猎云网

猎云网是一家提供综合人力资源服务的平台，其绩效管理模块覆盖了目标管理、绩效考核、薪酬激励等方面。猎云网注重整合性，能够与其他人力资源管理模块进行良好的整合，实现全方位的人力资源管理。

选择适用于"互联网+"绩效管理的软件是组织数字化转型中的重要一步。在选择过程中，组织需要综合考虑用户友好性、实时性与反馈机制、数据安全性、可定制性、数据分析与报告功能、整合性与兼容性、云计算与移动端支持、成本与ROI、支持与服务等多个因素。同时，具有代表性的软件如阿里云智能人事、用友云HR、考勤宝、猎云网等都值得组织认真考虑。

在选择软件的同时，组织还应该明确自身的需求和目标，与软件供应商进行深入的沟通与合作，确保所选择的软件能够真正满足组织的实际业务需求，促进绩效管理水平的提升，推动组织朝着更高效、透明、创新的方向发展。

二、系统定制与集成

（一）概述

在现代企业运营中，为了更好地适应不断变化的市场需求和业务挑战，采用系统定制与集成的策略成为一项关键战略。系统定制指的是根据组织的具体需求，通过开发或定制软件系统，使之更符合企业特定的业务流程和需求。而系统集成则是将不同系统、应用或服务整合在一起，形成一个协同工作的整体。本节将深入探讨系统定制与集成的重要性、优势、挑战以及实施策略。

（二）系统定制的优势

1. 符合业务需求

系统定制允许企业根据其独特的业务需求来创建定制化的解决方案。这确保了系统的功能和特性能够直接满足组织的业务流程和战略目标，提高了系统的实用性和适应性。

2. 提高工作效率

通过系统定制，可以精确设计和配置系统以支持组织的工作流程。这种定制使得员工能够更高效地执行任务，并减少不必要的手动工作和重复性劳动，从而提高整体工作效率。

3. 更好的用户体验

定制的系统通常更符合用户习惯和需求，提供更直观、用户友好的界面。这有助于提高用户体验，减少培训成本，并增强员工对系统的接受度，促使其更积极地使用系统。

4. 快速响应变化

市场和业务环境的快速变化要求企业能够灵活调整其业务流程。定制的系统可以更容易地进行修改和升级，以适应新的业务需求和市场趋势，帮助企业更快速、更灵活地响应变化。

（三）系统集成的优势

1. 提高数据流通性

系统集成能够实现不同系统之间的数据共享和流通，避免信息孤岛。这有助于确保企业各部门之间的协同工作，提高数据的准确性和可靠性。

2. 降低操作成本

通过系统集成，企业可以将多个独立的系统整合成一个协同工作的整体，从而减少了重复输入数据和多系统操作的需求。这有助于降低操作成本，提高工作效率。

3. 加速决策过程

集成不同的系统和数据源使得企业能够更迅速地获取全面的信息，从而可以更快速地做出决策。这种快速的决策过程对于应对市场变化、抓住商机至关重要。

4. 强化客户体验

系统集成可以实现客户信息在不同渠道的无缝传递，提高客户服务的效率。客户能够更方便地与企业互动，获得更一致的体验，增强客户对企业的满意度。

（四）系统定制与集成的挑战

1. 高成本与时间投入

系统定制和集成通常需要大量的人力、财力和时间。从需求分析到实施，再到系统的测试和优化，整个过程可能会耗费大量资源，对于一些中小企业而言，这可能是一个较大的挑战。

2. 技术复杂性

系统定制和集成涉及到多个技术层面，需要具备高水平的技术知识和经验。企业可能需要聘请专业的技术团队或外部顾问来确保系统的设计和实施达到预期的效果。

3. 风险管理

系统定制和集成可能伴随着一定的风险，包括但不限于数据丢失、系统不稳定、安全性问题等。企业需要在实施前谨慎评估这些风险，并采取相应的风险管理措施。

4. 组织变革阻力

引入新的系统可能会导致组织内部的变革，员工可能需要去适应新的工作流程和系统操作方式。这可能引起一些员工的阻力和不适应，需要进行有效的变革管理。

（五）系统定制与集成的实施策略

1. 明确业务需求

在系统定制与集成之前，企业需要深入了解自身的业务需求。明确业务流程、数据需求、用户需求等，为后续的系统设计和集成提供清晰的方向。

2. 选择合适的技术和平台

在选择系统定制和集成的技术和平台时，需要考虑其与企业当前技术架构的兼容性，以及是否能够支持未来的扩展和升级。

3. 制订详细的实施计划

制订详细的实施计划，包括项目的阶段、时间表、资源需求等方面的计划。这有助于确保项目能够按时按质完成，减少不必要的延误和资源浪费。

4. 采用敏捷开发方法

为了应对不断变化的需求和快速迭代的要求，采用敏捷开发方法是一种常见的实施策略。敏捷方法能够使团队更灵活地应对变化，适应需求的调整，同时保持项目的可控性。

5. 进行充分的培训与沟通

在系统定制和集成完成后，进行充分的培训是至关重要的。确保所有使用系统的员工都能够熟练掌握操作，并理解新的业务流程。此外，及时的沟通和反馈机制也有助于解决员工在适应新系统过程中存在的问题和困惑。

6.考虑未来的扩展和升级

在系统定制和集成的设计阶段，需要考虑未来的业务扩展和系统升级的可能性。选择可扩展和易升级的系统架构，以降低未来升级的复杂性和成本。

7.风险管理与监控

在整个系统定制和集成的过程中，进行风险管理是必不可少的。对于可能出现的问题，需要及时进行识别、评估和应对。定期进行项目进度和质量的监控，确保项目按计划推进。

系统定制与集成作为优化业务流程的关键战略，为企业提供了更灵活、更适应变化的解决方案。尽管在实施过程中可能面临一些挑战，如高成本、技术复杂性和组织变革阻力等，但通过合理地实施策略和风险管理，这些挑战是可以被克服的。

在选择系统定制与集成的路径时，企业需要充分考虑自身的业务需求和发展方向。明确业务目标、选择适合的技术和平台、制订详细的实施计划以及进行充分的培训与沟通，都是确保项目成功的关键因素。同时，系统定制与集成不是一次性的工程，而是一个持续改进和适应的过程，企业需要不断优化和升级系统，以适应不断变化的业务环境。通过科学合理的系统定制与集成，企业将能够更好地实现业务流程的优化，提升整体运营效率，迎接未来的挑战。

三、系统上线与培训

（一）概述

在企业数字化转型的过程中，系统上线和培训是至关重要的环节。系统上线标志着新系统正式投入使用，而培训则是确保员工能够熟练掌握新系统操作的关键步骤。本节将深入探讨系统上线和培训的重要性、目标、策略，以及如何确保顺利过渡和高效使用新系统。

（二）系统上线的重要性

1.标志着数字化转型的实现

系统上线是数字化转型过程的重要里程碑，意味着企业已经成功实施了新的信息系统，从而使业务更加高效、透明和可控。这对于提升企业的竞争力和适应市场变化至关重要。

2.促使业务流程的正常运行

系统上线后，企业可以正式切换到新系统上执行业务流程。这有助于消除并发运行的问题，确保数据的准确性和一致性，提高整体业务运作的稳定性。

3. 改善企业内部沟通和协作

新系统的上线通常伴随着信息流畅度的提升，有助于改善企业内部沟通和协作。各部门可以更方便地共享拥有的信息，实现更紧密的协同工作，推动整个企业的协同效应。

（三）系统上线的目标

1. 保证系统稳定性

系统上线的首要目标是保证新系统的稳定性。通过充分的测试和验证，确保系统能够在生产环境中正常运行，降低出现故障的概率。

2. 保障业务连续性

在系统过渡期间，保障业务的连续性是关键目标之一。企业需要确保在过渡期间业务能够正常进行，避免对客户和合作伙伴造成不必要的影响。

3. 最小化用户影响

尽量减少系统上线对用户操作的影响，确保用户在系统切换后能够继续高效地完成工作。这需要在系统上线前提供充分的培训和支持，使用户能够迅速适应新系统。

（四）系统上线的策略

1. 制订详细的上线计划

在系统上线前，制订详细的上线计划是关键的一步。计划应包括系统上线的具体日期、上线过程中涉及的各个步骤、相关团队的责任和任务分配等。详细的计划有助于确保整个上线过程有序进行。

2. 分阶段上线

对于复杂的系统，还可以考虑分阶段上线的策略。逐步将系统功能投入使用，分阶段检验系统在实际运行中的表现，减少一次性出现大量问题的风险。

3. 提前进行用户培训

在系统上线前提前进行用户培训是确保用户能够顺利过渡的关键。培训内容应该覆盖系统的基本操作、常见问题的解决方法以及使用技巧。培训可以通过在线培训、面对面培训、视频教程等多种形式进行。

4. 设置有效的技术支持和帮助中心

在系统上线后，设立有效的技术支持和帮助中心是保障用户能够快速解决问题的关键。及时响应用户的疑问和反馈，提供有效的技术支持，有助于用户更快速地适应新系统。

5. 监控系统性能

在系统上线后，需要对系统性能进行实时监控。通过监控系统的运行状况，及时发现潜在问题并进行处理，确保系统在上线后可以保持稳定运行。

（五）培训的重要性

1. 提高员工熟练度

通过培训，员工能够更快速地熟练掌握新系统的操作方法和功能。这有助于提高员工的工作效率，减少在系统切换后的适应期。

2. 降低错误率

经过培训，员工对系统的理解更加深入，操作更加熟练，从而降低因操作错误导致的问题和事故的发生率。这对保障业务流程的稳定性至关重要。

3. 提升用户体验

培训不仅仅是传授操作技能，还包括对系统背后原理和逻辑的理解。员工能够更全面地了解系统，提升对系统的认知和接受度，从而提升用户体验。

（六）培训的目标

1. 掌握基本操作

培训的首要目标是确保员工能够掌握新系统的基本操作。这包括系统的登录、主要功能模块的使用、数据输入和查询等基本操作，使员工能够熟练地使用系统进行日常工作。

2. 理解系统逻辑和流程

培训应该使员工深入理解新系统的逻辑和业务流程。员工需要了解系统中各个模块之间的关联性，明白数据的流动路径，从而更好地理解系统的运作原理。

3. 解决常见问题

培训的目标之一是使员工能够独立解决常见的系统问题。这包括在系统操作中可能遇到的错误、异常情况的处理方法，以及如何利用系统内置的帮助功能解决疑难问题。

4. 提高系统应用技能

除了基本的操作，培训还应该提高员工的系统应用技能。这包括更高级别的数据分析、报表生成、系统配置等操作，使员工能够更全面地利用系统提高工作效率。

（七）培训的策略

1. 制订灵活的培训计划

考虑到员工的工作安排和学习习惯，制订灵活的培训计划。可以选择线上培训、面对面培训、自主学习等多种形式，以满足不同员工的需求。

2. 选择合适的培训工具和资源

根据系统的性质和员工的特点，选择合适的培训工具和资源。这包括在线培训平台、视频教程、培训手册等。利用多样化的培训资源可以更好地满足不同学习方式的员工。

3. 实施角色定制培训

不同岗位的员工可能需要掌握不同的系统功能。因此，实施角色定制培训，根据员工的职责和需要，有针对性地提供相关培训内容，确保培训的针对性和有效性。

4. 提供实际操作机会

培训过程中，企业应该为员工提供充分的实际操作机会。通过实际操作，员工能够更深入地理解系统的使用方式，提高操作熟练度。

5. 设立培训考核机制

为了确保培训效果，可以设立培训考核机制。通过培训结束后的测试或考核，评估员工对系统的掌握程度，及时发现并解决培训中可能存在的问题。

（八）确保顺利过渡与高效使用的关键因素

1. 充分准备

在系统上线前，进行充分的准备工作是确保顺利过渡的关键。工作包括系统的测试、用户数据的迁移、硬件和网络的检查等。只有当系统处于良好状态时，才能保证上线过程的顺利进行。

2. 及时沟通

在整个过渡期间，及时沟通是确保员工理解新系统变化的关键。企业需要建立有效的沟通渠道，及时向员工传达关于系统上线的信息、变化和培训安排等。

3. 强化技术支持

设立强化的技术支持团队是确保员工在使用新系统过程中能够迅速解决问题的关键。及时响应用户的疑问和反馈，提供有效的技术支持，有助于用户更快速地适应新系统。

4. 制订应急计划

在系统上线过程中，可能会遇到一些意外情况，如系统故障、网络问题等。制订应急计划，明确应对措施，确保在出现问题时能够迅速响应和处理，最小化对业务的影响。

5. 持续改进

上线后，企业需要建立持续改进的机制。收集用户反馈，分析系统的使用情况，及时调整培训计划和技术支持策略，以确保系统能够持续满足业务需求。

系统上线和培训是企业数字化转型过程中不可或缺的环节。通过系统上线，企业实现了新系统的正式投入使用，为业务的高效运作打下了基础。而通过培训，企业确保了员工对新系统的熟练掌握，提高了工作效率和业务连续性。在整个过渡期间，充分准备、及时沟通、强化技术支持、制定应急计划以及持续改进都是确保顺利过渡和高效使用的关键因素。通过科学合理的上线和培训策略，企业能够更好地实现数字化转型目标，提升竞争力，迎接未来的挑战。

第六节　绩效管理结果分析与优化

一、制定结果分析的关键指标

（一）概述

在现代企业管理中，制定结果分析的关键指标是实现有效决策和业务优化的重要步骤。关键指标是通过度量和评估企业绩效、目标达成情况以及各项业务活动的效果来提供有针对性的信息。本节将深入探讨制定结果分析的关键指标的重要性、目标、策略，以及如何通过这些关键指标实现业务的持续改进和发展。

（二）制定结果分析的关键指标的重要性

1.为决策提供依据

制定结果分析的关键指标为企业管理层提供了决策的依据。通过对关键指标的分析，管理层可以更清晰地了解企业的现状、趋势和问题点，有助于做出科学合理的决策，优化业务流程。

2.评估绩效和目标达成情况

关键指标是对企业绩效和目标达成情况进行量化评估的工具。通过监测关键指标的变化，企业可以及时发现绩效波动、目标达成的程度，从而调整策略，确保企业朝着预定的方向前进。

3.实现持续改进

关键指标的分析不仅可以帮助企业发现问题，还可以为持续改进提供方向。通过识别业务流程中的瓶颈、优化点，企业可以采取有针对性的措施，不断提高绩效水平，适应市场的变化。

（三）制定结果分析的关键指标的目标

1.确定关键业务目标

首先，企业需要明确自身的关键业务目标。这可能涵盖销售增长、成本控制、客户满意度等多个方面。通过明确目标，企业可以更有针对性地选择关键指标，以便更好地衡量目标的实现情况。

2.设定可度量的关键指标

每个关键业务目标都应该有相应的可度量的关键指标。这些指标可以是数量化的，例如销售额、市场份额，也可以是质性的，如客户满意度调查结果。确保这些指标能够准确反映出企业的绩效和目标达成情况。

3. 确保指标的关联性

关键指标之间应该具有一定的关联性，以便全面了解业务的运作情况。例如，销售额的增长可能会影响利润率，客户满意度的提升可能会影响客户忠诚度。确保指标之间的关联性有助于形成更全面的业务分析。

4. 制定合理的达成标准

为每个关键指标制定合理的达成标准是非常重要的。这需要考虑到行业标准、市场竞争状况以及企业自身的实际情况。标准过高可能导致员工难以实现，而标准过低则可能降低了目标的挑战性。

（四）制定结果分析的关键指标的策略

1. 选择关键业务领域的关键指标

企业在制定关键指标时，应该优先选择与关键业务领域相关的指标。例如，对于零售业务，销售额、库存周转率等可能是关键指标；而对于客户服务行业，客户满意度、问题解决速度等可能更为重要。

2. 结合行业标准和最佳实践

考虑到行业的特点，参考行业标准和最佳实践，选择适用的关键指标。这有助于确保企业在竞争中具有相对优势，并可以借鉴其他成功企业的经验。

3. 采用综合指标和细分指标相结合的方式

综合指标可以反映业务的整体状况，而细分指标则可以提供更详细的信息。企业可以采用这两种方式相结合的方式，既关注整体绩效，又深入了解业务各方面的细节。

4. 引入预测性指标

除了反映当前业务状况的指标，企业还可以引入预测性指标，用于预测未来的趋势和变化。这有助于企业在未来能够更好地应对市场的变化。例如，市场调研、趋势分析等可以成为预测性指标的重要组成部分。

5. 制定时间框架和频率

明确关键指标的监测时间框架和评估频率是确保分析的及时性和准确性的关键。不同的业务领域和指标可能需要不同的时间框架，有些指标可能还需要实时监测，而有些则可以采取更为长周期的评估。

6. 结合内部和外部指标

不仅要关注内部的关键指标，还要结合外部环境因素。外部指标可能包括市场趋势、竞争对手的表现、经济指标等。通过全面考虑内外因素，企业可以更全面地分析业务情况。

（五）利用关键指标实现业务优化

1. 进行定期的结果分析会议

定期召开结果分析会议，对关键指标进行深入分析和讨论。会议可以涉及到每个关键指标的具体表现、达成情况、影响因素等。通过团队的协作，能够汇聚不同部门的智慧，形成更全面的业务分析。

2. 制订行动计划

分析关键指标的结果后，制订相应的行动计划。行动计划应该具有明确的目标、责任人、执行时间等要素，以确保实际操作中的有效性。行动计划可以包括调整业务策略、改进流程、提升员工培训等方面。

3. 实施持续改进

将行动计划付诸实践后，需要对其效果进行监测和评估。同时，企业应该保持对关键指标的持续关注，随着业务环境和市场的变化，及时调整和优化关键指标，以实现持续改进。

4. 利用技术工具支持分析

借助先进的技术工具，如业务智能系统、数据分析平台等，可以更高效地进行关键指标的分析。这些工具可以提供可视化的数据报告、趋势分析、预测模型等功能，帮助企业更深入地理解业务情况。

5. 引入员工激励机制

与关键指标的实现紧密相关的员工，可以通过引入激励机制来提高其工作积极性。激励机制可以包括绩效奖金、晋升机会、培训机会等，激发员工的工作热情，推动整体业务的提升。

制定结果分析的关键指标是企业实现有效决策和业务优化的基石。通过明确关键业务目标、设定可度量的关键指标、确保指标的关联性和制定合理的达成标准，企业可以在制定关键指标时更有针对性和实效性。在策略上，选择关键业务领域的关键指标、结合行业标准和最佳实践、采用综合指标和细分指标相结合的方式、引入预测性指标等，都有助于建立更完善的关键指标体系。

关键指标不仅仅是一个度量工具，更是推动业务优化和持续改进的驱动力。通过进行定期的结果分析会议、制订行动计划、实施持续改进、利用技术工具支持分析和引入员工激励机制，企业可以充分利用关键指标，实现业务的不断提升和发展。在信息化时代，关键指标的制定和分析不仅是一种管理手段，更是企业实现成功的关键之一。

二、数据分析在绩效结果优化中的作用

（一）概述

在现代企业管理中，绩效优化是追求高效运营和可持续发展的核心目标之一。随着信息技术的飞速发展，数据分析逐渐成为企业绩效优化的关键工具。本节将深入探讨数据分析在绩效结果优化中的作用，包括如何利用数据分析提升决策的科学性、识别关键业务指标、发现潜在问题、制定精准的绩效目标以及持续改进绩效等方面。

（二）数据分析的定义

数据分析是通过收集、处理和分析大量数据，提取有用信息、模式和关系的过程。在企业环境中，数据分析涵盖了多个层面，包括业务数据、运营数据、市场数据等。通过对这些数据的深入挖掘和分析，企业可以更好地理解自身运营状况，从而优化工作绩效。

（三）利用数据分析提升决策的科学性

1. 基于事实的决策

数据分析能够为决策提供客观的事实依据，消除主观臆断和经验判断的影响。通过对历史数据和趋势的分析，企业领导可以做出更为准确和科学的决策，降低决策的风险。

2. 预测性分析

数据分析不仅关注当前状况，还能通过预测性分析预测未来趋势。通过建立模型、利用算法，企业可以更好地预测市场变化、客户需求等因素，使决策更有远见。

3. 实时决策支持

随着大数据技术的不断发展，企业可以实现对实时数据的分析和监测。这使得领导层能够在决策时获得最新的业务信息，及时调整战略，提高决策的敏捷性和灵活性。

（四）识别关键业务指标

1. 确定业务目标

在进行数据分析之前，企业需要明确自身的业务目标。这可能涉及到销售增长、成本控制、客户满意度提升等方面。有了清晰的业务目标，企业就可以更有针对性地选择关键业务指标。

2. 设定关键绩效指标

关键业务指标（KPIs）是反映企业绩效的重要衡量标准。通过数据分析，企业可以确定哪些指标对于实现业务目标至关重要。这可能包括销售额、利润率、客户留存率等。

3. 监测关键业务指标的变化

通过数据分析，企业能够持续监测关键业务指标的变化趋势。这有助于及时发现绩效波动、问题点，使企业能够快速作出调整，确保达到预定的业务目标。

（五）发现潜在问题

1. 异常检测

数据分析可以帮助企业检测到数据中的异常情况。通过建立基准模型，识别与预期偏离较大的数据，企业可以及时发现潜在的问题，如生产异常、供应链问题等。

2. 模式识别

通过模式识别技术，企业可以发现数据中的潜在模式和关联关系。这有助于揭示潜在问题的根本原因。例如，通过分析客户投诉数据，企业可能发现某一产品质量存在问题，从而及时采取相应的改进措施。

3. 用户行为分析

对于面向客户的企业，分析用户行为是非常关键的一环。通过跟踪用户的购买行为、点击行为等，企业可以了解用户偏好，发现产品或服务的改进空间，提高用户体验，从而优化绩效。

（六）制定精准的绩效目标

1. 基于数据的目标设定

通过数据分析，企业可以更加科学地设定绩效目标。不仅要考虑业务目标的合理性，还要结合历史数据、市场趋势等因素，确保目标既有挑战性，又是可实现的。

2.SMART 原则

绩效目标的设定应符合 SMART 原则，即具体（Specific）、可衡量（Measurable）、可实现（Achievable）、相关（Relevant）和有时限（Time-bound）。通过数据分析，企业就可以更好地满足这些原则，制定出更加明确、具体且实现可能性高的目标。

（七）持续改进绩效

1. 实时反馈

数据分析可以提供实时的业务反馈。通过监测关键业务指标的实时变化，企业能够及时发现问题并采取行动。这种实时的反馈机制有助于持续改进业务流程。

2.A/B 测试

A/B 测试是一种通过对比两种或多种不同的策略、产品或服务来确定最佳方案的方法。通过数据分析，企业可以进行 A/B 测试，了解不同策略的效果，从而不断优化业务运营。

3. 反馈机制

建立有效的反馈机制是持续改进绩效的关键。通过收集用户、员工和其他利益相关方的反馈意见，企业可以了解实际情况，发现问题，进而做出调整和改进。

4. 数据驱动的决策文化

通过数据分析建立数据驱动的决策文化是企业持续改进的基础。让决策者和员工都能理解和利用数据，使数据成为业务决策的核心参考，推动企业在竞争激烈的市场中持续发展。

（八）数据隐私保护与合规性考虑

在进行数据分析的过程中，企业必须充分考虑到数据隐私保护和合规性问题。制定明确的数据隐私政策、采取安全的数据存储和传输手段、确保数据使用符合法规和行业标准，都是保障数据安全和合规性的重要步骤。

数据分析在绩效结果优化中发挥着不可替代的作用。通过提供客观的事实依据、识别关键业务指标、发现潜在问题、制定精准的绩效目标以及持续改进绩效等方面，数据分析为企业提供了全面、深入的视角，有助于企业在竞争激烈的市场中更好地应对挑战，实现可持续发展。在未来，随着大数据技术的不断发展和应用，数据分析将进一步成为企业决策和战略规划的核心工具，为企业创造更大的价值。

第五章 "互联网+"背景下的员工关系与沟通

第一节 虚拟团队与团队协作工具

一、"互联网+"时代虚拟团队的特点

（一）概述

随着"互联网+"时代的到来，虚拟团队作为一种新型的工作组织形式，逐渐成为各行各业普遍采用的工作模式之一。虚拟团队通过互联网技术，将分布在不同地理位置的成员整合在一起，实现协同工作。本节将探讨"互联网+"时代虚拟团队的特点，包括沟通方式、协作工具、人才管理等方面的关键特征。

（二）虚拟团队的定义

虚拟团队是指成员分散在地理位置上，通过电子通信技术进行远程协作，共同完成组织任务的一种工作组织形式。成员可能来自不同的地区、国家，他们通过互联网、云计算等技术，以虚拟的方式实现协同工作。

（三）沟通方式的多样性

1. 实时沟通工具

在"互联网+"时代，虚拟团队可以利用实时沟通工具进行及时交流，例如即时消息、视频会议等。这使得团队成员无论身处何地，都能随时随地进行沟通，促进信息的及时传递和团队协同。

2. 电子邮件和在线文档

电子邮件作为一种传统的沟通方式在虚拟团队中仍然得到广泛应用。同时，云存储和在线文档协作平台也为团队成员提供了共享和编辑文件的便捷方式，实现了跨地域的协同工作。

3. 社交媒体和在线社区

虚拟团队通过社交媒体平台和在线社区建立更紧密的联系，促进成员之间的交流与合作。这种开放式的沟通方式有助于打破地理界限，促使团队更加融洽地协同工作。

（四）协作工具的高效利用

1. 项目管理工具

虚拟团队需要通过项目管理工具来实现任务的分配、跟踪和进度管理。这些工具通常包括任务列表、甘特图、进度报告等功能，帮助团队成员更好地了解项目的整体情况。

2. 在线会议和远程协作工具

由于虚拟团队成员分布在不同的地理位置，在线会议和远程协作工具变得尤为重要。视频会议、在线白板、远程桌面共享等工具能够让团队成员进行实时的协作和讨论，消除沟通距离。

3. 虚拟协同平台

虚拟协同平台整合了多种协作工具，为团队提供了一个集中管理和协作的平台。团队成员可以在同一个平台上进行文件共享、任务分配、沟通交流等，提高协作效率。

（五）人才管理的挑战与创新

1. 弹性工作制度

"互联网＋"时代，虚拟团队成员可能在不同的时区工作，需要适应弹性的工作制度。这对于人才管理提出了新的挑战，需要更加注重成员的工作习惯和时间管理能力。

2. 跨文化沟通与团队建设

虚拟团队成员来自不同的文化背景，跨文化沟通成为一个重要课题。在人才管理中，需要重视团队建设，加强成员之间的互相理解和信任，以促进团队的协同效能。

3. 远程团队领导力

远程团队领导力与传统的团队领导力有所不同。在虚拟团队中，领导需要更强调沟通技巧、信任建设和目标明确性。人才管理需要注重培养具备远程团队领导力的管理者。

（六）灵活的工作环境

1. 科技支持的灵活办公

在"互联网＋"时代，虚拟团队成员可以选择更加灵活的工作环境，如远程办公、移动办公等。这种灵活性使得团队成员更能够根据个体需求调整工作方式，提高工作满意度。

2. 工作生活平衡

虚拟团队成员可以更加方便地实现工作和生活的平衡。由于工作地点的弹性，员工可以更好地安排自己的工作时间，减少通勤时间，提高工作效率。

（七）数据安全和隐私保护

1. 安全通信和数据加密

在虚拟团队中，信息的传递离不开网络通信。为确保数据的安全，虚拟团队需要采用安全通信手段和数据加密技术，防范数据泄漏和不当访问。

2. 访问权限管理

对于虚拟团队中的各类协作工具和信息系统，需要建立严格的访问权限管理机制。合理分配和管理成员的访问权限，确保敏感信息只能被授权人员访问，从而保障数据的安全性。

3. 定期的安全培训

由于虚拟团队成员分散在不同的地理位置，对于信息安全的教育和培训变得尤为重要。定期的安全培训能够提高团队成员的安全意识，教育他们正确处理敏感信息和遵循安全规范。

（八）技术支持与创新

1. 云计算和大数据

云计算技术为虚拟团队提供了强大的支持，使得成员能够在云端存储和共享数据，随时随地访问工作文件。同时，大数据分析也为团队提供了更深入的业务洞察。

2. 虚拟现实和增强现实

虚拟现实（VR）和增强现实（AR）技术为虚拟团队提供了更加沉浸式的协作体验。通过 VR/AR 技术，团队成员可以在虚拟空间中进行会议、协作设计等活动，提高远程协作的效率和质量。

3. 人工智能与自动化

人工智能（AI）和自动化技术在虚拟团队中的应用，可以提高工作效率。例如，自动化的任务分配和进度跟踪，智能语音助手的应用等，都有助于减轻团队成员的工作负担，提升工作效能。

（九）持续学习和适应能力

1. 不断更新的技能需求

"互联网＋"时代的快速发展带来了不断更新的技术和工作方法。虚拟团队成员需要具备不断学习和适应新技术的能力，以保持自身竞争力。

2. 在线培训和知识共享

虚拟团队可以通过在线培训平台和知识共享系统，提供成员持续学习的机会。这有助于团队成员不断提升自身技能，更好地适应快速变化的工作环境。

"互联网+"时代的虚拟团队具有多样的沟通方式、高效利用协作工具、面临人才管理的挑战与创新、灵活的工作环境、数据安全与隐私保护等特点。在这个全新的工作模式下，虚拟团队需要不断适应技术创新、注重团队文化建设、强调数据安全和隐私保护，以确保团队协同的高效性和成员的工作满意度。通过科技的支持、不断学习和适应能力的培养，虚拟团队将在"互联网+"时代发挥越来越重要的作用。

二、选择与优化虚拟团队协作工具

（一）概述

随着"互联网+"时代的发展，虚拟团队协作工具成为组织提高效率、促进团队协同的关键要素。选择合适的工具并不仅仅是一项技术决策，更是与团队的工作方式、沟通需求以及项目性质密切相关的战略决策。本节将探讨如何选择和优化虚拟团队协作工具，以提升团队的协作效能和工作质量。

（二）选择虚拟团队协作工具的重要性

1. 提高工作效率

虚拟团队协作工具能够集成多种功能，包括文件共享、任务管理、在线会议等，有效提高团队的工作效率。通过选择适用的工具，团队成员可以更加便捷地进行沟通、协作和信息共享。

2. 改善沟通协同

良好的沟通和协同是虚拟团队成功的关键。协作工具可以打破地理距离，实现即时的沟通和协同编辑，促使团队成员更加紧密地合作起来。

3. 数据集中管理

虚拟团队通常需要处理大量的信息和文件，协作工具能够帮助团队将数据集中管理，确保成员能够方便地获取所需信息，降低信息孤岛的发生。

4. 提高工作灵活性

选择适当的协作工具可以提高团队的工作灵活性，支持远程办公、异地协作等方式，使团队更具弹性和适应性。

（三）选择虚拟团队协作工具的关键考虑因素

1. 团队的工作方式

不同团队有不同的工作方式和协作需求。一些团队更注重实时沟通，而另一些可能更关注项目管理和任务分配。选择协作工具时，需要根据团队的工作方式来满足其具体需求。

2. 项目的性质和规模

不同类型和规模的项目需要不同的协作工具支持。大型项目可能需要更强大的项目管理和进度跟踪功能，而小型项目可能更注重简洁易用的沟通工具。

3. 成员的技术水平

团队成员的技术水平和熟悉度也是选择工具时需要考虑的因素。选择易于上手、用户友好的工具有助于提高团队整体的使用效率。

4. 安全性和隐私保护

虚拟团队协作涉及到大量的信息和数据传输，安全性和隐私保护是至关重要的考虑因素。选择具备良好安全性措施的工具，确保团队信息的安全性。

5. 可扩展性和集成性

选择具备良好可扩展性和集成性的协作工具，能够满足团队未来的发展和业务需求。这包括与其他软件、应用的无缝集成，以及支持团队规模的灵活扩展。

（四）优化虚拟团队协作工具的方法

1. 团队培训和教育

为团队成员提供培训和教育，使其熟练掌握协作工具的使用方法。这包括基本功能的操作、高级功能的应用以及最佳实践的分享。

2. 定期更新和维护

保持协作工具的更新，及时安装新版本和补丁，确保团队使用的是最稳定和安全的版本。同时，定期清理无用的数据和文件，以保持系统的整洁。

3. 鼓励反馈和改进建议

建立反馈机制，鼓励团队成员提供对协作工具的使用感受、问题和改进建议。这有助于及时发现和解决潜在的问题，提高工具的用户满意度。

4. 制定使用规范和流程

建立协作工具的使用规范和流程，明确团队成员在工具中的职责和权限，规范信息的传递和存储，防止混乱和错误地操作。

5. 整合其他应用和系统

优化协作工具的使用体验，考虑整合其他常用的应用和系统，使得团队成员能够在一个平台上完成更多的工作，提高工作效率。

6. 安全性和隐私保护策略

加强协作工具的安全性和隐私保护，采取必要的措施防范潜在的风险。这包括加密通信、严格的访问权限控制、定期的安全审查等。

选择和优化虚拟团队协作工具是一个关键的战略性决策，直接关系到团队的工作效率和协同质量。通过考虑团队的工作方式、项目性质、成员技术水平等因素，选择适合的工具，并通过培训、更新维护、鼓励反馈等手段进行优化，可以使协作工具更好地适应团队的需求。同时，制定规范和整合其他系统，保障协作工具的安全性和隐私保护，将有助于提高团队的整体协作水平，推动项目的成功实施。在"互联网＋"时代，充分发挥虚拟团队协作工具的优势，将有助于提升组织的竞争力和创新能力。

三、虚拟团队领导力的培养与发展

（一）概述

随着"互联网＋"时代的到来，虚拟团队的兴起逐渐成为了一种趋势。虚拟团队的领导力要求不仅仅需要具备传统的领导能力，还需要适应远程工作和数字化协作的挑战。本节将探讨虚拟团队领导力的培养与发展，分析虚拟团队领导的关键素质、培训方法以及应对挑战的策略。

（二）虚拟团队领导力的定义

虚拟团队领导力是指领导者在虚拟团队环境中，通过有效的沟通、协作和激励，推动团队实现共同的目标和任务的能力。相较于传统的面对面领导，虚拟团队领导需要具备更强的沟通技巧、远程协作能力以及对技术工具的熟练运用。

（三）关键素质

1. 沟通技能

在虚拟团队中，有效的沟通是领导者至关重要的素质之一。领导者需要善于运用各种沟通工具，其中包括文字、语音、视频等，确保信息的准确传递，并且能够理解和适应不同文化和语言背景的团队成员。

2. 远程协作能力

虚拟团队的成员可能分布在全球各地，领导者需要具备卓越的远程协作能力。这包括对时区差异的合理利用、有效利用在线协作工具以及激发团队创造力的能力。

3. 团队建设技能

虚拟团队的团队建设相对面对面团队更为复杂，领导者需要有能力建立团队凝聚力。这包括通过线上活动、定期团队会议等方式拉近成员之间的关系，增强团队合作意识。

4. 技术熟练度

领导者需要具备对协作工具和技术的熟悉程度，以确保团队还够高效地使用这些工具。这可能涉及到项目管理软件、沟通工具、在线会议平台等多个方面。

5. 自主管理能力

在虚拟团队中，成员可能更加自主，而领导者需要具备自主管理的能力，鼓励成员自我激励、设定目标，并在必要时提供支持和反馈。

（四）培训方法

1. 虚拟团队领导力培训课程

开设专门的虚拟团队领导力培训课程，以帮助领导者更好地理解虚拟团队的挑战和机遇。这些课程需要涵盖沟通技能、远程协作技巧、团队建设等方面，帮助领导者全面提升。

2. 虚拟教练和导师

为领导者提供虚拟教练和导师，通过一对一的方式提供个性化的指导和反馈。这有助于领导者更有针对性地改善自身在虚拟团队环境中的领导力。

3. 情景模拟培训

通过虚拟现实技术或在线平台进行情景模拟培训，让领导者置身于虚拟团队的具体场景中，模拟各种挑战和决策情境，培养其在实际工作中的应变能力。

4. 团队合作项目

组织虚拟团队合作项目，让领导者亲身体验虚拟团队协作的挑战。通过参与实际项目，领导者可以更深刻地理解团队成员的需求，并找到更好的领导方式。

5. 交流分享会

定期组织虚拟团队领导者的交流分享会，让他们分享彼此的经验、教训和成功实践。这种交流平台可以促进领导者之间的学习和互相启发，使他们可以更好地适应虚拟团队领导的角色。

（五）应对挑战的策略

1. 建立清晰的沟通渠道

确保建立清晰、及时的沟通渠道，包括团队内部和领导者与团队成员之间的沟通。使用多种沟通工具，如即时消息、视频会议和邮件，以满足不同情境下的沟通需求。

2. 制定明确的工作目标和规范

为虚拟团队设定明确的工作目标，并建立规范的工作流程。确保每个团队成员都清楚自己的职责，以提高工作效率和协同能力。

3. 强化团队文化建设

在虚拟团队中，团队文化的建设更显重要。领导者需要通过各种方式去强化团队文化，包括共享价值观、设立团队标志等，以提高团队凝聚力和成员的归属感。

4. 促进团队合作

鼓励团队成员开展合作项目和团队活动，促进彼此之间的了解和信任。这有助于减轻虚拟团队中可能存在的沟通障碍和信任问题。

5.定期远程团队建设活动

定期组织远程团队建设活动，可以是线上的培训、座谈会，也可以是团队成员之间的虚拟社交活动。这有助于加强团队成员之间的关系，缓解个人孤独感和隔阂感。

虚拟团队领导力的培养与发展是适应"互联网＋"时代工作模式的迫切需求。领导者需要具备良好的沟通技能、远程协作能力、团队建设技能、技术熟练度和自主管理能力。通过培训课程、虚拟教练、情景模拟培训、团队合作项目和交流分享会等方式，领导者可以提升自身在虚拟团队中的领导力水平。

同时，领导者还需要应对虚拟团队领导中的挑战，建立清晰的沟通渠道，制定明确的工作目标和规范，强化团队文化建设，促进团队合作，并定期组织远程团队建设活动。这些策略有助于解决虚拟团队中可能面临的沟通、协同和团队凝聚力等方面的问题，提高团队的整体绩效。

在不断发展的工作环境中，虚拟团队领导者需要不断学习和适应，保持敏感性和创新性，以更好地引领团队应对未来的挑战。通过不断地培养和发展虚拟团队领导力，组织能够更好地利用虚拟团队的优势，推动业务发展和创新。

第二节 社交平台在员工关系中的作用

一、社交平台在企业内部的沟通与分享

（一）概述

随着信息技术的迅速发展，社交平台在企业内部的沟通与分享中扮演着越来越重要的角色。这些平台不仅提供了即时的沟通手段，还促进了知识共享、团队协作和员工参与。本节将深入探讨社交平台在企业内部沟通与分享方面的应用，分析其优势、挑战以及有效的实施策略。

（二）社交平台在企业内部的应用

1.即时沟通与协作

社交平台通过即时通信功能，使得企业内部的沟通变得更加高效和实时。员工可以方便地分享信息、交流想法，提高团队的协作效率。常见的工具包括 Slack、MicrosoftTeams 和企业微信等。

2.知识管理与共享

社交平台为企业提供了一个便捷的知识管理平台，员工可以在平台上分享自己的

专业知识、经验和最佳实践。这有助于打破信息孤岛，促进团队成员之间的知识共享，提高整体的业务水平。

3.团队建设与文化塑造

通过社交平台，企业可以建立一个开放、透明的沟通氛围，促进团队建设和文化塑造。定期的团队分享、庆功活动和员工互动等活动都可以在社交平台上进行，增强员工的凝聚力和对企业文化的认同感。

4.反馈与员工参与

社交平台提供了一个便捷的渠道，让员工能够更直接地提供反馈，参与企业决策的过程。这有助于增强员工的参与感，提高对企业的归属感，同时也为企业提供了宝贵的意见和建议。

（三）社交平台在企业内部的优势

1.实时沟通与协作

社交平台通过即时通信和协作工具，使得员工能够实时进行沟通和协作，无论他们身处何地。这有助于打破地域限制，提高工作效率。

2.跨部门合作

社交平台提供了一个跨部门合作的平台，不同部门的员工可以更轻松地共享信息、协作项目，促进企业内部各个团队之间的协同工作。

3.知识分享与传承

通过社交平台，企业内部的知识分享变得更加容易。老员工可以通过平台分享自己的经验和知识，帮助新员工更快地融入团队，促进知识的传承。

4.提高员工参与度

社交平台为员工提供了一个表达意见、参与讨论的渠道，增强了员工的参与感。这有助于培养积极向上的企业文化，提高员工的工作动力和创造力。

（四）社交平台在企业内部的挑战

1.安全和隐私问题

企业内部涉及到大量敏感信息，社交平台的使用可能引发安全和隐私问题。确保平台的安全性，加强权限管理和数据加密是应对这一挑战的关键。

2.信息过载

社交平台的大量信息流可能导致员工信息过载，影响工作效率。企业需要制定清晰的信息管理策略，确保重要信息能够被及时关注和处理。

3.技术培训与接受度

部分员工可能对新技术和社交平台的使用不够熟悉，需要进行相关的技术培训。提高员工对社交平台的接受度，是确保平台发挥最大效益的重要步骤。

4. 维护和管理成本

社交平台的维护和管理需要一定的成本和资源投入。企业需要权衡成本和效益，确保投入产出比达到合理水平。

（五）有效的实施策略

1. 制定明确的政策与规定

企业在使用社交平台时需要制定明确的政策与规定，包括信息安全政策、隐私政策、行为规范等。员工需要清楚什么样的信息可以分享，什么样的信息是敏感的。

2. 提供技术培训和支持

为员工提供相关的技术培训和支持，确保他们能够熟练使用社交平台。同时，建立一个技术支持团队，及时解决员工在使用过程中遇到的问题，提高员工的技术使用信心。

3. 强调安全和隐私保护

企业需要强调社交平台的安全性和隐私保护，采取必要的措施确保敏感信息不被泄漏。其中可能包括加密通信、严格的权限管理、定期的安全审查等手段。

4. 设计有效的信息管理策略

为了防止信息过载，企业可以设计有效的信息管理策略。这包括分类信息、设置优先级、利用过滤器等方式，确保员工能够及时获取重要信息，避免被无关紧要的信息干扰。

5. 鼓励员工参与与分享

鼓励员工参与社交平台的使用，分享自己的经验和见解。设立合理奖励机制，激励员工积极参与讨论、分享有价值的信息，增加平台的活跃度。

6. 定期评估与改进

定期评估社交平台的使用效果，收集员工的反馈，及时发现问题并进行改进。持续优化社交平台的功能，确保它能够满足企业不断变化的沟通与分享需求。

社交平台在企业内部的沟通与分享中发挥着重要的作用，带来了诸多优势。然而，企业在实施社交平台时也面临着一系列挑战，如安全和隐私问题、信息过载、技术培训与接受度、维护与管理成本等。为了确保社交平台的有效应用，企业需要制定明确的政策与规定，提供技术培训和支持，强调安全和隐私保护，设计有效的信息管理策略，鼓励员工参与与分享，并定期评估与改进。通过合理的管理与实施策略，社交平台将成为企业内部沟通与分享的有力工具，推动团队协作、知识共享，提升企业的综合竞争力。

二、社交媒体在企业文化建设中的应用

（一）概述

企业文化是组织内部共享的价值观、信仰和行为准则的集合，对于塑造企业形象、提高员工凝聚力、吸引人才具有重要意义。社交媒体作为信息传播的强大工具，为企业提供了一个创新的平台，可以用来积极参与和塑造企业文化。本书将深入探讨社交媒体在企业文化建设中的应用，分析其优势、挑战以及有效的实施策略。

（二）社交媒体在企业文化建设中的优势

1. 提高企业可见性

通过社交媒体，企业可以更广泛地传播自己的企业文化。通过发布有关企业价值观、使命和愿景的内容，可以提高企业在社交媒体上的可见性，引起潜在员工、客户和合作伙伴的关注。

2. 塑造积极的企业形象

社交媒体为企业提供了一个展示积极形象的平台。通过分享企业内部的创新、员工活动、社会责任等方面的信息，企业能够向外部传递积极向上的企业文化，增强企业形象。

3. 促进员工参与

社交媒体可以成为员工参与企业文化建设的平台。通过发表员工故事、分享工作经验、参与企业活动等方式，鼓励员工积极参与和表达，从而加强员工对企业文化的认同感。

4. 实时沟通和反馈

社交媒体提供了一个实时的沟通渠道，使企业能够及时与员工进行互动。这有助于企业更好地了解员工的需求、反馈和意见，从而调整和改进企业文化建设的策略。

5. 吸引和留住人才

通过展示企业文化，社交媒体有助于吸引符合企业价值观的人才。潜在员工通过社交媒体了解企业文化，更容易判断自己是否适应企业的工作环境，从而提高员工留存率。

（三）社交媒体在企业文化建设中的挑战

1. 难以控制信息传播

社交媒体上的信息传播具有即时性和广泛性，一旦信息传播失控，就可能对企业形象造成负面影响。企业需要面对信息流速度快、传播范围广的挑战，要有应对负面信息的相关预案。

2. 隐私和安全问题

在社交媒体上分享企业内部信息可能涉及到隐私和安全问题。企业需要确保在传播信息时，不违反员工的隐私权，同时要加强信息安全措施，防止敏感信息被泄漏。

3. 虚假信息和品牌风险

社交媒体上存在大量信息，其中可能包含虚假信息。企业需要防范虚假信息对企业文化建设和品牌形象的潜在威胁，保持信息的真实性和可信度。

4. 管理时间和资源成本

有效利用社交媒体参与企业文化建设需要投入大量的时间和资源。企业需要权衡投入产出比，确保在社交媒体上的活动是有针对性、有策略的，而不是盲目跟风。

（四）有效的实施策略

1. 制定明确的社交媒体政策

企业需要制定明确的社交媒体政策，明确员工在社交媒体上的行为规范，保障企业文化的正面宣传，避免负面信息对企业形象的影响。

2. 定位目标受众

企业在社交媒体上的活动应该有针对性地定位目标受众。了解目标受众的兴趣和需求，有助于更有针对性地制定内容，提高内容的吸引力和传播效果。

3. 提供多元化的内容

多元化的内容能够更好地吸引目标受众的注意力。除了传播企业文化，还可以分享员工故事、行业动态、社会责任等内容，使社交媒体活动更加生动和有趣。

4. 强化员工培训

对员工进行社交媒体使用培训，使其了解社交媒体上的行为规范和潜在风险。员工的专业素养和对社交媒体的正确使用将有助于提高企业的社交媒体形象。

5. 高效管理危机公关

制订危机公关计划，以应对社交媒体上可能出现的负面信息传播。快速响应、透明沟通、及时回应用户反馈是有效处理危机的关键步骤，这有助于最小化危机对企业文化建设的负面影响。

6. 持续监测和评估

建立监测机制，定期评估社交媒体活动的效果。通过监测社交媒体上的反馈和数据分析，企业可以了解活动的影响力、受众反应以及潜在改进的方向，从而不断优化社交媒体战略。

7. 建立积极的企业文化

社交媒体活动应该体现出企业的积极文化，注重分享正能量的内容。强调员工的成就、团队的合作精神、社会责任等方面，使社交媒体成为传递正面价值观的平台。

8. 与员工互动

积极参与社交媒体上的员工互动。回应员工的评论、鼓励员工分享工作心得、参与线上活动，这有助于加强企业与员工之间的互动关系，提高员工对企业文化的认同感。

社交媒体在企业文化建设中具有巨大的潜力和优势。通过提高企业可见性、塑造积极形象、促进员工参与以及实时沟通和反馈，社交媒体同样可以成为企业文化建设的有力工具。然而，企业在利用社交媒体时也要面对一系列挑战，如信息传播的不可控性、隐私和安全问题等。

为了有效利用社交媒体参与企业文化建设，企业应制定明确的社交媒体政策，定位目标受众，提供多元化的内容，强化员工培训，高效管理危机公关，持续监测和评估社交媒体活动，建立积极的企业文化，并与员工互动。通过这些策略的实施，企业可以最大程度地发挥社交媒体的优势，为企业文化建设注入新的活力，吸引人才，提升企业形象。

三、管理社交媒体风险与挑战

（一）概述

随着社交媒体的普及，企业在社交媒体平台上的参与越来越成为推动品牌形象、市场传播和员工参与的重要途径。然而，社交媒体的使用也伴随着一系列潜在的风险和挑战，包括负面舆情、信息泄漏、品牌声誉损害等。本节将深入探讨如何有效管理社交媒体的风险与挑战，以确保企业在社交媒体上的参与能够取得积极的效果。

（二）社交媒体的风险与挑战

1. 负面舆情与声誉损害

社交媒体上的信息传播速度快，一旦出现负面消息，可能在短时间内迅速扩散开来，导致品牌声誉受损。不当的言论、虚假信息、消费者投诉等都可能成为引发负面舆情的因素。

2. 信息泄漏与隐私问题

企业在社交媒体上分享的信息可能包含敏感数据，一旦泄漏，将导致公司和客户面临重大风险。此外，员工在社交媒体上的个人信息也可能受到侵犯，引发隐私问题。

3. 法律合规与监管风险

社交媒体的使用受到各种法律法规和监管机构的限制。发布虚假宣传、侵犯他人知识产权、违反广告法等行为可能导致企业面临法律责任和罚款。

4. 品牌一致性与控制难题

在多个社交媒体平台上进行品牌宣传，可能导致品牌形象不一致的问题。此外，员工在个人社交媒体账户上发布的内容也可能与企业期望的品牌形象不符。

5. 虚假信息与网络攻击

社交媒体上存在大量虚假信息，企业可能受到恶意攻击、虚假宣传和网络诈骗的威胁。网络攻击者可能通过社交媒体获取敏感信息，进而实施有害行动。

（三）有效的社交媒体风险管理策略

1. 制定明确的社交媒体政策

企业应该制定明确的社交媒体政策，明确员工在社交媒体上的行为规范、责任和义务。这包括不得透露敏感信息、不得发表负面言论、遵守法律法规等内容。

2. 建立危机管理预案

制定社交媒体危机管理预案，明确在出现负面舆情、品牌受损等情况下的紧急应对措施。措施包括及时回应、公开道歉、修复措施等，以减轻危机对企业的影响。

3. 定期进行员工培训

向员工提供社交媒体安全培训，使其了解潜在的风险和威胁。培训内容可以包括识别虚假信息、保护个人信息、遵守法律法规等方面，提高员工的社交媒体安全意识。

4. 强化社交媒体账号管理

加强对企业社交媒体账号的管理，使用强密码、定期更改密码，限制账号的访问权限，确保只有授权人员可以发布信息。及时关闭不再使用的账号，防范被盗用的风险。

5. 监测与分析社交媒体活动

利用社交媒体监测工具，实时跟踪企业在社交媒体上的活动。通过数据分析，了解受众反馈、舆情走向，及时调整社交媒体策略，防范潜在风险。

6. 合规审查与法律咨询

在发布信息前进行合规审查，确保发布内容符合法律法规和行业规范。有必要与法律专业人员进行咨询，了解社交媒体使用可能涉及的法律风险，确保企业合规运营。

7. 加强网络安全防护

采取有效的网络安全措施，防范网络攻击和信息泄漏。包括使用防火墙、加密敏感信息、定期进行安全审查等手段，确保社交媒体账号和企业信息的安全。

有效管理社交媒体的风险与挑战对于企业来说至关重要。社交媒体的快速传播和广泛传播性使得一旦出现问题，可能迅速演变成危机，影响企业的声誉和经营。为了降低风险，企业需要制定明确的社交媒体政策，建立危机管理预案，加强员工培训，强化社交媒体账号管理，监测与分析社交媒体活动，合规审查与法律咨询，以及加强网络安全防护。

第三节 "互联网＋"时代下的员工参与与反馈

一、创新员工参与模式的设计

（一）概述

员工参与是构建积极组织文化和提升员工满意度的关键要素。随着企业环境的不断变化和人力资源管理理念的发展，设计创新的员工参与模式变得尤为重要。本节将探讨如何设计创新的员工参与模式，以激发员工的积极性、提高工作满意度，同时实现组织的目标。

（二）员工参与的重要性

员工参与不仅仅是员工参与决策的问题，更是一种对员工在工作中感到被认可、被尊重的体验。积极的员工参与有助于提高员工的工作动力、创造力和忠诚度，对组织的创新和业绩产生积极影响。因此，设计创新的员工参与模式是推动组织可持续发展的重要一环。

（三）创新员工参与模式的设计原则

1. 透明度与信息共享

创新的员工参与模式应该建立在透明度的基础之上，确保员工能够获得组织的关键信息。通过及时、真实、透明的信息共享，员工便能够更好地理解组织的发展方向、目标和挑战，从而更有动力地参与工作。

2. 多元化的参与渠道

提供多元化的参与渠道是创新员工参与模式的关键。不同的员工有不同的参与偏好，有的善于表达意见，有的更倾向于通过其他方式参与。因此，组织应该提供包括会议、工作坊、在线平台等多种渠道，以满足不同员工的参与需求。

3. 激励与奖励机制

建立激励与奖励机制是激发员工参与的有效手段。这不仅包括物质奖励，还包括表彰、晋升机会、培训等非物质激励。通过激励与奖励，可以更好地激发员工的积极性和创造力。

4. 员工培训与发展

为员工提供培训和发展机会，让他们不断提升自己的技能和能力，是创新员工参与模式中的重要一环。员工在感受到组织对其职业发展的关注时，更容易产生对工作的投入感。

5. 转变领导力风格

传统的领导力模式强调指挥与控制，而创新员工参与模式则需要更加开放、赋权的领导力风格。领导者应该成为鼓励与引导者，倡导团队合作与共创，推动员工参与决策的过程。

6. 反馈与沟通机制

建立有效的反馈与沟通机制，使员工有机会表达意见、提出建议，并获得及时的反馈。良好的沟通机制有助于建立开放的组织文化，增强员工对组织的归属感和参与感。

（四）创新员工参与模式的实施步骤

1. 了解员工需求

在设计创新的员工参与模式之前，组织需要深入了解员工的需求和期望。可以通过员工调查、面谈、反馈会议等方式收集员工的意见，确定参与模式的设计方向。

2. 制定明确的目标

明确员工参与的目标是创新员工参与模式设计的基础。目标应该与组织的战略目标相一致，可以包括提高员工满意度、推动创新、提高工作效率等方面。

3. 选择适当的参与工具和平台

根据组织的特点和员工的偏好，选择适当的参与工具和平台。这可以包括在线协作平台、员工调查工具、工作坊等多种形式，以确保参与模式的多样性。

4. 设计参与流程与活动

基于了解的员工需求和选择的参与工具，设计参与流程与活动。确保参与流程简洁明了，活动有足够的吸引力，以促使员工能更积极地参与其中。

5. 提供培训和支持

在实施创新员工参与模式的过程中，为员工提供相关的培训和支持是至关重要的。这包括使用新的参与工具的培训、沟通技能的提升等，以确保员工能够顺利参与到新的模式当中。

6. 持续监测与调整

创新员工参与模式的实施是一个动态的过程，需要持续监测和调整。通过收集反馈、分析参与数据，及时调整模式的细节和流程，以确保其持续有效性。这包括关注员工的参与率、满意度、提出的建议等方面的数据，通过定期的评估，不断优化和改进参与模式，使其更符合组织和员工的实际需求。

7. 建立文化支持

创新员工参与模式的成功实施需要组织内部的文化支持。领导层和管理者应该树立榜样，积极参与其中，展示对员工参与的重视。此外，组织文化应该鼓励开放、合作和分享，以促进员工更愿意参与到组织的决策和创新过程中。

（五）创新员工参与模式的优势

1. 提高员工满意度

创新员工参与模式使员工更加参与决策和工作流程的制定，增加了员工在工作中的投入感和满意度。员工参与感到被重视，他们的意见和建议被认真考虑，从而增强了对组织的归属感。

2. 激发团队创造力

通过多元化的参与渠道和开放的沟通机制，创新员工参与模式有助于激发团队创造力。员工可以分享各种观点和想法，促进团队的创新和协同效应，为组织带来更多新鲜的思维和解决方案。

3. 提升组织灵活性

创新员工参与模式有助于提升组织的灵活性。通过更加开放和快速的沟通方式，组织可以更及时地调整策略、解决问题，适应市场和行业的变化。员工参与的快速反馈也使组织能够更敏捷地应对挑战。

4. 增强员工发展

创新员工参与模式强调员工培训与发展，为员工提供更多的学习机会。这有助于员工提升自己的技能和知识水平，为个人职业发展提供更广阔的空间，同时也为组织培养了更具竞争力的人才。

（六）持续改进和适应

创新员工参与模式的设计和实施是一个持续改进和适应的过程。随着组织和外部环境的变化，参与模式也需要不断地进行调整和优化。领导层应保持对新想法的开放，并鼓励员工积极提出改进建议，以确保参与模式始终保持活力和有效性。

创新员工参与模式的设计是组织建设中的一项重要任务，它直接关系到组织的发展和员工的工作体验。通过透明度、多元化的参与渠道、激励机制等原则，以及对员工培训与发展的关注，组织可以打造一个积极向上、充满活力的工作环境。这种环境不仅能够提高员工的满意度和工作动力，还能够为组织带来更多的创新和竞争优势。因此，创新员工参与模式的设计是组织发展战略中的一项关键工作，值得去高度重视和深入研究。

二、员工意见反馈系统的建立

（一）概述

员工是组织中最宝贵的资产之一，他们对组织的意见和建议是推动持续改进和创新的重要源泉。因此，建立一个高效的员工意见反馈系统对于组织的发展至关重要。

本节将探讨建立员工意见反馈系统的必要性、设计原则以及实施步骤，以促进组织内部的沟通、提高员工满意度，并推动整体绩效的提升。

（二）员工意见反馈的重要性

员工意见反馈是组织发展中的重要环节，它直接影响着组织的文化、氛围和绩效。以下是员工意见反馈的一些重要性：

1. 增强员工参与感

建立员工意见反馈系统可以使员工感到他们的声音被重视，参与到组织的决策和改进过程中。这有助于提高员工的参与感和认同感，增强员工对组织的归属感。

2. 发现问题和挖掘机会

员工作为组织的基层执行者，更容易发现工作中的问题和改进机会。通过建立意见反馈系统，组织能够及时发现并解决潜在问题，挖掘潜在机会，推动业务的持续发展。

3. 提高员工满意度

员工参与到组织的决策和改进中，能够满足其对于工作环境和工作方式的需求，提高员工满意度。一个积极参与的员工更愿意投入工作，对组织的发展起到积极的推动作用。

4. 促进团队协作和创新

通过员工意见反馈系统，组织可以激发团队协作和创新的能力。员工有机会分享他们的想法，促使团队共同思考问题，从而形成更具创造性和创新性的解决方案。

（三）员工意见反馈系统的设计原则

1. 透明度和开放性

建立透明度和开放性的员工意见反馈系统是至关重要的。员工应该清楚了解意见反馈系统的运作方式、其提出的建议如何被处理，以及组织对员工反馈的回应。透明的系统能够建立彼此的信任，促使员工更加愿意参与。

2. 多元化的反馈渠道

提供多元化的反馈渠道，包括但不限于在线平台、员工调查、面对面会议等。不同员工有不同的偏好和习惯，多元化的渠道能够满足不同员工的需求，确保更全面、真实地反馈信息。

3. 即时性和高效性

员工意见反馈系统应具备即时性和高效性。员工提出的建议和问题能够得到迅速的反馈和解决，使员工感到他们的声音是被高度重视的。这也有助于加强组织对问题的敏感性，及时做出调整。

4. 激励与回馈机制

为鼓励员工提供有建设性的反馈，可以设计激励与回馈机制。这可以包括奖励制度、表彰制度等，使员工感受到提出有益建议的积极性。

5. 保护隐私和保密性

在员工意见反馈系统的设计中，要充分保护员工的隐私和保密性。员工可能提出一些敏感性较强的问题或建议，组织应确保这些信息得到妥善保护，不会因此导致员工产生担忧或恐惧。

（四）员工意见反馈系统的实施步骤

1. 制定意见反馈政策和流程

在建立员工意见反馈系统之前，组织需要明确相关的政策和流程。这包括员工如何提出意见反馈、反馈的分类和处理流程等。制定清晰的政策和流程有助于确保系统的有序运作。

2. 选择合适的技术平台

选择适合组织的技术平台，建立在线的员工意见反馈系统。这可以是内部开发的系统，也可以是基于现有平台的第三方解决方案。选择合适的技术平台可以提高系统的可用性和用户体验。

3. 与员工沟通

在系统上线之前，组织需要与员工进行充分的沟通，说明意见反馈系统的目的、操作步骤以及系统上线后的预期效果。通过透明的沟通，员工将更容易理解系统的价值，并更愿意参与其中。沟通还可以包括组织内部的培训、信息发布会议，以及提供相关文档和教程等方式。

4. 提供培训与支持

为了确保员工能够顺利使用意见反馈系统，组织应提供相应的培训和支持。培训内容可以包括系统的基本操作、如何提出建议和问题，以及如何查看系统反馈等方面。同时，建立专门的支持团队，负责解决员工在使用过程中遇到的问题，提供及时的支持。

5. 激励与奖励机制

为了激励员工积极参与，可以设计激励与奖励机制。这可以包括提供奖金、员工认可证书、特殊福利等形式的激励，以鼓励员工提出更多有建设性的建议和问题。激励机制的设计应该与系统的目标和组织文化相一致。

6. 定期评估与改进

员工意见反馈系统上线后，组织需要建立定期的评估机制，以监测系统的运作效果。通过收集系统使用情况、反馈质量、员工满意度等数据，进行系统的定期评估，及时发现问题并进行解决。这也包括对系统的功能不断进行更新，以满足组织和员工的不断变化的需求。

7. 及时回应和闭环管理

建立及时回应和闭环管理机制是意见反馈系统的关键环节。组织应该设立专门的团队负责处理员工提出的问题和建议，确保每一个反馈都得到妥善处理。及时的反馈和问题解决可以提高员工的满意度，增加员工对系统的信任感。

（五）员工意见反馈系统的优势

1. 促进组织学习与改进

建立员工意见反馈系统有助于促进组织的学习与改进。通过员工的参与，组织能够更加及时地发现问题、优化流程，不断提高自身的学习和适应能力，使组织更具竞争力。

2. 增强员工参与感与认同感

员工参与到组织决策和改进中，使他们感到自己的意见被尊重和采纳，增强了员工的参与感与认同感。这有助于形成团队合作的氛围，提高整体团队的凝聚力。

3. 发挥员工创造力与创新力

通过意见反馈系统，员工有机会分享自己的创造力与创新力。他们能够提出新颖的观点、创新的建议，为组织带来新的思维和解决方案，从而推动组织的创新发展。

4. 提高员工满意度和忠诚度

员工参与到组织的决策和改进中，使他们感到被关心和重视，从而提高员工满意度和忠诚度。员工满意度的提升有助于降低员工流失率，增加员工的稳定性，对组织的长期发展产生积极影响。

建立高效的员工意见反馈系统是组织推动持续改进和创新的关键一环。通过透明、多元化的反馈渠道，保护隐私、提供激励机制等设计原则，以及完善的实施步骤，组织能够激发员工的积极性、增强团队的凝聚力，实现组织与员工之间更加良好的互动关系。最终，建立员工意见反馈系统将有助于组织提升整体绩效，促进持续发展和成长。

三、反馈与改进循环的构建

（一）概述

反馈与改进循环是组织中至关重要的一环，它体现了组织对信息的敏感性、学习的能力以及对持续改善的承诺。在一个竞争激烈、变化迅速的环境中，建立有效的反馈与改进循环不仅可以帮助组织迅速适应变化，还能够不断提高绩效、促进创新，为组织的可持续发展奠定基础。

（二）反馈与改进循环的定义

反馈与改进循环是指组织通过收集、分析和应用反馈信息，不断进行自我评估并采取相应措施，以达到持续改进的目标。这一循环包括了从内外部获得的反馈信息，通过对这些信息的分析，制订并实施改进计划，并监测改进的效果，以形成一个闭环的学习与进步过程。

（三）反馈与改进循环的重要性

1. 提高组织的适应能力

在不断变化的市场环境中，组织需要具备快速适应的能力。通过建立有效的反馈与改进循环，组织可以及时获取市场、客户、员工等各方面的反馈信息，并迅速做出反应，调整战略和运营方式，以保持竞争力。

2. 促进持续改善

反馈与改进循环是持续改善的基石。通过不断收集和分析反馈信息，组织可以发现潜在问题、优化流程，实现在各个方面的不断进步。这有助于提高效率、降低成本，并满足不断变化的市场需求。

3. 增强学习与创新能力

建立良好的反馈与改进循环有助于组织的学习与创新。通过对外部市场和内部运营的反馈信息进行分析，组织可以更好地理解市场趋势，挖掘创新点，推动产品和服务的不断升级，保持竞争优势。

4. 提升员工满意度与参与度

组织通过反馈与改进循环不仅能够关注外部客户的需求，也能够听取员工的感受和建议。通过解决员工提出的问题、采纳员工的建议，组织可以提高员工满意度和参与度，增强团队凝聚力。

（四）构建反馈与改进循环的关键步骤

1. 确定关键业务指标（KPIs）

首先，组织需要明确定义关键业务指标（KPIs）。这些指标应该直接关联到组织的战略目标和核心业务，包括但不限于销售额、市场份额、客户满意度、员工参与度等方面。通过明确 KPIs，组织可以更有针对性地收集与业务关键相关的反馈信息。

2. 设计有效的反馈收集机制

建立有效的反馈收集机制是构建反馈与改进循环的基础。这可以包括但不限于客户调研、员工问卷、市场分析、投诉处理等方式。关键是确保收集到的信息真实、全面，能够反映组织在各方面的现状。

3. 分析与评估反馈信息

收集到的反馈信息需要经过深入的分析与评估。这包括对数据的定量分析和对意见、建议的质性分析。通过分析，组织可以识别出问题的根本原因、发现潜在机会，并为制订改进计划提供有力支持。

4. 制订改进计划

基于分析结果，组织需要制订具体、可行的改进计划。这可能涉及到流程的调整、产品的升级、员工的培训等多个方面。改进计划应该与组织的战略目标一致，确保改进的方向符合组织的整体发展方向。

5. 实施改进计划

实施改进计划需要有序而有效的协调。涉及到人员、流程、技术等多方面的因素，组织需要确保改进计划的顺利执行。同时，组织需要关注改进过程中的各个环节，及时调整和优化。

6. 监测与测量改进效果

改进计划的实施后，组织需要建立监测与测量体系，追踪改进的效果。这可以通过定期的 KPIs 报告、客户满意度调查、绩效评估等方式来完成。通过监测，组织可以了解改进的实际效果，评估是否达到了预期目标。

7. 闭环反馈

建立闭环反馈机制是确保反馈与改进循环有效运转的关键。通过向参与反馈的相关方提供改进的具体成果和效果，组织能够展示对反馈的重视，并增强与相关方的互动。同时，组织应该鼓励进一步的反馈，以保持循环的持续性。

（五）反馈与改进循环的优化

1. 利用技术手段

借助先进的信息技术，如大数据分析、人工智能等，可以更加高效地收集、分析和处理反馈信息。技术手段的运用可以提高数据的准确性和实时性，使得组织能够更加迅速地做出决策和调整。

2. 强化学习文化

在组织中建立学习文化是推动反馈与改进循环的基础。组织应该鼓励员工持续学习，倡导开放的沟通氛围，使得员工更愿意去分享观点、提出建议，并从反馈中学到经验教训。

3. 设立激励机制

为鼓励员工积极参与反馈与改进循环，可以设立相应的激励机制。这可以包括奖励制度、表彰制度等，以鼓励员工提出有益的建议和反馈。激励机制的建立需要与组织文化相一致，使得员工充分感受到参与的价值。

4. 定期审查和升级

反馈与改进循环应该定期进行审查和升级。组织需要不断审视反馈与改进的流程，根据实际效果和市场变化做出调整。这可以包括改进收集机制、优化分析流程、更新改进计划等方面。

反馈与改进循环是组织发展过程中的关键环节。通过明确 KPIs、设计有效的反馈收集机制、分析与评估反馈信息、制订改进计划、实施改进计划、监测与测量改进效果以及闭环反馈，组织能够形成一个有机的学习与进步的循环。在这一过程中，利用技术手段、强化学习文化、设立激励机制、定期审查和升级等方法都可以进一步优化这一循环。

第四节　创新的员工关系建设模式

一、基于"互联网＋"的员工关系理念

（一）概述

随着"互联网＋"时代的到来，企业管理面临着前所未有的挑战和机遇。在这个数字化、信息化的时代，员工关系管理也需要与时俱进，借助"互联网＋"的理念和技术手段，建立更加灵活、开放、共赢的员工关系。本节将深入探讨基于"互联网＋"的员工关系理念，探讨其核心特点、实施原则以及对组织和员工的影响。

（二）"互联网＋"的核心特点

1. 数据驱动

"互联网＋"时代的一个显著特点是数据的大规模产生和应用。通过互联网技术，企业能够收集、分析大量员工数据，包括但不限于绩效数据、培训数据、员工满意度数据等。数据驱动的管理理念使得企业能够更加科学、精准地进行员工关系管理，而做出基于客观数据的决策。

2. 科技创新

"互联网＋"时代不断涌现出各种科技创新，如人工智能、大数据分析、云计算等。这些技术的应用不仅提高了企业内部运营的效率，还为员工提供了更多的发展机会和工作支持。科技创新的推动使得员工关系管理更加灵活、智能化。

3. 开放共享

"互联网＋"强调开放和共享的理念。这一理念在员工关系中体现为组织内外信息的透明共享，员工之间更加开放地沟通和合作。开放共享的员工关系理念有助于打

破组织内部的信息壁垒，促进信息的流动和共享，提高组织的整体协同效应。

4. 灵活性与自主性

"互联网 +" 时代强调工作的灵活性和员工的自主性。这一理念体现在工作地点、工作时间的灵活安排，以及员工对于工作任务的更大自主权。灵活性和自主性的提升有助于激发员工的创造力和工作积极性，建立更加平等和信任的员工关系。

（三）"互联网 +" 对员工关系的影响

1. 个性化服务

基于 "互联网 +" 的员工关系理念倡导个性化服务。通过对员工的个性化需求进行深度了解，企业能够提供更符合员工期望的福利、培训和发展机会，增强员工对企业的认同感和忠诚度。

2. 灵活的工作模式

"互联网 +" 时代的技术支持使得远程办公、弹性工作时间等灵活的工作模式成为可能。这种灵活性不仅满足了员工对于工作生活平衡的需求，也提高了员工的工作满意度和生产力。

3. 数据驱动的决策

通过大数据分析，企业可以更好地了解员工的需求、倾向和反馈。这种数据驱动的决策使得企业能够更科学地制定人力资源战略，提高员工的参与度和满意度。

4. 开放式沟通

"互联网 +" 时代倡导开放的沟通氛围，这对于建立透明、开放的员工关系而言至关重要。企业可以通过在线平台、社交媒体等手段，促进组织内外信息的自由流动，增进员工之间的沟通和合作。

（四）基于 "互联网 +" 的员工关系实施原则

1. 数据隐私保护

尽管数据在 "互联网 +" 时代发挥着重要作用，但企业在收集和应用员工数据时必须确保数据隐私的保护。建立合规的数据管理制度，明确数据使用的范围和目的，同时加强对员工数据的安全保护，以维护员工的隐私权益。

2. 提倡学习与发展

"互联网 +" 时代强调员工的自主学习和持续发展。企业应该建立鼓励学习的文化氛围，提供在线培训、知识共享平台等工具，帮助员工不断提升自己的能力，适应快速变化的市场需求。

3. 灵活的福利体系

基于 "互联网 +" 的员工关系理念需要企业提供更加灵活和个性化的福利体系。

企业可以通过弹性工时、远程办公、定制化福利等方式，满足员工多样化的需求，提高福利的实质性价值。

4. 开放式沟通和协作

"互联网＋"倡导开放的沟通和协作方式。企业应该建立在线沟通平台，推动信息的透明共享。通过在线团队协作工具、社交媒体等平台，促进员工之间的互动和合作，打破组织内的信息壁垒，加强团队的凝聚力和协同效应。

5. 弹性工作制度

基于"互联网＋"的员工关系理念鼓励弹性的工作制度。企业可以实行弹性工作时间、远程办公等政策，使得员工更加自由地安排工作，提高工作的灵活性和适应性，同时降低员工存在的工作压力。

6. 激励机制的优化

"互联网＋"时代对激励机制提出了更高的要求。企业应该根据员工的贡献和表现制定更为灵活和差异化的激励政策，包括绩效奖金、股权激励、个人成长计划等，以激发员工的工作热情和创造力。

7. 沟通的透明度

建立透明度高的沟通机制对于构建健康的员工关系至关重要。通过定期的团队会议、在线沟通工具、企业内部社交平台等方式，保持信息的及时传递，让员工了解企业的发展方向、战略规划和业绩状况。

（五）"互联网＋"员工关系的挑战与解决方案

1. 数据隐私与安全问题

挑战：随着大数据的广泛应用，数据隐私和安全问题成为"互联网＋"员工关系中的重要挑战，员工对于个人信息的保护意识日益增强。

解决方案：建立明确的数据隐私政策，加强员工数据的保护措施，遵循相关法规和标准，同时加强员工的数据安全意识培训，建立信任的员工关系。

2. 灵活工作模式的管理难度

挑战：灵活的工作模式可能导致管理难度的增加，包括任务分配、团队协作、绩效评估等方面的挑战。

解决方案：建立科学的绩效评估体系，强调任务导向的管理理念，采用在线团队协作工具，加强对员工的沟通和指导，保持团队的协同效应。

3. 技术应用的依赖风险

挑战："互联网＋"员工关系的建立主要依赖于先进的技术应用，一旦技术故障或失灵，可能影响员工关系的正常运转。

解决方案：建立紧急应对机制，定期更新和维护技术设备，保障技术应用的稳定性，同时进行员工培训，提高员工对技术应用的熟练度。

4.组织文化的转变

挑战：从传统员工关系向"互联网+"员工关系的转变需要进行组织文化的调整，包括管理理念、领导风格等方面。

解决方案：引导领导层的理念转变，开展组织文化的培训和传播，通过榜样效应推动组织文化的转变，确保员工关系与新的管理理念相一致。

基于"互联网+"的员工关系理念不仅是对传统员工关系的一次革新，更是适应时代发展需要的必然选择。"互联网+"为员工关系的建立提供了强大的技术支持，同时也提出了更高的管理要求。在实施过程中，企业需要着眼于数据隐私保护、科技创新、灵活工作模式等方面的挑战，通过建立相应的制度和机制，不断优化员工关系管理模式。在"互联网+"时代，构建积极、健康的员工关系将有助于提高企业的竞争力、吸引优秀人才，实现组织和员工的共同发展。

二、员工满意度与企业绩效的关系

（一）概述

员工满意度是衡量企业人力资源管理质量的重要指标之一，直接关系到员工的工作体验、工作积极性以及对组织的归属感。企业绩效则是企业在各方面取得的业绩成果，包括财务、市场份额、创新能力等方面的表现。员工满意度与企业绩效之间存在着密切的关系，员工满意度的提升有助于激发员工的工作热情、提高工作效率，从而对企业绩效产生积极影响。本节将深入探讨员工满意度与企业绩效之间的关系，以及如何通过提升员工满意度来促进企业的可持续发展。

（二）员工满意度的影响因素

1.工作环境与文化

工作环境和文化是直接影响员工满意度的关键因素之一。一个良好的工作环境可以提高员工的工作舒适度和满意度，包括舒适的办公设施、合理的工作空间布局、良好的空气质量等。同时，积极的企业文化、团队氛围和价值观的共鸣也对员工满意度起到积极的推动作用。

2.薪酬与福利

薪酬和福利是直接关系到员工生活质量和满意度的因素。合理的薪酬水平和丰富的福利政策可以满足员工的基本需求，增加其对企业的认同感，提高满意度。此外，弹性的工资结构和有竞争力的薪酬水平也是吸引和留住高素质人才的重要手段。

3. 职业发展与晋升机会

员工追求职业发展和晋升机会，这也是影响员工满意度的重要方面。企业提供清晰的职业发展通道、培训机会和晋升机制，有助于激发员工的上进心和工作动力，增加其对企业的忠诚度和满意度。

4. 工作任务和责任

员工对于工作任务和责任的合理分配和设定也直接关系到其工作满意度。过于繁重或不匹配的工作任务可能会导致员工的工作压力增加，影响其工作满意度。因此，通过科学的任务分配和责任设定，可以提高员工的工作体验和满意度。

5. 领导与团队关系

领导与团队关系是员工满意度的关键因素之一。有良好领导和融洽的团队关系有助于形成积极的工作氛围，提高员工的工作幸福感。领导的激励、关心和支持，以及团队的合作和协调，都对员工的满意度产生了积极的影响。

（三）员工满意度与企业绩效的关系

1. 提高员工工作积极性

员工满意度的提升直接关系到员工的工作积极性。满意度高的员工更容易对工作保持积极的态度，更愿意付出更多的努力和创造性，从而提高工作效率和产出。

2. 降低员工离职率

员工满意度与员工离职率呈负相关关系。员工对于工作和企业的满意度越高，其对于企业的忠诚度也越高，相应的离职率也就越低。降低员工的离职率有助于减少企业的招聘和培训成本，同时保持组织的稳定性。

3. 提高团队合作效率

满意度高的员工更容易形成积极向上的团队氛围，提高团队合作效率。员工之间的良好关系和积极的工作态度有助于形成高效的工作团队，推动工作的顺利进行，有助于企业整体绩效的提升。

4. 促进创新与持续改进

员工满意度的提升有助于促进创新和持续改进。满意度高的员工更愿意提出自己建设性的意见和建议，参与团队讨论，从而推动企业的创新和不断改进工作流程、产品和服务。

5. 提高客户满意度

员工满意度与客户满意度有着密切的关系。员工的满意度直接影响其对工作的投入和服务质量，进而影响客户的满意度。员工对工作的热情和专业度将直接影响到客户的体验，从而对企业的客户满意度产生积极影响。满意度高的员工更有可能提供更优质的服务，建立起与客户更紧密的关系，增加客户的黏性和忠诚度，对企业的长期发展具有重要意义。

6.增加企业声誉

员工满意度的提高有助于增加企业的声誉。员工对企业的满意度直接关系到员工对外部的口碑传播，满意度高的员工更愿意成为企业的"代言人"，积极宣传企业文化、价值观和工作氛围。这种正面的口碑传播将有助于提高企业在行业和市场中的声誉，从而对企业的业务和发展产生积极影响。

（四）如何提高员工满意度

1.制定合理的薪酬体系

薪酬是员工关心的重要问题之一，合理的薪酬体系能够激发员工的工作积极性。企业可以根据员工的工作表现和贡献制定激励机制，包括绩效奖金、股权激励等，使员工感受到企业公平和激励。

2.提供多样化的福利

多样化的福利政策有助于满足员工多样化的需求，提高员工对企业的满意度。除了传统的福利如医疗保险、年假等，企业还可以考虑提供灵活的工作时间、健身房、员工培训计划等福利，让员工感受到全方位的关怀。

3.提供广阔的职业发展空间

为员工提供广阔的职业发展空间，制订明确的职业发展规划和培训计划，激发员工对未来的期望。企业可以通过内部晋升、轮岗、培训项目等方式，帮助员工在职业生涯中不断成长，提高其对企业的忠诚度和满意度。

4.加强领导与员工沟通

建立积极的领导与员工沟通机制，让员工感受到企业的关心和支持。领导可以定期与员工进行面对面的交流，了解他们的需求和反馈，同时及时回应员工的关切和问题，提高员工对企业的信任感和满意度。

5.提供培训和发展机会

为员工提供持续的培训和发展机会，帮助他们提升专业能力和职业素养。企业可以制订个性化的培训计划，支持员工在工作中不断学习和成长，增强其对工作的兴趣和满意度。

6.建立健康的工作氛围

通过建立积极、健康的工作氛围，营造和谐的团队关系。企业可以倡导开放的沟通文化，鼓励团队协作，解决存在工作中的问题和挑战，共同分享成功和成果，提高员工对企业的归属感和满意度。

7. 关注员工工作生活平衡

关注员工的工作生活平衡，支持弹性工作制度，帮助员工更好地平衡工作和生活。企业可以提供灵活的工作时间安排、远程办公等方式，满足员工在生活和工作之间的平衡需求，提高其工作满意度。

员工满意度与企业绩效之间存在着紧密的相互关系，员工满意度的提高有助于激发员工的工作热情、提高工作效率，从而对企业绩效产生积极影响。通过制定合理的薪酬体系、提供多样化的福利、提供广阔的职业发展空间、加强领导与员工沟通等方式，企业可以提高员工的工作满意度，实现双赢的局面。在员工关系建设中，企业需要关注员工的需求，建立和谐的工作氛围，创造积极的工作体验，从而推动企业的可持续发展。

第五节　企业文化在员工关系中的作用

一、建立符合"互联网＋"时代的企业文化

（一）概述

随着"互联网＋"时代的到来，企业文化也在逐渐发生变革。传统的企业文化可能难以适应当今快速变化的商业环境和互联网科技的发展。在这个背景下，建立符合"互联网＋"时代的企业文化显得尤为重要。本节将探讨"互联网＋"时代企业文化的特点，以及如何建立适应这一时代的企业文化，以促使企业可以更好地适应激烈的市场竞争和不断变化的商业环境。

（二）"互联网＋"时代企业文化的特点

1. 开放性与创新

"互联网＋"时代注重开放性和创新，企业文化需要倡导员工敢于尝试、勇于创新的精神。传统的封闭性管理方式逐渐不适应当前快速变化的市场环境，企业应鼓励员工提出创新想法，推动业务的不断进步。

2. 敏捷性与适应性

"互联网＋"时代的企业需要具备快速适应市场变化的能力，这要求企业文化具有敏捷性。企业文化应鼓励团队在不断变化的环境中灵活应对，快速调整业务战略和运营方式，以适应市场的动态变化。

3. 数据驱动与智能化

"互联网＋"时代企业文化需要以数据驱动为特点，注重信息的收集、分析和利用。

智能化技术的应用使得企业能够更加精准地了解市场、客户需求，因此企业文化需要倡导对数据的敏感性和善于利用数据进行决策的能力。

4. 开放沟通与协作

传统的企业文化中，信息传递通常是自上而下的，而"互联网+"时代企业文化需要更加开放和平等的沟通方式。开放的沟通渠道和强调协作的企业文化能够促进团队成员之间的交流，提高工作效率。

5. 弹性工作与平衡生活

"互联网+"时代注重员工的工作与生活平衡，企业文化应鼓励弹性工作制度的实施。这包括远程办公、弹性工作时间等，以满足员工多样化的工作需求，提高员工的工作满意度和生活质量。

（三）建立"互联网+"时代的企业文化

1. 树立创新文化

创新是"互联网+"时代企业生存和发展的关键。企业可以通过设立创新奖励制度、建立创新实验室、鼓励员工提出新思路等方式，树立创新文化。鼓励员工积极参与创新活动，建立容忍失败但鼓励创新的氛围。

2. 推行开放沟通

建立开放沟通的企业文化，通过各种渠道，包括在线平台、员工大会、开放办公环境等，让信息更加透明地流通。开放沟通有助于建立企业内部的信任和合作关系，使员工更好地理解企业的战略和目标。

3. 培养学习型组织

"互联网+"时代企业需要建立学习型组织，鼓励员工不断学习、不断进步。通过提供培训、知识分享平台、导师制度等方式，培养员工的学习习惯，推动整个组织不断进化和适应新的技术和业务要求。

4. 强调团队合作

"互联网+"时代企业文化应强调团队合作的重要性。通过设立团队目标、奖励卓越团队、鼓励知识共享等方式，促进团队成员之间的协作，形成高效的团队合作机制。

5. 倡导自主管理

"互联网+"时代的企业文化应倡导自主管理的理念。鼓励员工去主动承担责任，提倡自主创业精神，让员工在自己的领域内具有更大的决策权和自主权，激发员工的创造力和责任感。

6. 关注员工福祉

建立关注员工福祉的企业文化，注重员工的身心健康和工作生活平衡。提供员工健康保障、丰富的员工活动、灵活的工作时间等福利，使员工感受到企业的关怀，增强员工对企业的忠诚度。

7. 引入数字化技术

企业文化需要与数字化技术相结合，借助云计算、大数据、人工智能等先进技术，实现企业管理的数字化和智能化。这不仅包括业务运营的数字化，还包括人力资源管理、内部沟通、员工培训等方面的数字化创新。引入数字化技术有助于提高工作效率、降低成本，并促进企业文化的现代化发展。

8. 培育企业价值观

"互联网＋"时代的企业文化需要建立明确的企业价值观，并将其贯穿于整个组织。企业价值观是企业文化的核心，它包括对员工、客户、社会的责任和承诺。通过培育积极的企业价值观，企业能够营造积极向上的文化氛围，提升员工的归属感和企业的社会形象。

9. 强调多元化与包容性

"互联网＋"时代的企业应强调多元化和包容性，倡导尊重和欣赏不同文化、背景、观点的理念。多元化团队能够带来不同的思考方式和创新力，从而推动企业更好地适应多变的市场环境。建立一个包容性的企业文化，能够吸引并留住不同背景下的人才，提高团队的凝聚力和创造力。

10. 打破层级束缚

传统企业文化中存在的严格的层级体系和管理模式已经不适应"互联网＋"时代的灵活性和快速变化。新型企业文化应该打破层级束缚，倡导更加扁平的管理结构，强调更加开放的决策流程，让信息和决策更迅速地传递，提高组织的应变能力。

（四）建立"互联网＋"时代企业文化的挑战与应对

1. 传统文化的惯性

传统企业文化的惯性是建立"互联网＋"时代企业文化面临的挑战之一。许多企业长期形成的传统管理方式和文化观念，可能会使得组织在转型时遇到阻力。解决这一问题需要领导层的积极引领，逐步转变传统文化。

2. 技术和信息安全问题

"互联网＋"时代企业文化的数字化和智能化离不开技术支持，但技术和信息安全问题也相应增加。建立合适的企业文化需要平衡信息共享和安全保障之间的关系，采取适当的技术手段和管理措施，防范潜在的风险。

3. 员工变革的接受度

"互联网＋"时代企业文化的建设需要员工对变革的接受度。由于文化变革可能涉及到工作方式、价值观念等方面的调整，员工需要有一定的适应期。企业需要通过培训、沟通和激励机制等手段，提高员工对新文化的认同感和参与度。

4.企业规模和结构问题

不同规模和结构的企业在建立"互联网+"时代企业文化时面临不同的挑战。小型企业可能更加灵活，但也面临资源有限的问题；大型企业需要应对庞大的组织结构和多元化的业务，文化的传播和执行可能较为复杂。因此，建立适应规模和结构的企业文化策略就显得至关重要。

建立符合"互联网+"时代的企业文化是企业适应激烈市场竞争和不断变化的商业环境的关键一环。新型企业文化需要具备开放性与创新、敏捷性与适应性、数字化与智能化等特点，以推动企业持续创新、适应市场变化，并吸引和留住高素质的人才。企业在建立新型文化时需要克服传统文化的惯性、处理技术和信息安全问题、提高员工变革的接受度，同时根据企业规模和结构的不同制定相应的策略。通过这些努力，企业将能够更好地适应"互联网+"时代的发展趋势，实现长期稳定的发展。

二、文化传播与员工认同的关系

（一）概述

1.背景介绍

随着企业管理理念的不断演进，组织文化逐渐成为塑造企业形象和提升竞争力的重要因素之一。在这一过程中，文化传播作为传递和弘扬组织文化的手段，对员工认同产生着深远的影响。

2.研究目的

本节旨在深入研究文化传播与员工认同之间的关系，探讨文化传播对员工认同的具体影响机制，并从理论和实践层面提供相关建议，以促使企业更好地运用文化传播手段，提升员工认同程度。

（二）文化传播对员工认同的影响机制

1.文化传播的定义与形式

在此部分，将对文化传播进行定义，并探讨不同形式的文化传播对员工认同的潜在影响，包括组织价值观的传递、领导层言行一致性等方面的内容。

2.文化传播的途径与工具

分析文化传播的多种途径与工具，包括内部培训、企业内部媒体、员工沟通会议等，以及这些途径与工具在不同文化传播场景下的效果。

3. 文化传播与组织认同的关联

深入研究文化传播与组织认同之间的内在联系，探究文化传播如何塑造和影响员工对组织的认同感，以及这种认同感对员工行为和绩效的影响。

（三）建立和维护良好的文化传播

1. 建立透明沟通机制

分析建立透明沟通机制的重要性，探讨如何通过有效的内部沟通方式去传递组织文化，以及透明度对员工认同的积极影响。

2. 领导层的角色

探讨领导层在文化传播中的关键角色，分析领导层言行一致性对员工认同的影响，提出领导层如何通过榜样作用引导员工形成积极的组织认同。

3. 创新文化传播策略

研究创新的文化传播策略，包括利用社交媒体、数字化平台等现代化手段，以更好地适应新时代员工的沟通需求，提高文化传播的吸引力和有效性。

总结文中的主要观点和结论，提出未来研究的方向，以进一步深化对文化传播与员工认同关系的理解，并为组织实践提供更为精准的指导。

通过对文化传播与员工认同关系的深入研究，本书旨在为企业管理者提供理论支持和实践指导，帮助他们更好地塑造组织文化，提升员工认同，实现组织的可持续发展。

三、文化引领与员工激励

（一）概述

1. 背景介绍

组织文化作为企业管理中的核心要素之一，不仅影响着企业的内外形象，还直接关系到员工的工作态度和绩效。本节将探讨文化引领与员工激励的紧密关系，以及通过塑造共同价值观的组织文化来实现员工激励的机制。

2. 研究目的

本书旨在深入研究文化引领与员工激励之间的内在联系，分析文化引领在激励机制中的核心作用，以及通过建立共同价值观的组织文化如何激发员工的积极性和创造力。通过理论分析和综合研究，提供企业管理者关于文化引领与员工激励的实践指导。

（二）文化引领在员工激励中的核心作用

1. 文化引领的定义与特征

在此部分，将对文化引领进行定义，并探讨文化引领的基本特征，包括领导层的价值观引领、组织愿景的传递等。

2. 文化引领与员工认同的关系

分析文化引领与员工认同之间的密切联系，探讨如何通过领导层的言行一致性和组织文化的传递，培养员工对组织的深层次认同感。

3. 文化引领对员工激励的直接影响

深入研究文化引领在员工激励中的直接作用，包括领导层的榜样效应、组织文化对员工情感投入的影响等方面，以揭示文化引领在激励机制中的核心机制。

（三）塑造共同价值观的组织文化

1. 共同价值观的重要性

讨论建立共同价值观的组织文化的重要性，以及共同价值观对员工凝聚力、团队协作和创新的积极影响。

2. 文化引领在共同价值观塑造中的作用

分析文化引领在塑造共同价值观的组织文化过程中的关键作用，包括领导层的引领方式、文化传播手段等。

3. 共同价值观的组织文化对员工激励的影响

深入研究共同价值观的组织文化如何直接影响员工激励，包括员工对组织目标的共鸣程度、对工作的投入度等方面的影响。

（四）实践建议

通过对文化引领与员工激励的理论分析，本部分将提出实践建议，帮助企业管理者能更好地利用文化引领和组织文化塑造共同价值观，激发员工的激情和创造力。

1. 制定明确的组织愿景和价值观

建议企业制定清晰而具体的组织愿景和价值观，由领导层亲自引领并通过多种途径传递给员工，确保每位员工都能深刻理解和认同。

2. 建立开放的沟通机制

推崇建立开放、透明的沟通机制，使员工能够与领导层保持紧密联系，及时了解组织文化的发展和调整，增强员工对组织的认同感。

3. 促进员工参与共同价值观的构建

鼓励员工积极参与共同价值观的构建过程，通过员工的意见和建议，使组织文化更加贴近员工的需求，增加员工对组织的投入。

（五）挑战与应对策略

在此部分，将对文化引领与员工激励实践中可能遇到的挑战进行分析，并提出相应的应对策略，以确保激励机制的顺利推进。

1. 挑战的现实面

探讨文化引领与员工激励在实际操作中可能面临的现实挑战，如文化差异、员工反馈不同等。

2. 应对策略

提出应对策略，包括建立文化多元性管理机制、灵活调整组织文化传播策略等，以适应不同员工群体的需求，解决文化引领与员工激励中的挑战。

（六）文化引领与员工激励的绩效评估

在此部分，将讨论如何评估文化引领与员工激励的绩效，以确保激励机制的实施可以达到预期的效果。

1. 制定合理的绩效指标

建议制定合理的绩效指标，包括员工满意度、团队协作效果、创新能力提升等，通过这些指标量化文化引领与员工激励的实际效果。

2. 定期进行评估与调整

推崇定期进行评估，及时发现问题并进行调整。通过员工反馈、绩效数据分析等手段，持续优化文化引领与员工激励的策略，确保其与组织发展保持一致。

在本部分，将总结文中的主要观点和结论，同时展望未来可能的发展方向。通过深入研究文化引领与员工激励的关系，本书旨在为企业管理者提供理论支持和实践指导，帮助他们更好地塑造组织文化、提高员工认同感，实现组织的可持续发展。

通过对文化引领与员工激励的深入研究，本书强调了文化引领作为激励机制的核心角色，以及共同价值观的组织文化在激发员工积极性和创造力方面的重要性。理论分析和实践建议相结合，旨在帮助企业管理者更好地理解、运用文化引领与组织文化塑造，提高员工激励水平，为组织长期成功奠定一定的基础。

未来的研究方向可能包括深入研究不同行业、文化背景下文化引领与员工激励的差异，以及新兴科技对组织文化和激励机制的影响。这将有助于不断优化激励策略，更好地适应不断变化的组织环境。同时，随着科技的不断发展，还可以深入研究数字化时代下文化引领与员工激励的新模式和新趋势，以为企业在竞争激烈的市场中保持领先提供更为前瞻性的建议。

第六节　紧密型企业沟通网络的构建

一、制定紧密型沟通网络的策略

（一）概述

1. 背景介绍

随着信息技术的飞速发展，组织内外的沟通方式和模式都已经发生了深刻的变革。构建紧密型沟通网络成为组织提高协同效率、创新能力和员工满意度的必要手段。本书将通过深入研究，提出一系列策略，旨在帮助组织更好地构建和管理紧密型沟通网络。

2. 研究目的

本节的研究目的是分析紧密型沟通网络的关键特征、优势以及构建过程中可能遇到的挑战，以提供组织实际操作中的指导原则和策略。

（二）紧密型沟通网络的关键特征

1. 实时性和灵活性

紧密型沟通网络应具备实时性和灵活性，使得信息能够迅速传递，并能够根据需要进行调整和更新。这有助于组织在快速变化的环境中保持敏捷性。

2. 多渠道和多媒体

一个紧密型沟通网络应该具备多渠道和多媒体的特性，包括文字、图片、音频、视频等形式，以满足不同沟通需求和个体的喜好。

3. 开放性和透明度

开放性和透明度是紧密型沟通网络的基石，能够促进信息的分享和知识的流动。组织应鼓励成员开放地分享信息，确保沟通渠道的透明度。

4. 跨部门和跨层级

紧密型沟通网络应具备跨部门和跨层级的能力，打破组织内部信息壁垒，促进各部门和层级之间的协同合作，实现全员参与的沟通模式。

（三）构建紧密型沟通网络的策略

1. 技术基础设施建设

提升组织的技术基础设施是构建紧密型沟通网络的首要任务。选择适当的通信和协作工具，确保其可靠、安全、易用，以支持实时、多渠道的信息传递。

2. 制定明确的沟通政策

制定明确的沟通政策是构建紧密型沟通网络的关键一步。沟通政策应包括信息分享的原则、沟通频率的规定、敏感信息的保护等内容，以引导成员在沟通中遵循一致的标准。

3. 培训与技能提升

为组织成员提供相关培训，提升其在使用沟通工具和参与协作的技能。培训内容可以包括技术操作、有效沟通技巧、团队协作等方面。

4. 激励和奖励机制

建立激励和奖励机制，鼓励成员积极参与紧密型沟通网络。企业可以通过表扬、奖金、晋升等方式，推动员工在沟通中的积极参与。

（四）面对挑战的应对策略

1. 安全与隐私问题

面对沟通网络可能带来的安全与隐私问题，组织需要建立安全保障措施，包括数据加密、权限管理等，以确保敏感信息不被非法获取成功。

2. 技术差异和接受度

不同人群对于新技术的接受度存在差异，组织应该通过定期培训、沟通宣传等方式，提高成员对新技术的认知度和接受度。

3. 文化和习惯差异

组织在不同地区和文化背景中存在多样性，这可能导致在构建紧密型沟通网络时出现文化和习惯差异。企业应采用灵活的沟通策略，尊重不同文化背景下成员的习惯和沟通方式。

（五）紧密型沟通网络的实施与监测

1. 逐步实施

组织在构建紧密型沟通网络时，应该采用逐步实施的方式，先选择一个小范围的团队或项目进行试点，根据反馈和经验调整策略，逐步扩大至整个组织。逐步实施有助于更好地理解成员的需求和挑战，确保系统的有效性和可持续性。

2. 监测与调整

一旦紧密型沟通网络开始实施，组织需要建立有效的监测机制。通过数据分析、员工反馈、沟通平台的使用情况等多维度的监测手段，及时发现问题并进行调整。定期的评估和反馈机制是构建高效沟通网络的关键，帮助组织不断优化策略，适应变化的需求。

3. 培养沟通文化

除了技术层面的实施，组织还需要培养积极的沟通文化。这包括鼓励开放交流、倡导分享知识、重视团队协作等。通过组织文化的塑造，促进成员对紧密型沟通网络的认同感，提高其使用的积极性。

（六）结论与展望

通过对构建紧密型沟通网络的策略进行深入探讨，本节总结了关键特征、构建策略、挑战应对以及实施与监测的关键步骤。紧密型沟通网络的建立对于组织的协同和创新至关重要，是适应现代信息化时代的必然选择。

未来，随着科技的不断发展，组织对沟通网络的需求将不断演变。可能的研究方向包括更先进的沟通技术的应用、人工智能在沟通网络中的角色、全球化条件下的跨文化沟通挑战等。这将为组织提供更多创新的解决方案，进一步推动沟通网络的发展。

在结论部分，可以强调紧密型沟通网络是一个持续演进的过程，组织需要去不断学习、调整和改进，以适应变化的环境和成员的需求。只有通过不断创新和优化，组织才能充分发挥紧密型沟通网络的潜力，提高整体绩效，实现可持续发展。

二、沟通网络中的信息流动与协同

随着信息技术的迅猛发展，沟通网络在组织内部起到了至关重要的作用。本书将深入探讨沟通网络中的信息流动与协同，分析信息在组织内的传递机制、协同的重要性，以及如何通过有效的沟通网络实现更高效的信息流动和协同合作。通过理论探讨和综合分析，本节旨在为组织提供关于优化信息管理与协同的策略和方法。

（一）概述

1. 背景介绍

在信息时代，组织内部的信息流动和协同成为决定其成功与否的关键因素。沟通网络作为信息传递的桥梁和协同的工具，在促进组织高效运作和创新方面发挥着重要作用。

2. 研究目的

本节的研究目的在于深入剖析沟通网络中信息流动与协同的机制，探讨其对组织绩效和创新的影响，以及如何通过合理优化沟通网络提升信息流动和协同效率。

（二）信息流动的机制与影响因素

1. 信息传递的方式与工具

首先，本部分将分析信息在组织内部的传递方式，包括书面沟通、口头沟通、数字化平台等工具的运用。通过对各种沟通方式的特点进行比较，揭示它们在信息流动中的作用与局限性。

2.组织结构与信息传递

探讨组织结构对信息流动的影响。不同的组织结构可能导致信息在组织内传递的路径和速度存在差异，了解这些差异对优化信息流动具有指导作用。

3.沟通网络的设计与管理

分析沟通网络的设计与管理对信息流动的影响。这包括组织内部沟通渠道的设置、沟通政策的制定、沟通网络的维护等方面。通过有效的设计与管理，可以提高信息在组织中的传递效率。

（三）协同的重要性与挑战

1.协同对组织绩效的影响

深入研究协同对组织绩效的积极影响。协同能够促进团队合作、减少重复工作率、提高工作效率，进而对整体组织绩效产生正面影响。

2.跨团队协同的挑战

讨论跨团队协同可能面临的挑战。由于团队分布、文化差异等原因，协同可能面临沟通障碍、信息不对称等问题。了解这些挑战是制定有效对策的前提条件。

3.数字化时代下的协同挑战

分析数字化时代对协同提出的新挑战。虽然数字化工具为协同提供了便利，但也带来了信息过载、工作灵活性等方面的挑战，需要有效应对以提高协同效果。

（四）构建高效的沟通网络促进信息流动与协同

1.优化沟通网络的技术基础设施

通过技术手段优化沟通网络的基础设施，包括选择适当的数字化工具、确保网络安全等，以提高信息在组织中的流动效率。

2.制定灵活的沟通政策

建议制定灵活的沟通政策，鼓励成员去使用多种沟通方式，避免僵化的规定对信息流动的限制。灵活的沟通政策可以更好地适应不同团队和工作场景的需求，促进信息的多样化传递。

3.提升组织文化的协同氛围

强调提升组织文化中的协同氛围。组织文化对协同有着深刻的影响，鼓励团队分享、合作，建立共同目标和价值观，有助于形成积极的协同氛围。

4.培养沟通与协同的技能

通过培训和发展计划，提高组织成员的沟通与协同技能。这包括有效沟通的技巧、团队合作的培训，以及数字化工具的使用培训等，以提高组织整体的协同水平。

（五）挑战与应对策略

1. 技术障碍

探讨可能由技术障碍引起的信息流动与协同问题。分析如何解决技术不稳定、工具不兼容等问题，以确保沟通网络的顺畅运行。

2. 文化差异与语言障碍

分析文化差异与语言障碍对协同的影响。提出跨文化协同的有效策略，包括培养跨文化沟通意识、使用多语言工具等。

3. 信息安全风险

讨论信息安全风险对信息流动与协同的威胁。提出信息安全的管理策略，包括数据加密、权限控制、定期安全审查等，以确保信息的保密性和完整性。

（六）信息流动与协同的绩效评估

在本部分，将讨论如何对信息流动与协同的绩效进行评估。建议采用合适的绩效指标，如工作效率提升、团队创新能力、项目完成时间缩短等，量化信息流动与协同的实际效果。

1. 制定绩效指标

建议组织根据自身的目标和需求，制定明确的绩效指标。这些指标可以从效率、质量、创新等多个角度来衡量信息流动与协同的绩效。

2. 数据分析与反馈

通过数据分析工具，对信息流动与协同的数据进行监测和分析。结合员工反馈、项目成果等，及时发现问题并进行一定调整，实现信息流动与协同的不断优化。

通过对沟通网络中信息流动与协同的深入研究，本节总结了信息传递的机制与影响因素、协同的重要性与挑战，以及构建高效沟通网络的策略和方法。沟通网络不仅是信息传递的桥梁，更是协同合作的平台，对组织的发展至关重要。

在结论部分，可以强调信息流动与协同的紧密关系，有效的沟通网络既促进了信息的高效传递，也为团队的协同合作提供了支持。未来的研究方向可能包括更深入地探讨数字化时代下沟通网络的创新、人工智能在信息流动与协同中的应用等方面，以更好地适应不断变化的组织环境。

总体而言，通过优化沟通网络，组织可以实现信息更加畅通地在内部流动，促进协同与合作，提高工作效率，从而在竞争激烈的市场中保持竞争力。

三、紧密型沟通网络的效果评估与调整

本节旨在深入研究紧密型沟通网络的效果评估与调整策略。随着信息技术的飞速发展，构建高效的沟通网络对于组织的成功至关重要。通过分析紧密型沟通网络的关

键特征、构建策略以及面临的挑战，本书将提供一系列方法和指南，帮助组织评估沟通网络的效果，并在需要时进行灵活调整，以保持其高效运作。

（一）概述

1. 背景介绍

在信息时代，紧密型沟通网络已成为组织内部协同与创新的关键驱动力。本书将探讨如何对紧密型沟通网络的效果进行评估，以及在评估的基础上如何去灵活调整，以适应不断变化的组织环境。

2. 研究目的

本节旨在通过深入研究紧密型沟通网络，提供一套系统的效果评估与调整策略，帮助组织更好地把握沟通网络的运作状态，实现信息流动与协同的最佳效果。

（二）紧密型沟通网络的关键特征回顾

1. 实时性和灵活性

回顾紧密型沟通网络的关键特征之一——实时性和灵活性。这两个特征对于信息迅速传递和适应快速变化的组织环境至关重要。

2. 多渠道和多媒体

重温紧密型沟通网络的多渠道和多媒体特征。通过不同的沟通方式和媒体，组织可以更全面地传递相关信息，满足不同成员的需求。

3. 开放性和透明度

强调紧密型沟通网络的开放性和透明度。这两个特征有助于促进信息的分享和知识的流动，构建积极的沟通文化。

4. 跨部门和跨层级

回顾紧密型沟通网络跨部门和跨层级的能力。这有助于打破组织内的信息壁垒，促进全员参与和协同合作。

（三）紧密型沟通网络效果评估的方法与指标

1. 制定合理的效果评估指标

为了评估紧密型沟通网络的效果，组织需要制定一套合理的评估指标。这些指标可以包括员工满意度、信息传递效率、团队协作效果等方面。

2. 采用定性和定量方法

建议采用既有定性又有定量的方法进行评估。通过定性的员工反馈、案例研究，以及定量的数据分析，可以更全面地了解沟通网络的实际效果。

3. 考虑多维度的评估

在评估过程中，需要考虑到多维度的因素，包括不同团队、不同层级、不同文化背景的差异。这有助于更全面地了解沟通网络的运作状况。

（四）紧密型沟通网络效果调整的策略

1. 定期收集反馈

建议组织定期收集员工的反馈意见。通过问卷调查、座谈会等方式，了解员工对于沟通网络的满意度、问题和建议，为后续的调整提供有力支持。

2. 数据分析与挖掘

利用数据分析工具对沟通网络的数据进行深入分析。通过分析使用情况、信息流动路径、沟通频率等数据，识别潜在的问题和改进点。

3. 制订灵活的调整计划

建议组织制订灵活的沟通网络调整计划。在评估的基础上，制订有针对性的调整方案，根据不同团队和部门的需求而进行个性化的优化。

4. 促进沟通网络文化

强调促进沟通网络文化的建设。通过组织培训、沟通活动等手段，提高成员对沟通网络的认同感，激发他们的积极参与性。

（五）面对的挑战与解决方案

1. 技术障碍

讨论可能存在的技术障碍。提出建立专业技术团队、定期更新沟通工具等方案，以解决技术层面的问题。

2. 文化差异与习惯问题

分析由文化差异和习惯问题引起的挑战。通过开展文化融合培训、设立跨文化沟通桥梁等方式，促进文化差异的融合。

3. 领导层的支持与示范

强调领导层在沟通网络中的示范作用。鼓励领导层积极使用沟通工具，建立良好的沟通关系，以激发下属的参与和认同。

通过对紧密型沟通网络效果评估与调整的深入研究，本节总结了关键特征、评估方法、调整策略以及实践方法。沟通网络的有效性直接影响组织的协同和创新，因此，定期的评估和调整是组织维护竞争力的关键一环。

在结论部分，可以强调紧密型沟通网络是一个不断演进的系统，组织需要保持灵活性和适应性，及时调整沟通策略以适应变化的环境。未来的研究方向可能包括更先进的沟通技术的引入、人工智能在沟通网络中的应用等，以更好地满足不断发展的组织需求。

总体而言，通过科学有效的评估和灵活的调整，组织可以更好地利用紧密型沟通网络，提高信息流动和协同效率，推动整体绩效的提升。

第六章 "互联网+"环境下的薪酬与福利管理

第一节 "互联网+"薪酬体系创新

一、"互联网+"时代的薪酬理念

（一）概述

1.背景介绍

"互联网+"时代的兴起带来了全新的商业模式和组织管理方式，企业在薪酬方面需要更加灵活和创新，以适应快速变化的市场需求和员工期望。

2.研究目的

本节的研究目的在于探讨"互联网+"时代下的薪酬理念，分析数字化、智能化对薪酬制度的影响，提出更符合时代特点的薪酬管理策略，以推动企业在竞争激烈的市场中保持竞争力。

（二）"互联网+"时代对薪酬理念的影响

1.数据驱动的薪酬决策

"互联网+"时代，企业可以通过大数据分析更准确地评估员工的绩效，制定更为科学合理的薪酬政策。数据驱动的薪酬决策有助于提高公平性和透明度。

2.弹性薪酬体系

"互联网+"时代的工作模式更加弹性，传统的薪酬制度可能不再适应。企业需要建立灵活的薪酬体系，包括绩效奖金、股权激励等多样化的激励方式，更好地满足员工多样化的需求。

3.技术与职业发展挂钩的薪酬

技术的快速发展使得员工的技能更加关键，"互联网+"时代的薪酬理念应当更加注重技能和职业发展的挂钩。技能越丰富的员工可以获得更有竞争力的薪酬。

（三）构建"互联网＋"时代的灵活薪酬体系

1. 弹性薪酬制度的设计

讨论设计弹性薪酬制度的关键要素，包括但不限于绩效奖金、项目奖励、股权激励、灵活工时等方面，以满足员工多样化的激励需求。

2. 数据驱动的薪酬决策模型

介绍建立数据驱动的薪酬决策模型的方法。通过大数据分析、人工智能等技术手段，建立更为科学的薪酬决策体系，提高决策的准确性和公正性。

3. 技能导向的薪酬体系

探讨建立技能导向的薪酬体系。该体系可以通过明确技能标准、培训计划、技能认证等方式，将员工的薪酬与其技能水平挂钩起来，激发员工学习和成长的积极性。

4. 建立开放透明的薪酬文化

"互联网＋"时代强调企业的开放文化，薪酬管理也应该更加开放透明。建议通过公开透明的薪酬标准，增强员工对薪酬体系的信任感，提高员工满意度。

（四）面对的挑战与解决方案

1. 隐私和安全问题

讨论"互联网＋"时代薪酬体系可能面临的隐私和安全问题。提出加强数据安全措施、明确隐私保护政策等解决方案，以确保员工数据的安全性。

2. 员工对新薪酬理念的适应问题

分析员工可能对新薪酬理念的适应问题。建议通过员工培训、沟通宣传等手段，引导员工理解并适应新的薪酬管理方式。

3. 跨地域文化差异

考虑跨地域文化差异可能带来的挑战。故而提出建立灵活性高、可调整的薪酬标准，以适应不同地区文化和法规的需求。

通过对"互联网＋"时代薪酬理念的深入研究，本书总结了数字化、智能化对薪酬体系的影响、构建灵活薪酬体系的关键要素，以及面对的挑战和解决方案。"互联网＋"时代赋予了企业更多的选择和可能性，但也需要更为敏锐地洞察和灵活的应对策略。

二、弹性薪酬体系的设计与实施

（一）概述

1. 背景介绍

随着"互联网＋"时代的到来，传统的薪酬体系逐渐显得僵化不适应。弹性薪酬体系的设计与实施成为企业在吸引、激励和留住优秀人才方面的重要战略之一。

2. 研究目的

本节旨在探讨弹性薪酬体系的设计与实施，分析其在"互联网＋"时代的优势和挑战，提供一系列可行的设计要点和实施策略，以帮助企业能更好地应对人才激励的新需求。

（二）弹性薪酬体系设计要素

1. 综合薪酬结构

弹性薪酬体系的设计首先需要考虑综合薪酬结构。这包括基本工资、绩效奖金、福利待遇、股权激励等多个方面，要综合考虑员工的整体收入，确保薪酬体系的全面性。

2. 弹性激励机制

弹性激励机制是弹性薪酬体系的核心。企业需要制定明确的绩效评估标准，将员工的薪酬与其实际业绩挂钩，激发员工的积极性和创造力。

3. 职级与技能层级

考虑职级与技能层级的设定。弹性薪酬体系可以通过设立不同职级和技能层级，为员工提供更多晋升和薪酬增长的机会，同时激发员工的学习和提升动力。

4. 公平公正原则

强调公平公正原则。在弹性薪酬体系中，要避免薪酬歧视，确保薪酬分配的公平性，建立员工对薪酬体系的信任感。

（三）弹性薪酬体系实施策略

1. 制定详细的薪酬政策

在实施弹性薪酬体系之前，企业需要制定详细的薪酬政策。政策应包括薪酬的计算方式、绩效评估标准、激励机制等，确保薪酬体系的透明度和可操作性。

2. 员工参与与沟通

强调员工参与与沟通。在实施过程中，要及时与员工进行沟通，解释新的薪酬体系设计，听取员工的意见和建议，增强员工对变化的接受度。

3. 提供培训与支持

为员工提供培训与支持。由于弹性薪酬体系可能涉及到新的激励机制和绩效评估方法，企业需要为员工提供相关培训，确保员工理解并能够有效参与其中。

4. 制订过渡期计划

考虑制订过渡期计划。在切换到弹性薪酬体系时，可以设立过渡期，逐步引入新的薪酬政策，减缓员工对变化的不适应感，降低变革风险。

通过对弹性薪酬体系的设计与实施的深入研究，本节总结了关键设计要素、实施策略以及面对的挑战和解决方案。弹性薪酬体系在"互联网+"时代为企业提供了更灵活、激励性更强的管理工具，有助于提高员工的工作积极性和创造力，推动组织的可持续发展。

三、薪酬与绩效的紧密关系

（一）概述

1. 背景介绍

薪酬与绩效是组织中管理人力资源的两大支柱。通过合理激励员工，薪酬与绩效相互作用，共同推动组织达成战略目标。

2. 研究目的

本书旨在深入探讨薪酬与绩效之间的紧密关系，分析二者相互影响的机制，提供科学的薪酬设计原则，为组织搭建有效的激励框架。

（二）薪酬与绩效的相互影响机制

1. 薪酬作为绩效激励手段

薪酬作为一种重要的绩效激励手段，通过提供有吸引力的薪资水平，可以激发员工的积极性和工作热情。薪酬水平的设定直接影响到员工对工作的投入和对绩效目标的追求。

2. 绩效作为薪酬分配依据

绩效直接影响到薪酬的分配。通过建立清晰的绩效评估体系，将员工的个人和团队绩效纳入考量范围，使薪酬分配更加公平合理，激励员工通过优异的绩效获得更高的薪资回报。

3. 薪酬差异激励绩效提升

差异化薪酬是激励绩效提升的一种机制。适度的薪酬差异可以激发员工的竞争心理，促使其更加努力工作，追求更高的绩效水平。

4. 激发创新与发展的双向作用

薪酬与绩效之间存在双向作用。一方面，高效的绩效带来更多的薪酬回报，另一方面，激励性的薪酬设计也可以促使员工更加努力追求卓越绩效，推动组织的创新与发展。

（三）科学合理的薪酬设计原则

1. 薪酬与绩效的一致性

建议薪酬设计与绩效评估体系保持一致。薪酬水平的确定应当与员工实际的绩效水平相匹配，以确保薪酬的公平性和可持续性。

2. 差异化薪酬的适度性

强调差异化薪酬的适度性。过高的薪酬差异可能引发员工之间的不满和不稳定，适度的差异化则能够激发积极性而不会产生不利后果。

3. 薪酬透明度

倡导薪酬透明度。员工需要清晰了解薪酬设计和绩效评估的标准，以增加员工对薪酬体系的信任感，提高其对绩效目标的认同度。

4. 灵活激励机制

提倡建立灵活的激励机制。不同的员工可能对薪酬的看重程度和激励方式存在差异，灵活的激励机制有助于更好地满足员工的个性化需求。

通过对薪酬与绩效的紧密关系进行深入研究，本节总结了二者之间的相互影响机制、科学合理的薪酬设计原则以及面对的挑战和解决方案。薪酬与绩效的关系是组织成功的关键要素之一，有效的薪酬设计可以激发员工的工作热情和创造力，推动组织的可持续发展。

第二节　灵活薪酬制度的设计与实施

一、灵活薪酬制度的构建原则

（一）概述

1. 背景介绍

灵活薪酬制度的构建是适应现代企业需求、提高员工满意度和绩效水平的必然选择。本部分将简要介绍灵活薪酬的背景和重要性。

2. 研究目的

本节旨在深入研究构建灵活薪酬制度的原则，分析其在提高员工激励效果、吸引优秀人才和提升企业竞争力方面的作用，为企业提供灵活薪酬制度设计的指导原则。

（二）灵活薪酬制度的设计原则

1. 个性化激励

灵活薪酬制度应强调个性化激励。每位员工在工作、能力和贡献方面都有自己的独特之处，薪酬制度应根据个体差异提供个性化的激励措施，以满足员工多样化的需求。

2. 绩效导向

灵活薪酬制度要强调绩效导向。员工的薪酬水平应与其实际绩效水平相匹配，通过建立科学的绩效评估机制，激发员工追求卓越绩效，推动企业整体业绩提升。

3. 薪酬差异化

差异化薪酬是灵活制度的关键特征。通过设置不同的薪酬水平，以激励员工能够在组织中发挥其独特的能力和贡献，从而提高整体团队的绩效水平。

4. 福利多元化

灵活薪酬制度应包括多元化的福利体系。除了基本薪资外，企业可以提供灵活的福利选择，例如弹性工作时间、健康保险、股权激励等，以满足员工不同层次的需求。

5. 职业发展机会

强调职业发展机会。除了薪酬激励外，企业还应提供明确的职业晋升路径、培训机会等，以激发员工对个人职业发展的追求，增强其对企业的忠诚度。

（三）灵活薪酬制度的实施原则

1. 制定灵活薪酬政策

在实施过程中，企业应制定明确的灵活薪酬政策。政策需要包括薪酬计算方式、激励机制、福利待遇等方面的规定，以确保制度的透明性和可操作性。

2. 引入员工参与机制

强调员工参与。在设计和调整灵活薪酬制度时，企业应积极征求员工意见，建立员工参与的机制，增加员工对制度的认同感，提高其积极性。

3. 提供培训与沟通支持

为员工提供培训与沟通支持。由于灵活薪酬制度可能涉及新的激励机制和绩效评估方法，企业还需要为员工提供相关培训，确保员工能够理解并积极参与。

4. 考虑过渡期计划

考虑过渡期计划。企业在实施灵活薪酬制度时，可以逐步进行过渡，采取渐进式的实施策略，以减缓员工对变化的适应过程，降低变革的阻力。

通过对灵活薪酬制度构建原则的深入研究，本书总结了设计和实施灵活薪酬制度的关键原则、实践方法以及面对的挑战和解决方案。灵活薪酬制度的构建需要企业充分考虑员工多样化的需求，以及组织的发展目标，通过科学合理的设计和灵活的调整来实现薪酬与绩效的最佳匹配。

二、个性化薪酬方案的设计

（一）概述

1. 背景介绍

随着社会的不断发展和企业环境的变化，员工对于薪酬的期望和需求也变得多样化。个性化薪酬方案的设计旨在更好地满足不同员工的个性化需求，提高薪酬激励的精准性。

2.研究目的

本节旨在深入研究个性化薪酬方案的设计，分析其原则和实施方法，为企业提供制订个性化薪酬方案的指导，以适应现代多元化的人力资源管理需求。

（二）个性化薪酬方案设计原则

1.薪酬差异化

个性化薪酬方案的设计首先应强调薪酬差异化。不同员工在工作内容、责任和绩效水平上存在差异，应根据这些差异去设置差异化的薪酬水平，以更公平地激励员工。

2.绩效导向

个性化薪酬方案应强调绩效导向。薪酬水平与员工的实际绩效水平相匹配，通过建立科学的绩效评估机制，激发员工追求卓越绩效，推动企业整体业绩提升。

3.灵活福利

个性化薪酬方案需要包括灵活福利。除了基本薪资外，企业还可以提供多样化的福利选择，例如弹性工作时间、健康保险、培训机会等，以满足员工不同层次的需求。

4.职业发展机会

个性化薪酬方案应强调职业发展机会。除了薪酬激励外，企业还应提供明确的职业晋升路径、专业培训等，以激发员工对个人职业发展的追求，增强其对企业的忠诚度。

5.薪酬透明度

个性化薪酬方案需要注重薪酬透明度。员工需要清晰了解薪酬设计和绩效评估的标准，以增加员工对薪酬体系的信任感，提高其对绩效目标的认同度。

（三）个性化薪酬方案的实施方法

1.制定灵活薪酬政策

实施个性化薪酬方案的第一步是制定灵活的薪酬政策。政策应明确薪酬计算方式、激励机制、福利待遇等，以确保制度的透明性和可操作性。

2.引入员工参与机制

个性化薪酬方案的实施需要强调员工的参与。在设计和调整方案时，积极征求员工意见，建立员工参与的机制，以提高员工对制度的认同感，增强其积极性。

3.提供培训与沟通支持

为员工提供培训与沟通支持。由于个性化薪酬方案可能涉及新的激励机制和绩效评估方法，企业需要为员工能够提供相关培训，确保员工能够理解并积极参与其中。

4.着重于沟通与反馈

个性化薪酬方案的成功实施离不开有效的沟通与反馈。企业应建立定期的沟通机制，及时向员工提供关于薪酬方案的信息，接受他们的反馈和建议，以保持方案的灵活性和适应性。

通过对个性化薪酬方案设计的深入研究，本节总结了关键的设计原则、实施方法以及面对的挑战和解决方案。个性化薪酬方案的设计是为了更好地满足不同员工的需求，提高员工的工作满意度和绩效水平。

第三节 "互联网+"福利管理的挑战与机遇

一、"互联网+"时代福利的创新方向

（一）概述

1. 背景介绍

"互联网+"时代，信息技术的迅猛发展使得人们的生活和工作方式发生了深刻的变化。传统的福利体系已经不能完全满足员工的需求，因此亟须在福利创新方面寻找新的突破口。

2. 研究目的

本节旨在深入研究"互联网+"时代福利的创新方向，分析如何通过互联网技术和数字化手段，为员工提供更灵活、个性化的福利服务，提高员工的工作满意度和企业的竞争力。

（二）"互联网+"时代福利的创新方向

1. 灵活化福利选择

"互联网+"时代，企业可以通过在线平台提供更加灵活的福利选择。员工可以根据个人需求在平台上选择适合自己的福利项目，包括健康保险、弹性工作安排、假期福利等，提高福利的个性化和灵活性。

2. 科技驱动的健康管理

通过健康管理平台，企业可以实现科技驱动的健康福利创新。例如，智能穿戴设备和健康应用程序可以收集员工的健康数据，为其提供个性化的健康建议和福利服务，提升员工的身体健康水平。

3. 数字化学习和培训

"互联网+"时代，数字化学习和培训成为创新福利的重要方向。企业可以通过在线培训平台提供丰富多样的培训资源，帮助员工去提升职业技能，增强个人发展，从而提高员工的工作满意度和忠诚度。

4. 灵活的工作安排

借助互联网技术，企业可以提供更加灵活的工作安排，包括远程办公、弹性工作

时间等。这种灵活性有助于提高员工的工作生活平衡，增加工作的灵活性，从而提高员工的工作满意度。

5. 社交化福利体系

构建社交化福利体系是"互联网＋"时代福利创新的又一方向。通过社交平台，员工可以分享福利体验、交流福利信息，增加员工之间的互动和共享，形成更加紧密的团队关系。

（三）"互联网＋"时代福利的实施方法

1. 制定数字化福利政策

实施"互联网＋"时代福利创新的第一步是制定数字化福利政策。政策需要明确数字化福利的范围、方式和目标，以确保创新福利的实施符合企业的战略和员工的需求。

2. 引入智能化管理系统

借助智能化管理系统，企业可以更好地实施数字化福利。例如，利用人工智能技术可以为员工提供个性化的福利建议，通过大数据分析可以更精准地了解员工需求，以提供更加符合员工期望的福利服务。

3. 加强数字化安全保障

在实施"互联网＋"时代福利创新时，企业需要加强数字化安全保障。确保员工的个人信息安全，防范潜在的网络风险，是数字化福利系统运作的基本前提。

4. 建立员工反馈机制

建议建立员工反馈机制。通过定期收集员工对数字化福利的使用体验和需求反馈，企业可以及时了解数字化福利的实际效果，发现问题并及时进行调整，以保持福利体系的持续改进。

（四）面对的挑战与解决方案

1. 科技落差问题

讨论科技落差可能面临的问题。一些员工可能因为技术水平或数字化习惯的不同而难以充分享受数字化福利。解决方案包括提供培训和支持，确保所有员工能够顺利使用数字化福利服务。

2. 隐私和安全顾虑

探讨员工对于数字化福利可能存在的隐私和安全顾虑。企业需要采取有效措施，如加强数据加密和建立隐私政策，以保障员工的个人信息安全，提高员工对数字化福利的信任度。

3. 个性化需求管理

讨论个性化需求管理可能面临的挑战。由于员工个体差异，管理个性化需求可能会增加系统复杂性。解决方案包括建立灵活的福利管理系统，允许员工根据个人需求进行选择，并通过智能化系统来进行有效管理。

4. 组织文化融合

探讨数字化福利可能对组织文化产生的影响。在推行数字化福利时，企业需要确保新的福利体系与现有的组织文化融合，避免引发员工的抵触情绪。解决方案包括在推行过程中进行有效的沟通和培训，以促进员工对变化的接受。

（五）效果评估与调整的实践方法

1. 利用数据分析评估福利效果

建议利用数据分析来评估"互联网＋"时代福利的效果。通过收集员工福利使用数据、满意度调查等信息，对福利方案的实际运作情况进行全面分析，为调整提供数据支持。

2. 建立定期反馈机制

建议建立定期的反馈机制。及时向员工提供关于福利方案的信息，接受他们的反馈和建议，发现问题并及时调整，以保持方案与员工期望的一致性。

3. 引入第三方评估

考虑引入第三方评估。独立的第三方机构可以帮助企业客观评估"互联网＋"时代福利的公正性和合理性，提供专业的建议，确保方案的科学性和有效性。

4. 定期调整福利体系

建议定期调整"互联网＋"时代福利体系。随着企业内外环境的变化，福利体系可能需要适应新的挑战和机遇。定期的评估和调整可以确保福利体系始终符合组织目标和员工期望。

通过对"互联网＋"时代福利的创新方向的深入研究，本书总结了关键的创新方向、实施方法以及面对的挑战和解决方案。"互联网＋"时代福利的创新旨在通过数字化手段提高福利的个性化和灵活性，以更好地满足员工的需求，促进员工的工作满意度和忠诚度。

在结论部分，可以强调"互联网＋"时代福利的创新不仅是为了适应科技发展和社会变革，更是为了提升企业的竞争力和吸引力。未来的研究方向可能还包括更深入地研究不同行业、不同文化背景下的福利创新实践效果，以及在数字化时代进一步挖掘科技手段对福利管理的潜在贡献。随着"互联网＋"时代的深入发展，福利创新将继续成为企业关注的重要议题，为员工和企业共创更加美好的工作生活。

二、福利管理中的法规与合规考虑

（一）概述

1. 背景介绍

随着企业竞争的日益激烈和员工对福利期望的提高，福利管理成为企业吸引和留住人才的关键因素。然而，随之而来的是对福利管理合规性的要求也日益提高，其中涉及到众多法规的遵守。

2. 研究目的

本节旨在深入研究福利管理中的法规与合规考虑，分析企业在福利计划设计和实施过程中需要遵循的法律法规，以确保企业的福利政策合法、公正、可持续。

（二）法规框架与福利管理

1. 劳动法和劳动合同法

在福利管理中，劳动法和劳动合同法是最基础的法规框架之一。这两者规定了劳动者的基本权益和福利待遇，包括但不限于工资、工时、休息休假等。企业在设计福利计划时需要确保符合这些法规，以避免法律责任和劳动纠纷。

2. 社会保险法和商业保险法

社会保险法规定了社会保险体系，包括养老保险、医疗保险、失业保险等。企业需要根据法规规定为员工缴纳相应的社会保险，同时商业保险也是提供员工更全面福利的一种方式。

3. 税收法规

税收法规对福利计划有着直接影响，尤其是员工福利的税收处理。企业需要了解相关税收法规，确保福利计划的设计在法律框架内合规，并优化税收效益。

4. 妇女权益保障法和劳动保护法

这些法规关注员工的权益和福利，特别是对妇女员工的保护。企业在设计福利计划时需考虑性别平等和员工的工作环境，以确保符合相关法规要求。

（三）福利管理中的合规挑战

1. 法规复杂性

福利管理涉及到多个法规，其复杂性常常成为企业面临的挑战之一。企业需要建立专业的法务团队或与法律专业机构合作，以确保福利计划的合规性。

2. 地区差异性

法规在不同地区可能存在一定的差异，企业在跨地区运营时需要考虑不同地区的法规差异，确保福利计划在各个地区都合法、合规。

3. 法规的时效性

法规是动态变化的，时常会发生修改和更新。企业需要保持对法规的敏感性，及时了解最新的法规变化，调整福利计划以保持合规性。

（四）福利管理中的合规解决方案

1. 建立专业法务团队

企业可以建立专业的法务团队，负责福利管理中法规的解读、落实和调整。这有助于确保福利计划的合规性，降低法律风险。

2. 与专业法律机构合作

与专业的法律机构建立合作关系，获取及时的法规咨询和服务。专业法律机构通常能够提供更深入的法务支持，协助企业应对法规变化。

3. 使用福利管理软件

福利管理软件可以帮助企业更好地跟踪员工福利计划的执行情况，自动化计算和管理福利待遇，确保在法规变更时能够及时调整福利计划。

4. 定期进行法规培训

对福利管理人员进行定期的法规培训，使其了解最新的法规变化，增强对法规的敏感性，降低合规风险。

（五）福利管理中的未来趋势

1. 数字化合规管理

随着数字化技术的发展，未来福利管理中的合规管理将更加数字化。企业可以利用人工智能、大数据等技术手段，提高合规性的监测和管理效率。

2. 强化员工权益保障

未来的法规趋势可能更加强调员工权益的保障，故而企业需要更加关注员工的权益和福祉，以符合社会对于企业社会责任的期望。这可能包括更加丰富和全面的福利计划，会更有利于员工的职业生涯发展。

3. 强化跨国合规管理

随着企业国际化程度的提高，跨国合规管理将成为未来福利管理的重要趋势。企业需要建立全球福利管理标准，同时加强对各地区法规的了解和遵循，确保全球福利计划的合规性。

4. 强调可持续性和创新性

未来的福利管理将更加注重可持续性和创新性。企业需要关注社会、环境、和谐劳动关系等方面的可持续发展，同时不断创新福利形式，以适应不断变化的员工需求和社会环境。

通过对福利管理中的法规与合规考虑的深入研究，本书总结了关键的法规框架、合规挑战与解决方案，以及未来趋势。福利管理是企业人力资源管理中不可或缺的一部分，而法规与合规考虑则是福利管理的基石。

三、福利管理与企业品牌形象的关系

（一）概述

1. 背景介绍

在全球化和数字化的时代，企业之间的竞争已经不仅仅是产品和服务的竞争，更是对人才的竞争。优秀的员工不仅是企业的生产力，同时也是企业形象的重要代表。福利作为企业对员工的关爱体现，直接影响着企业在人才市场中的竞争力。

2. 研究目的

本书旨在深入研究福利管理与企业品牌形象的关系，分析福利如何塑造企业在员工、消费者和社会中的形象，以及如何通过合理的福利管理实现企业品牌形象的积极建设。

（二）福利管理对企业员工形象的影响

1. 吸引力和留存率

福利管理直接影响企业在员工心目中的吸引力。一流的福利体系不仅可以吸引优秀的人才加入该企业，同时也有助于提高员工的忠诚度和留存率。优越的福利会使员工感到被重视，从而提高对企业的认同感。

2. 员工满意度和工作动力

合理的福利安排有助于提高员工的满意度和工作动力。员工在感受到企业对其福祉的关心时，更容易投入到工作当中，从而提高生产力和工作效率。福利管理成为企业吸引、激励和留住员工的重要手段。

3. 形成良好的企业文化

福利管理是企业文化的一部分。通过关心员工的生活、提供健康、教育等多方面的福利，企业能够建立积极向上的企业文化，形成员工之间的团结和协作，从而在员工心目中树立良好的企业形象。

（三）福利管理对企业消费者形象的影响

1. 社会责任形象

企业通过提供良好的员工福利，展现了对社会责任的履行。消费者越来越关注企业的社会责任感，而良好的福利管理将有助于构建企业的社会责任形象，提高企业在消费者心目中的地位。

2. 产品和服务质量的反映

员工福利关系到员工的身心健康和家庭幸福感。通过提供完善的福利，员工更有可能在工作中展现出更高的工作热情和责任心，从而影响产品和服务的质量。消费者对于员工福祉的关注也会间接地影响其对企业产品和服务的信任度。

3. 品牌忠诚度的建设

企业通过关心员工福利，表现出对员工的关爱，形成了一种积极的企业形象。这种积极形象有助于建设消费者对企业的品牌忠诚度。而消费者更愿意选择并支持那些在员工福利方面表现出社会责任感的企业。

（四）福利管理对企业社会形象的影响

1. 建设社会形象的积极作用

企业通过提供全面的员工福利，不仅仅在员工中树立了良好的形象，同时也在整个社会中建设了积极的企业形象。社会将更加认可并支持那些关心员工福祉的企业，这有助于提升企业在社会中的地位和声誉。

2. 企业可持续发展的推动者

福利管理是企业可持续发展的一部分。通过关心员工的健康、培养员工的技能等方面的福利，企业充分体现了对未来可持续发展的承诺。这有助于吸引更多的合作伙伴、投资者和社会各界对企业的关注与支持。

（五）构建积极品牌形象的福利管理实践方法

1. 制定综合的福利政策

企业应该制定综合的福利政策，包括但不限于健康保险、弹性工作安排、培训发展等方面。这些政策需要考虑到员工的多元化需求，既关注基本的生活福利，也注重个人成长和发展的支持，以构建全面的福利体系。

2. 引入创新的福利形式

除了传统的福利形式外，企业可以引入一些创新的福利形式，如灵活的工作制度、员工健康管理计划、家庭关怀服务等。这不仅能够满足员工多样化的需求，还能够凸显企业的创新和关爱精神，为品牌形象注入新的活力。

3. 提高福利的可见性

企业需要积极提高福利的可见性，通过内部宣传、企业文化建设等方式，让员工充分了解和感受到企业提供的福利。同时，将这些福利的信息传递给外部，强调企业对员工关心的承诺，提升品牌形象的可信度。

4. 与企业文化相一致

福利管理需要与企业文化相一致。如果企业强调创新和关爱，那么福利管理也应体现这些核心价值。这有助于构建一个一致性的品牌形象，增强员工和外部利益相关者对企业的信任感。

5. 建立反馈机制

建立员工对福利的反馈机制，通过定期调查、沟通渠道等方式收集员工的意见和建议。这不仅有助于企业了解员工的真实需求，还能够及时调整福利政策，提升员工满意度，从而构建出积极的品牌形象。

通过对福利管理与企业品牌形象关系的深入研究，可以预见未来福利将成为企业品牌建设的重要一环。随着社会发展、员工需求的不断变化，福利管理将更加趋向创新、个性化和可持续发展。企业需要关注社会责任、员工关怀和可持续性，通过科学合理的福利管理实现企业品牌形象的积极建设，从而在竞争激烈的市场中能够脱颖而出。

参考文献

[1] 张岚著，王天阳，王清绪 . 企业高绩效人力资源管理研究 [M]. 长春：吉林文史出版社 ,2022.

[2] 付美榕，宋颖，贾宁 . 人力资源管理专业英语 [M]. 第 3 版 . 北京：北京对外经济贸易大学出版社 ,2022.

[3] 水藏玺 . 人力资源管理体系设计全程辅导 [M]. 第 3 版 . 北京：中国经济出版社 ,2022.

[4] 钱玉竺 . 现代企业人力资源管理理论与创新发展研究 [M]. 南方传媒；广州：广东人民出版社 ,2022.

[5] 朱建斌，蔡文 . 人力资源管理数字化运营基于 SAPSuccessFactors[M]. 上海：复旦大学出版社 ,2022.

[6] 焦艳芳 . 人力资源管理理论研究与大数据应用 [M]. 北京：北京工业大学出版社 ,2022.

[7] 龚峰 . 人力资源管理 [M]. 第 2 版 . 上海：上海财经大学出版社 ,2022.

[8] 陈宁 . 基于组织绩效建设的高校人力资源管理优化策略研究 [M]. 长春：吉林大学出版社 ,2022.

[9] 颜世富 . 普通高等教育人力资源管理专业系列教材绩效管理 [M]. 第 2 版 . 北京：机械工业出版社 ,2022.

[10] 范围，白永亮 . 人力资源服务业管理理论与实务 [M]. 北京：北京首都经济贸易大学出版社 ,2022.

[11] 陈璐，蒋翠珍 . 人力资源管理案例解析 [M]. 北京：经济管理出版社 ,2022.

[12] 范围，白永亮 . 人力资源管理理论与实务 [M]. 北京：北京首都经济贸易大学出版社 ,2022.

[13] 徐大丰，范文锋，牛海燕 . 人力资源管理信息系统 [M]. 北京：首都经济贸易大学出版社 ,2022.

[14] 夏天 . 人力资源管理案例分析 [M]. 北京：冶金工业出版社 ,2022.

[15] 李贺，王俊峰 . 人力资源管理 [M]. 第 3 版 . 上海：上海财经大学出版社 ,2022.

[16] 傅青 . 人力资源管理及实务 [M]. 长春：吉林出版集团股份有限公司 ,2022.

[17] 郑强国 , 梁月 , 吴青梅 . 人力资源管理 [M]. 第 2 版 . 北京：清华大学出版社 ,2022.